복음의 원형과
영원한 속죄
I

히브리서 강해설교 1

김 사무엘

義齊堂

목 차

머리말

1. 우리 죄를 정결케 하신 하나님, 예수 그리스도
   (히 1:1-3) · 6

2. 세상을 사랑하는 자들의 결국
   (히 1:1-14) · 32

3. "이같이 큰 구원"을 등한히 여기지 말라
   (히 2:1-4) · 54

4. 자비하고 충성된 하늘의 대제사장, 예수 그리스도
   (히 2:5-18) · 84

5. 예수를 깊이 생각하라
   (히 3:1-6) · 118

6. 하나님의 말씀 앞에서 너희 마음을 강퍅케 하지 말라
   (히 3:1-19) · 144

7. 믿음으로 하나님의 안식에 들어가기를 힘쓰십시오
   (히 4:1-11) · 172

8. 안식에 들어가려면 죄 사함을 받아야 합니다
   (히 4:11-16) · 202

9. 영원한 속죄의 제사를 드린 하늘의 대제사장
   (히 5:1-11) · 232

10. 복음의 원형 위에 굳게 서자 · 250
　　　　　　　　　　　　(히 5:11-6:3)

11. 하늘에 소망을 두고 믿음을 지키자 · 282
　　　　　　　　　　　　(히 6:4-12)

12. 멜기세덱의 반차를 좇은 영원한 대제사장 · 308
　　　　　　　　　　　　(히 7:1-28)

13. 더 좋은 약속으로 세우신 더 좋은 언약 · 330
　　　　　　　　　　　　(히 8:1-13)

머 리 말

히브리서는 초대교회 시대에 지중해 연안에 흩어져 살던 히브리인들 중에서 진리의 복음을 들은 자들에게 써 주신 하나님의 말씀입니다. 그들은 이 세상의 것들에 마음을 쏟고 있었기에, 그리고 영적으로 잘못된 지식에 빠져 있었기 때문에, 예수 그리스도의 복음을 듣고도 온전한 믿음 위에 서지 못한 자들이 많았습니다. 그래서 하나님께서 그들이 복음의 진리 위에 굳게 서서 믿음의 삶을 살도록 권면하신 말씀이 **히브리서**입니다.

그러나 **히브리서**가 초대교회의 히브리인들에게만 주셨던 말씀은 결코 아닙니다. 이 시대를 사는 우리들도 그들과 같은 오류를 범하고 있기 때문에 우리는 히브리서의 말씀을 나 자신에게 주시는 하나님의 말씀으로 청종해야 합니다.

히브리서는 지금의 기독교가 잃어버린 **복음의 원형**을 소개하고 있습니다. 초대교회의 하나님의 종들은 **그리스도 도의 초보**(principles of the doctrine of Christ ; KJV)인 복음을 전할 때에, "**죽은 행실을 회개함과 하나님께 대한 신앙과 세례들과 안수와 죽은 자의 부활과 영원한 심판에 관한 교훈**"(히 6:1-2)을 차례로 전했습니다. 즉 **예수님께서 안수의 형식으로 받으신 세례가 원형의 복음**에는 **반드시 포함**되어 있었습니다.

구약의 대속죄일에 대제사장이 아사셀 염소의 머리에 안수함으로써 백성 전체의 일 년치 죄가 단번에 희생제물에게 넘어갔듯이(레 16:21), 인류의 대표자이고 대제사장 아론의 후손인 세례 요한은 예수님의 머리에 **안수의 형식으로 세례**를 베풀어서 **세상 죄를**

단번에 **예수님의 육체에 넘겼습니다.** 그래서 예수님은 세례 요한에게 세례를 청하면서, "**이제 허락하라 우리가 이와 같이 하여 모든 의를 이루는 것이 합당하니라**"(마 3:15)고 명령하셨고, 세례 요한은 예수님께 세례를 베푼 이튿날에, 예수님을 가리켜, "**보라 세상 죄를 지고 가는 하나님의 어린 양이로다**"(요 1:29)라고 증거했습니다.

진리를 찾는 사람은 이 설교집을 통해서 하나님의 말씀을 자세히 상고함으로 **복음의 원형**을 발견하고 그 진리의 복음을 믿어서 하나님의 자녀로 거듭날 수 있다고 저는 확신합니다.

하나님의 은혜와 평강이 모든 독자들에게 임하기를 기도합니다.

2015년 10월 31일
저자 김 사무엘

우리 죄를 정결케 하신 하나님, 예수 그리스도

"옛적에 선지자들로 여러 부분과 여러 모양으로 우리 조상들에게 말씀하신 하나님이 이 모든 날 마지막에 아들로 우리에게 말씀하셨으니 이 아들을 만유의 후사로 세우시고 또 저로 말미암아 모든 세계를 지으셨느니라

이는 하나님의 영광의 광채시요 그 본체의 형상이시라 그의 능력의 말씀으로 만물을 붙드시며 죄를 정결케 하는 일을 하시고 높은 곳에 계신 위엄의 우편에 앉으셨느니라"(히 1:1-3)

히브리서 개요

히브리서는 사도 시대에 하나님께서 지중해 연안에 흩어져 살고 있던 히브리인 성도들에게 어떤 하나님의 종을 통해서 기록해 주신 성경입니다. **히브리인**(the Hebrews)이란 "**강 건너온 자들**"이란 뜻으로, 하나님의 말씀을 좇아서 약속의 땅으로 건너온 아브라함의 후손을 지칭하는 말입니다. 따라서 히브리인이란 유대인과 같은 뜻으로 사용되며, 이는 영적으로 **하나님의 백성**을 의미합니다.

초대교회 시대에는 지중해 연안 지역에 수많은 히브리인들이 흩어져 살고 있었습니다. 그들은 유대교 회당(synagogue)을 중심으로 유대인들의 공동체인 **디아스포라**(diaspora)를 형성하고 있었습니다. 그래서 **디아스포라**는 복음 전도자들에게 복음 전도의

전초기지 역할을 할 수 있었습니다. 사도행전을 읽어 보면, 사도 바울도 어떤 지역에 들어가든지 먼저 동족인 히브리인의 회당을 찾아가 복음을 전했던 사실을 발견할 수 있습니다. 그 결과 **디아스포라**의 히브리인 중에는 예수 그리스도께서 자신을 모든 죄에서 구원한 하나님이심을 믿음으로 유대교에서 기독교로 개종한 사람들이 있었습니다.

그러나 전통적인 유대인들이 주류를 이루고 있던 **디아스포라**에서 기독교도로 개종한 히브리인들은 핍박과 배척을 당했습니다. 그래서 그들 중에서 복음의 진리 안에서 견고히 서지 못한 자들은 다시 유대교도로 돌아갔고, 예수 그리스도를 믿는 믿음이 연약해서 영적으로 죽어 가는 자들도 많았습니다. 히브리서는 이렇게 복음의 은혜를 맛보았지만 다시 물러가 침륜(沈淪)에 빠지고(히 10:39) 영적으로 사망에 떨어지는 자들에게 그들이 복음의 진리 안에 굳게 서도록 권면하신 하나님의 말씀입니다. 히브리서 2장 1절에 히브리서를 기록해 주신 하나님의 뜻이 잘 나타나 있습니다.

"그러므로 모든 들은 것을 우리가 더욱 간절히 삼갈지니 혹 흘러 떠내려갈까 염려하노라"(히 2:1).

하나님은 당신의 형상대로 창조한 우리 인류를 지극히 사랑하십니다. 그래서 우리를 모든 죄에서 건져내서 당신의 자녀로 삼으려고 당신의 외아들 예수 그리스도를 우리에게 보내 주셨습니다. 예수님은 육신을 입고 오신 하나님입니다. 성자(聖子) 하나님께서 자신의 몸을 대속의 제물로 드려 우리 인류의 모든 죄를 단번에 없애 주셨습니다. 하나님 아버지께서는 예수님이 완성한 **영원한 속죄의 복음**을 알려 주셨는데, 디아스포라의 히브리인 중에서 이 진리의 복음을 듣고도 믿음 위에 견고히 서지 못하고, 다시 유대교 사회로 돌아가는 자들이 많았습니다. 하나님께서는 그들이 이 땅의 것들에 집착해서 지옥의 멸망에 들어가는 것을 안타까워하셨습니다. 그래서 그들이 천국 본향을 바라보며 복음의 진리를 믿는 믿음의 터 위에 견고히 서기를 원하셔서 그들에게 히브리서를 통해서 권면하셨습니다.

그렇다면 히브리서는 초대교회 시대의 히브리인들에게만 주신 말씀입니까? 결코 그렇지 않습니다. 하나님의 말씀은 모든 인류를 향한 보편적 진리의 말씀입니다. 진리의 복음을 믿는 우리도 세상의 조류에 휩쓸리기 쉽고 얼마든지 세상의 풍조를 따라 흘러 떠내려갈 수 있습니다. **"그러므로 모든 들은 것을 우리가 더욱 간절히 삼갈지니 혹 흘러 떠내려갈까 염려하노라"**(히 2:1) 하고 권면하시는 말씀은 오늘날 나와 여러분에게도 여전히 요긴한 생명의 말씀입니다. 하나님께서는 히브리서를 통해서, 예수 그리스도께서 하늘의 대제사장이 되셔서 이루어 주신 **온전한 구원의 복음을 굳게 믿음으로 영원한 안식에 들어가라고** 이 시대를 사는 우리에게도 권면하십니다.

우리는 하나님께서 우리에게 히브리서를 써 주신 뜻을 분명히 알아야 합니다. 하나님께서 우리를 사랑하셔서 우리를 모든 죄에서 단번에 구원하셨다는 진리의 복음이 **물과 성령의 복음**입니다. 그런데 이 귀한 진리의 복음을 잠시 믿었다가 부인함으로 **다시 지옥의 멸망에 들어가서는 안된다**고 하나님은 경고합니다. 다시 말하자면, 복음을 들은 모든 자들이 하나님의 구원의 은총에서 떨어지지 않도록 권면하신 하나님의 편지가 히브리서입니다.

히브리서의 말씀은 오늘날의 우리들에게도 소중한 말씀입니다.

우리들도 당시의 히브리인들과 똑같은 아담의 후손이기 때문에, 그들이 세상의 풍조를 따라가다가 믿음이 파산하고 멸망으로 떠내려갈 위험이 많았다면, 우리들도 동일한 위험에 처해 있습니다. 그래서 우리들도 히브리서의 말씀을 진지하고 간절한 마음으로 들어야 합니다. **하나님 말씀**은 언제나 **현재의 나에게 말씀하시는 진리**입니다. 그래서 우리는 "하나님이 나의 영혼의 축복과 유익을 위해서 이 말씀을 **지금 나에게 말씀하신다**!"라는 자세로 하나님의 말씀을 받아야 합니다.

주님은, "**모든 성경은 하나님의 감동으로 된 것으로 교훈과 책망과 바르게 함과 의로 교육하기에 유익하니 이는** 하나님의 사람으로 온전케 하며 모든 선한 일을 행하기에 온전케 하려 함이니라"(딤후 3:16-17)고 말씀하십니다. 그래서 우리들이 어떤 말씀이든지 하나님의 말씀을 대할 때에는 "**이 말씀은 하나님이 지금 나에게 주시는 말씀이다**"라는 마음 자세로 말씀을 대하는 것이 옳습니다. 오늘 우리가 히브리서 1장 1절부터 3절까지의 말씀을 읽었는데, 우리는 이 말씀도 약 2천 년 전의 히브리인들에게만 주신 말씀이 아니라 "**지금 주님이 나에게 말씀하신다**"는 마음으로 받아들여야 할 것입니다.

히브리서의 기자

히브리서의 기자(記者)는 누구입니까? 성경을 기록한 사람을 "저자"(著者)라고 하지 않고 "기자"(記者; scripter)라고 합니다. 모든 성경의 저자(author)는 하나님이십니다. 하나님께서 당신의 마음에 연합한 종들을 성령으로 충만하게 하셔서 하나님께서 주신 말씀을 그대로 받아 적도록 하신 책이 성경이기 때문에, 하나님의 말씀을 받아 기록한 사람은 성서 기자(記者)라고 합니다. 따라서, 성서 기자는 타이프라이터 역할만 한 셈입니다.

지금은 제가 컴퓨터로 문서를 작성하지만, 학창시절에는 타이프라이터(typewriter)를 사용해서 글을 쓰곤 했습니다. 저는 타이프라이터를 많이 써 봤습니다. 저는 고등학생 시절에 영자신문 편집장을 맡았었는데, 그 당시에는 원고를 영문 타자기(타이프라이터)로 쳐서 인쇄소에 넘기곤 했습니다. 타자기(打字機)의 자판을 타닥타닥 치면 먹 테이프 너머에 알파벳이 한 글자씩 찍혔습니다. 그렇게 단어들이 이어지고 문장이 완성되면, 교정을 보고 다시 타자를 쳐서, 완성된 원고를 인쇄소에 넘겼던 기억이 납니다. 타자기는 사람이 치는 대로 글자를 종이 위에 새겨지게 할 뿐, 그 기계가 자기 임의대로 무엇을 써댈 수는 없습니다. 이처럼 모든 성경의 저자는 하나님이고, 각 성경의 기자는 그 성경을 기록한 타이프라이터의 역할만 한 것입니다.

그러면 히브리서를 기록했던 성경 기자는 누구입니까? **히브리서의 기자**가 누구인지는 확실치 않습니다. 66권의 성경들은 그 성경의 기자가 누구인지 밝혀진 경우가 대부분입니다. 예를 들면, 창세기부터 신명기까지를 모세 5경이라고 부르는데, 그 모세 5경의 기자는 모세입니다. 모든 예언서들도 그 말씀을 받아 기록한 하나님의 종들이 누구인지가 그 성경에 밝혀져 있습니다. 모든 복음서들, 즉 마태복음, 마가복음, 누가복음 또는 요한복음은 모두 그 복음서를 기록한 성경 기자의 이름을 따서 붙여진 명칭입니다. 또 사도 바울이 기록한 서신 성경들을 바울 서신(the Pauline Epistles)이라고 하는데, 이 바울 서신들을 읽어 보면 대부분,

"하나님과 예수 그리스도의 종 나 바울은…"이라고 시작하는 것을 발견하게 됩니다. 그래서 성경 66권의 기자들이 누구인지가 대체로 밝혀져 있습니다.

그런데 누가 히브리서의 기자인지를 알 만한 단서가 히브리서에는 없습니다. 그렇지만 히브리서의 내용을 볼 때, 이 성경의 기자는 구약 성경에 아주 해박한 하나님의 종이었고, 초대교회의 하나님의 종들 중에는 사도 바울만큼 구약성경에 해박했던 종이 없었기 때문에, 바울이 히브리서를 기록했을 것이라는 주장이 가장 유력합니다. 히브리서의 끝 부분에, **"우리 형제 디모데가 놓인 것을 너희가 알라 그가 속히 오면 내가 저와 함께 가서 너희를 보리라"**(히 13:23)고 기록된 말씀도 바울이 히브리서를 기록했으리라는 주장의 논거입니다. 디모데는 사도 바울이 자신의 영적 아들로 여겼던 하나님의 종입니다.

바울 외에도 히브리서의 기자로 바나바, 아볼로, 그리고 브리스길라와 아굴라 등 여러 하나님의 종들이 거론되기도 합니다. 그러나 히브리서를 누가 기록했느냐는 점은 그렇게 중요하지 않습니다. 모든 성경과 마찬가지로 **히브리서의 저자는 하나님**이고, 우리는 히브리서를 통해서 하나님의 말씀을 믿음으로 받으면 되는 것입니다.

말씀하시는 하나님

"옛적에 선지자들로 여러 부분과 여러 모양으로 우리 조상들에게 말씀하신 하나님이 이 모든 날 마지막에 아들로 우리에게 말씀하셨으니 이 아들을 만유의 후사로 세우시고 또

저로 말미암아 모든 세계를 지으셨느니라

이는 하나님의 영광의 광채시요 그 본체의 형상이시라 그의 능력의 말씀으로 만물을 붙드시며 죄를 정결케 하는 일을 하시고 높은 곳에 계신 위엄의 우편에 앉으셨느니라" (히브리서 1:1-3)

성경의 주인공은 예수 그리스도입니다. 예수님은 하나님의 아들이고 하나님 아버지와 동일한 하나님입니다. 따라서 하나님 아버지와 그분의 아들인 예수님은 우리 피조물이 감히 범접할 수 없는 지극히 거룩하고 영광된 분입니다. 그토록 엄청난 위엄의 하나님께서 피조물인 우리들에게 **인격적으로 다가오셔서 신사적으로 말씀하셨다**고 히브리서는 선포합니다.

"옛적에 **선지자들로** 여러 부분과 여러 모양으로 우리 조상들에게 말씀하신 하나님이 이 모든 날 마지막에 **아들로 우리에게 말씀하셨으니**"

"**옛적에…이 모든 날 마지막에**"라는 말씀에서, "**옛적**"이란 구약시대를, "**이 모든 날 마지막**"은 신약시대를 말합니다. 하나님은 "**말씀의 하나님**"입니다. 구약시대에도 신약시대에도, 하나님은 언제나 우리에게 말씀하시는 분입니다. 그러니 하나님이 얼마나 **신사적입니까**? 하나님은 당신의 피조물을 윽박지르고 무조건 짓밟는 광폭(狂暴)한 신(神)이 아닙니다. 하나님은 당신의 말씀 안에서 우리와 차분하게 소통하기를 원하시고, 진리의 말씀으로 우리를 구원하여 영생의 축복을 베풀기 원하시는 하나님입니다.

주먹다짐을 하며 싸우던 사람이 상대방에게, "신사적으로 말을 하지 왜 사람을 치냐?"고 따지는 장면을 본 적이 있을 것입니다. 신사적인 사람은 폭력을 쓰지 않고 말로 문제를 해결합니다.

요즈음 철도 민영화 문제로 정부와 철도노동자들이 폭력적으로 충돌해서 부상자들이 많이 생겼습니다. 피차간에 서로 주장하는 바를 들어보고 정부는 국가적 차원의 입장을 설명하고 철도노동자들은 자신들이 염려하는 바를 토로해서, 서로 약속할 것은 약속해 주어서 신사적으로 갈등을 해소한다면 얼마나 좋겠습니까? 그러나 불행하게도 양측이 피차 폭력으로 해결하려고 하니 철도 민영화 사태를 염려하며 바라보는 국민들의 눈길이 곱지 않습니다.

우리 하나님은 **말씀의 하나님**이기 때문에 아주 **신사적인 분**입니다. 우리들은 당신의 피조물에 불과한데도, 창조주가 당신의 피조물들에게 신사적으로 말씀해 주시니 얼마나 좋으신 하나님이며 선하신 하나님입니까? 하나님께서 우리의 코에 코뚜레를 끼어서 소처럼 끌고 다니면서 "이 놈의 XX야 이래도 안 믿을래?" 하며 믿음을 강요하셔도 우리는 저항을 할 수 없을 것입니다. 그런데 신사적인 하나님께서는 언제나 오직 말씀으로 우리를 상대해 주십니다.

하나님께서는 **당신의 형상**을 따라 우리들을 만드셨습니다. 우리 인간을 영원한 존재로, 자유의지를 가진 영적 존재로, 모든 피조물 중에서도 가장 하나님의 영광을 닮은 존재로 인간을 창조하셨습니다. 인간은 하나님께로부터 그렇게 큰 은혜를 입었건만 우리들은 하나님을 거역하고 각기 제 길로 갔었습니다. 그래도 하나님께서는 우리를 선대하시고 신사적으로 대해 주셔서 오직 말씀으로 다가오셨습니다. 그러니 우리 하나님이 얼마나 좋은 분입니까? 우리 하나님은 선하고 신사적이고 인자하신 하나님입니다.

여기 **"여러 부분과 여러 모양으로…말씀하신 하나님이"**라고 하셨는데, 우리 성경에 **"여러 부분과 여러 모양"**이라고 번역된 부분이 영어 성경에는 **"아주 많은 때에 그리고 다양한 방법으로"**(at many times and in various ways; NIV)라고 번역되어 있습니다. 하나님께서는 창세 이래로 여러 사건과 현상들을 통해서 자주자주 우리 조상들에게 말씀하셨습니다. 하나님께서는 첫 사람 아담과 하와에게 말씀하시고, 그 후에 아벨과 셋과 노아에게도 말씀하셨습니다. 그리고 하나님께서는 아브라함과 이삭과 야곱에게도 말씀하시고, 셀 수 없이 많은 때에(at many times) 우리에게 말씀하셨습니다. 당신의 백성들이 애굽에서 종살이할 때에도 하나님께서는 모세를 통해서 말씀하시고, 광야 노정(路程)에서 당신의 백성들이 하나님을 원망하고 대적해도, 하나님께서는 그들에게 말씀하셨습니다.

아주 많은 때에(at many times) **아주 다양한 방법으로**(in various ways) 하나님께서는 우리에게 말씀하셨습니다. 어떤 때는 놀라운 이적을 베푸셔서, 어떤 때는 큰 역병이 돌게 하셔서, 어떤 때는 우주 만물의 조화를 통해서, 아주 여러 모양으로 우리에게 말씀하셨습니다. 하나님은 할례의 법을 세워서, 구약의 성막 제도로, 속죄의 제사법으로 당신께서 어떻게 우리를 모든 죄에서 구원하셨는지를, 또한 당신의 구원이 얼마나 완전한 약속이며 능력인지를 말씀하셨습니다.

하나님께서는 믿음의 조상들에게 **무엇을** 그렇게 말씀하셨습니까? 하나님께서 하나님의 종들을 통해서 한결같이 말씀하신 내용은, **"하나님이 우리를 너무나 사랑하시기에 우리를 모든 죄에서 구원하셔서 하나님의 자녀의 영광에 들어가게**

하셨다"는 것입니다. 하나님은 **"아주 많은 때에 그리고 다양한 방식으로"**(at many times and in various ways) **우리의 구원에 관해서 일관되게 말씀**해 주셨습니다. 우리를 향한 하나님의 사랑을 우리는 측량할 길이 없습니다. 우리가 무엇이길래, 창조주 하나님이 무엇이 아쉬워서, 각기 고집을 부리며 제 갈 길로 가며 당신을 거역하고 대적하는 자들에게 **"아주 많은 때에 그리고 매우 다양한 방법으로"** 당신의 구원의 사랑을 말씀해 주셨습니까?

이스라엘 백성은 모세의 인도를 따라 애굽의 종살이에서 탈출했습니다. 그러나 애굽에서 빠져나온 후에, **열 하룻길이면 들어갈 수 있었던 약속의 땅 가나안**에 들어가지 못하고 40년 동안 광야 길을 헤매면서, 애굽에서 탈출할 때에 20세 이상이었던 자들은 모두 광야에서 죽었습니다. 출애굽 사건이 있은지 40년 후에 이스라엘 백성은 드디어 요단강에 이르렀습니다. 거기서 모세도 가나안 땅을 바라보면서 죽었습니다. 모세는 율법의 상징입니다. 따라서 모세가 가나안 땅에 들어가지 못하고 죽은 사건은, 율법은 우리를 그리스도에게로 인도하는 역할까지만 한다는 뜻입니다. 이 사건은 누구든지 율법을 지켜서는 하나님의 의에 이르지 못하며 율법의 의로는 영원한 안식의 천국에는 들어가지 못한다는 사실을 계시합니다.

모세가 죽자, 모세의 시종이었던 여호수아가 백성들을 인도해서 요단강을 건넜습니다. 그때는 모맥을 거두는 추수철이었는데 레바논 산지의 만년설이 녹아내리는 시기여서 요단의 강물은 급류가 되어 강둑에까지 철철 넘치도록 흘러내리고 있었습니다. 그럼에도 불구하고 언약궤를 멘 제사장들이 **여호수아가 전한 하나님의 말씀을 믿고** 요단강에 발을 디뎠습니다. 그러자 요단강

물이 저 멀리 상류의 **아담읍 변방**에서 그쳐 서고 **사해로 흐르던 모든 물**이 완전히 말라 버렸습니다. 언약궤를 멘 제사장들이 요단강 한복판에 서 있는 동안, 백성들은 마른 땅을 건너 약속의 땅에 들어갔습니다(수 3:1-17).

이 사건도 **"여러 모양으로 말씀하신"** 하나님의 말씀 중의 하나입니다. 하나님은 이 사건을 통해서, 장차 예수님이 요단강 한복판에서 인류의 대표자 세례 요한에게 세례를 받으실 때에, 끊임없이 철철 넘쳐흐르던 인류의 죄의 강물이 예수님에게로 다 흘러 들어가서 그 죄의 강물이 완전히 그칠 것을 말씀하신 것입니다. 예수님께서는 요단강에서 마지막 대제사장이며 인류의 대표자인 세례 요한에게 세례를 받으실 때에, **"이제 허락하라 우리가 이와 같이 하여 모든 의를 이루는 것이 합당하니라"**(마 3:15)고 세례 요한에게 말씀하셨습니다. 이 세상의 모든 죄를 단번에 세례(안수)로 담당하셨기에, **아담에서부터 세상 종말의 날까지의** (아담읍 변방에서 사해까지의) 이 세상의 모든 죄의 강수는 단번에 예수님에게 흘러들어 갔습니다. 이와 같이 하여 이 세상에 **"모든 의"**가 이루어졌습니다. 그러므로 요단강 물이 말랐던 사건도 육신을 입고 우리에게 오신 하나님, 예수 그리스도께서 우리의 모든 죄를 단번에 다 그쳐 주실 것을 계시한 말씀입니다.

옛적부터 아주 수많은 때에 아주 다양한 모습으로, 지치지도 아니하시고, 포기하지도 아니하시고, 그 많은 역사적 사건들을 통해서 하나님은 계속해서 우리에게 **당신의 완전한 구원에 대해서** 말씀하시고 또 말씀하셨습니다. 왜 그렇게 반복적으로 말씀하셨을까요? 우리들이 **미련**해서 말씀을 못 알아듣고, 또 우리의 마음이 너무 **강퍅**해서 하나님의 말씀을 청종하지 않기 때문입니다. 그래도 하나님께서는 끝까지 포기하지 아니하시고 우리에게 사랑의 메시지를 계속 보내셨습니다. 한 번만 말씀하시고 말면 혹시 우리가 당신의 간절한 사랑을 깨닫지 못할까 염려하셔서, 하나님은 **"아주 많은 때에 그리고 다양한 방식으로"**(at many times and in various ways) 당신의 구원의 사랑을 나타내시고 말씀하셨습니다.

미국의 팝송 중에 **"떡갈나무 고목에 노란 리본을 하나 달아 주세요"**(Tie a Yellow Ribbon Round the Old Oak Tree)라는 노래가 있습니다. 이 노래는 누구나 한 번쯤은 들어봤을 정도로 유명한 곡인데, 타향에서 3년간의 수감 생활을 끝내고 집으로 돌아오는 윌리가 겪은 감동의 실화를 바탕으로 작곡한 노래입니다.

윌리는 오랜 수감 생활을 마치고 고향집으로 향하는 버스를 탔습니다. 버스 안에서 그는 아내와 아이들과 함께 찍은 빛바랜 사진을 꺼내 보고 있었습니다. 아내는 어떻게 변해 있을까? 아이들은 얼마나 컸을까? 그녀가 자기를 아직도 기다리고 있을까? 이런 생각을 하면서 말입니다. 이때 버스 안의 한 소녀가 커피를 건네며 윌리에게 말을 걸어왔습니다. 그래서 윌리는 고통스러웠던 자신의 이야기를 털어놓습니다. 멀리 타향에서 오랜 감옥 생활을 해야 했던 윌리는 감옥에서 아내에게 편지를 썼습니다. 자기는 오랫동안 돌아가지 못하니 견디기 힘들면 다른 남자를 만나도 이해하겠다고 말입니다. 그러자 아내는 더 이상 편지를 하지 않았습니다.

그리고 가석방이 확정된 지난 주, 윌리는 다시 아내에게 편지를 썼습니다. 당신이 만약 자신을 다시 받아 준다면 집으로 돌아오는 마을 입구에 있는 커다란 떡갈나무에 노란 리본을 하나

걸어달라는 부탁의 편지를! 만약 노란 리본이 떡갈나무에 걸려 있지 않으면 버스에서 내리지 않고 그대로 멀리 떠나겠다는 말도 윌리는 덧붙였습니다.

　윌리의 이야기를 들은 버스 안의 사람들은 한결같이 그 떡갈나무에 노란 리본이 하나 걸려 있기를 바라며 윌리의 마을로 향하고 있었습니다. 긴장한 윌리는 차마 창 밖을 내다보지 못하겠다고 눈을 감고 버스기사에게 리본이 달려 있는지 확인해 달라고 부탁했습니다. 이윽고 버스가 윌리의 고향에 다다르자 버스 안은 온통 환호 소리로 가득 찼습니다. 떡갈나무에는 백 개의 노란 리본이 걸려 있었기 때문입니다.

　온통 노란 리본으로 뒤덮인 떡갈나무를 머릿속에 그려 보면서 우리는 무엇을 깨닫습니까? 윌리의 아내가 아직도 윌리를 얼마나 사랑하고 있는지, 얼마나 간절히 그를 기다렸는지를 우리는 알 수 있습니다. 옛적부터 **"여러 부분과 여러 모양으로"** 우리에게 말씀하신 하나님의 마음도 이와 같습니다. 만일 하나님께서, "내가 너희들을 이렇게 사랑해서 내 아들을 보내서 너희 죄를 다 없애 놓았다"라고 성경 전체에서 한 번만 딱 말씀하시고 말았다면, 어리석고 강퍅한 우리들은 그 말씀을 간과했거나 제대로 깨닫지도 못했을 것입니다. 그래서 우리는 히브리서 1장 1절의 한 구절에 담긴 하나님 사랑이 얼마나 큰지를 다시 한번 확인하게 됩니다.

　열왕기하 5장에는 아람 나라의 군대장관 나아만의 문둥병이 치유된 이적의 말씀이 기록되어 있습니다. 나아만 장군은 큰 용사였지만 문둥병으로 고생하고 있었습니다. 그는 그 고질병을 고쳐 보려고 갖은 치료를 다 받아 보았지만 병만 더 악화되었습니다. 그런데 이스라엘에서 잡혀온 소녀 몸종이, **"우리**

주인(나아만)이 사마리아에 계신 선지자 앞에 계셨으면 좋겠나이다 저가 그 문둥병을 고치리이다"(왕하 5:3) 하고 "기쁜 소식"을 전해 주었습니다. 이 말을 들은 나아만은 물에 빠진 사람이 지푸라기라도 잡는 심정으로 하나님의 종 엘리사에게 나아갔습니다. 그러자 엘리사는 나아만에게, "너는 가서 **요단강에 몸을 일곱 번 씻으라 네 살이 여전하여 깨끗하리라**"(왕하 5:10)고 명령합니다.

아람 나라의 맑고 큰 강물과 비교해 볼 때, 도랑물에 불과한 요단강에 몸을 담근다고 문둥병이 나을 것 같지 않아서, 나아만 장군은 엘리사에게 화를 내고 돌아가려고 했습니다. 그러자 나아만 장군의 부하 한 사람이 그를 말렸습니다. "내 아버지여 선지자가 **당신을 명하여 큰 일을 행하라 하였더면 행치 아니하였으리이까 하물며 당신에게 이르기를 씻어 깨끗하게 하라 함이리이까**"(왕하 5:13). 환자에게 무슨 어려운 일을 행하라는 것도 아니고 그저 요단강 물에 몸을 일곱 번 담그라는 말씀인데 그렇게 화를 내며 돌아갈 이유가 있냐는 말입니다. 나아만이 가만히 생각해 보니 자기 부하의 말이 일리가 있었습니다. 그래서 나아만 장군은 엘리사가 명한대로 요단강에 가서 몸을 일곱 번 담갔습니다. 그러자 그의 온몸을 덮었던 문둥병이 단번에 깨끗이 치료되어 어린아이의 살같이 되었습니다.

성경에서 문둥병은 우리 영혼의 **"죄의 병"**(sin sickness)을 의미합니다. 우리의 **"죄의 병"**은 오직 구원의 말씀을 온전히(일곱 번) 믿음으로만 치유될 수 있습니다. 나아만 장군이 요단강 물에 몸을 일곱 번 잠금으로써 문둥병을 치유받은 이적의 말씀도, 장차 요단강에 오셔서 세례 요한에게 세례를 받음으로 우리의 모든 죄를 단번에 담당하실 예수님의 구원사역을 계시하는 말씀입니다. 이렇게 구약의 사건들 하나하나가 앞으로 하나님께서 당신의 외아들인 예수 그리스도를 보내셔서 우리들을 죄에서 온전하게 구원할 것을 **옛적에 선지자들에게 여러 부분과 여러 모양으로** 말씀하고 있습니다.

이렇게 옛적에도 **"여러 부분과 여러 모양으로"** 우리를 향한 구원의 사랑을 말씀하셨던 하나님은 이제 당신의 약속대로 당신의 아들을 보내 주셔서 모든 약속을 온전히 이루어 주시고, 우리를 모든 죄에서 구원하신 주님의 사역을 신약 성경에 세미하게 말씀해 주셨습니다. **"이 모든 날 마지막에 아들로 우리에게 말씀하셨으니"** 하신 부분에서 이 **"아들"**은 바로 예수 그리스도이십니다.

성경의 주인공은 예수 그리스도입니다. 하나님 아버지께서 당신의 아들 예수 그리스도를 만유의 후사로 세우셨습니다. 후사(後嗣)라는 말은 상속자(heir) 즉 주인의 아들을 뜻하는데, 하나님 아버지께서 당신의 아들 예수님을 온 우주의 상속자로 세우셨습니다. 여기서 만유(萬有)라는 말은 보이는 세계뿐만 아니라 보이지 않는 세계까지도 포함하는 "모든 것들"(all things)을 의미합니다. 하나님 아버지께서 보이는 세계뿐만 아니라 보이지 않는 세계인 천국과 지옥까지도 다 예수님의 권한 아래 두셨습니다. 예수님이 그 모든 세계의 왕입니다. 예수님은 모든 세계를 주관하시고 마음대로 처분하실 수 있는 전능한 하나님입니다. 하나님 아버지는 예수님을 만유 위에 높이시고 모든 세계를 예수님의 발아래 두셨습니다.

사실 이 **우주 전체도 예수님이 지은 것**입니다. 그리고 하나님 아버지께서 예수님을 그 모든 세계의 주관자와 상속자로 세워 주셨습니다. "**이 아들을 만유의 상속자로 세우시고 또 그로 말미암아 모든 세계를 지으셨느니라**"(히 1:2)는 말씀은 예수님이 얼마나 대단한 분인가를 말씀하는 것입니다. 요즘 많은 사람들이 기독교를 "개독교"라고 폄하하면서 안티 기독교(anti-Christianity)를 표방하며 예수님까지 능욕하고 있습니다. 물론 사람들이 그렇게 하는 데에는 세속화되고 타락한 기독교의 잘못이 큽니다. 그러나 일부 타락한 기독교인들의 행태를 빌미로 우주의 창조주이고 주관자인 예수님을 모욕하고 예수님을 믿는 참된 신앙인들까지 능욕하는 자들은 주님의 재림의 날에 피눈물을 쏟으며 후회할 것입니다. 그들은 예수님이 얼마나 존귀하고 위엄이 있는 창조주 하나님인 줄을 모르기에 감히 그런 망령된 짓을 하는 것입니다.

예수님은 전능하신 하나님입니다. 예수님은 하나님의 외아들인 하나님인데, 하나님 아버지께서 예수님에게 모든 세계를 다스릴 권세를 주셨습니다. 하나님 아버지께서는 예수님을 통해서 세계를 지으셨습니다. 요한복음 1장에는, 예수님을 **태초부터 계신 말씀의 하나님**이라고 소개합니다. 말씀의 하나님인 예수님이 모든 세계, 즉 보이는 세계와 보이지 않는 세계를 말씀으로 다 지으셨습니다. 그리고 하나님 아버지는 그 모든 세계를 예수님께 맡기셨습니다. 하나님 아버지는, "네가 이 모든 세계의 주인이다. 이 모든 세계를 네 뜻대로 운행하고 지배하라"고 예수님에게 위임하셨습니다. 그러므로 우리는 **예수님은 모든 세계의 창조자이시고 그 모든 세계를 하나님께로부터 상속받으신 분이기에 만왕의 왕이며 우주의 주인이다**라는 사실을 분명히 알고 믿어야 합니다.

또한 성경은 "이(예수님)는 **하나님의 영광의 광채시요 그 본체의 형상이시라**"(히 1:3)고 선포합니다. 예수님은 하나님 아버지의 영광의 빛입니다. 태초부터 계신 생명의 참 빛, 우리에게 와서 비취는 빛이 있었으니 이분이 바로 예수님이십니다. 그 빛이 이 땅에 오셔서 어둠 가운데 비취자 모든 어두움은 단번에 물러갔습니다. 하나님의 영광의 광채이신 예수님을 우리가 믿음으로 만나면 우리도 빛의 자녀가 되어 밝은 빛 가운데 나아갈 수 있습니다. 태초에 **"빛이 있으라"**(창 1:3) 하신 하나님께서 진리의 빛을 우리에게 비춰 주셨는데, 그 빛이 바로 예수님입니다.

"그 본체의 형상이라"(히 1:3)— 예수님은 하나님입니다. 하나님께서 친히 육신을 입고 우리들에게 나타나셨는데, 그분이 바로 예수님입니다. 예수님은 근본 우리의 육신의 눈에는 보이지 않는 영이신 하나님인데, 거룩한 영이신 성자(聖子) 하나님이 친히 육신을 입고 우리 인류의 역사 가운데 보이게 오셔서, 하나님이 누구이며 어떻게 우리를 모든 죄에서 구원하셨는지를 우리에게 분명하게 알려 주셨습니다. 우리 가운데 오셨던 예수님은 **하나님의 본체**가 우리와 같은 형상을 입고 우리에게 오셨던 분입니다. 우리는 예수님을 보고서야 하나님이 누구신지, 그 하나님께서 우리에게 어떤 사랑을 베푸셨는지를 알 수 있습니다. 즉, 예수님을 통해서만 우리는 하나님 아버지를 볼 수 있습니다. 그래서 **"나를 보는 자는 나를 보내신 이를 보는 것이니라"**(요 12:45)고 주님은 말씀합니다.

"그의 능력의 말씀으로 만물을 붙드시며"(히 1:3)

　예수 그리스도는 말씀이 사람이 되어서 우리에게 오신 하나님입니다. 그러므로 예수님의 말씀은 엄청난 능력이 있습니다.
　그 능력의 말씀으로 첫 번째 하신 일은 **모든 세계를 만드신 일**입니다. 예수님께서 **"있으라"**고 말씀하시면 무엇이든지 즉시에 생겨났습니다. 얼마나 대단한 능력입니까? 우리는 무엇을 하나 만들려면, 먼저 설계를 해야 하고, 그 설계에 맞춰서 온갖 도구와 재료를 다 준비해야 하고 많은 수고를 해야 겨우 의도한 대로 그 무엇을 만듭니다. 있는 재료를 가지고 변형시켜서 어떤 것을 만들려면 우리에게는 그렇게 힘이 듭니다. 저는 지난 주에 구입한 이 녹음기로 오늘 설교를 녹음하려고 했더니, 이 녹음기를 올려놓을 받침대가 필요했습니다. 그래서 한참을 궁리하다가, 버리려고 내어놓았던 녹음기 포장박스를 다시 들고 들어왔습니다. 그런데 그 포장박스가 약해서 그 위에 녹음기를 올렸더니 주저앉으려고 했습니다. 그래서 궁리하다가 그 박스 속에 신문지를 잔뜩 채우고 셀로판 테이프로 싸 발라서 이런 받침대를 만들었습니다. 그랬더니 이제 녹음기를 그 위에 올려놓아도 주저앉지 않았습니다. 저는 이미 있는 박스를 가지고 이 받침대 하나 만드는 데도 한참 수고를 해야 했습니다.
　그런데 주님은 한 번 **"있으라"** 말씀하셨더니, 아무것도 없는 데서 우주 전체가 찰나에 생겨났습니다. 이 우주(the Universe)는 우리 인간으로서는 도저히 상상할 수도 없이 광대하고 신묘막측한 세계입니다. **"우리가 알고 있는 우주"**(the known- Universe)에는 약 7,000억 개의 은하계(galaxy)가 있다고 합니다. 그리고 태양계가 속해 있는 우리 은하계만 하더라도, 몇 천억 개의 천체들이 모여서 하나의 은하계를 이루고 있습니다. 우리 눈에 보이는 별들은 태양과 같이 스스로 빛을 내는 항성(恒星)들입니다. 하나의 항성은 많은 행성들과 위성들을 거느리고 있습니다. 그리고 하나의 은하계에는 태양계와 같은 천체군(天體群)이 수천억 개나 있습니다. 그러니 은하계 하나만 해도 그 크기가 엄청납니다.

우리 태양계가 속한 은하계는 원반 형태로 생겼는데, 그 폭이 약 10만 광년입니다. 우리 은하계의 한쪽 끝에서 출발해서 빛의 속도로 10만 년을 달려야 다른 쪽 끝에 도달하는 크기입니다. 은하계의 한쪽 끝에서 3만 광년 들어온 곳에 있는 태양계의 지구에서 보자면, 우리 은하계의 제일 먼 곳의 항성(恒星) 하나가 소멸해서 그 빛이 끊어지면, 우리는 그 별이 소멸되었다는 사실을 약 7만 년 후에나 알게 됩니다. 다시 말하면, 우리는 이미 7만 년 전에 없어진 별을 7만 년 동안 더 보게 된다는 말입니다. 그러므로 지금 우리가 어떤 별을 보고 있다고 해서 그 별이 지금 현재 존재한다고 말할 수 없습니다. 은하계 하나의 크기가 이러한데, 우주에는 이런 은하계가 칠천억 개나 존재한다고 합니다.

우리 지구에서 가장 가까운 외계 은하계가 **안드로메다 은하계**인데, 그 은하계는 지구에서 200만 광년 떨어진 곳에 있답니다. 이 말은 지금 망원경을 통해서 우리 눈에 들어오는 **안드로메다 은하계**는 그 은하의 200만 년 전의 모습이라는 뜻입니다. 그런데 그런 크기의 은하계가 "**우리가 알고 있는 우주**"(the known- Universe) 안에만 약 칠천억 개가 있다고 하니, 주먹 두 개만한 우리의 뇌로는 도저히 상상조차 할 수 없는 세계가 우주입니다.

그런데 이 어마어마한 우주를 하나님의 아들이신 예수 그리스도는 "있으라"는 말씀 한마디로 지으셨습니다. 예수님은 말씀 한마디로 보이는 이 우주를 지으셨을 뿐만 아니라, 천국과 지옥이라는 보이지 않는 더 광대한 세계도 주님이 지으셨습니다. 그래서 예수님의 말씀을 **"능력의 말씀"**(히 1:3)이라고 하는 것입니다. 예수님의 말씀이 얼마나 능력이 있는지, 예수님께서 그냥 **"있으라"** 명하시면 만물이 그대로 생겨났습니다.

저는 하나님의 말씀을 다 믿습니다. **말씀의 하나님**이 그의 **능력의 말씀**으로 우주와 그 안에 있는 모든 피조물들을, 특별히 우리 인간을 지으신 것을 저는 100% 믿습니다. 진심으로 하나님을 경외하는 사람이라면, 또 이 우주의 신묘막측한 현상을 깊이 관찰한 사람이라면, 하나님께서 살아 계신 것과 하나님이 얼마나 위대한 창조주인가를 믿을 수밖에 없습니다.

이 우주와 그 안에 있는 모든 것이 자연적으로 발생하고 진화했다고 고집하는 사람은 어리석은 자입니다. **"집마다 지은 이가 있듯이 이 우주를 지으신 분이 계신데 그분이 바로 하나님이다"**(히 3:4)라고 성경은 말씀합니다. 여기 책상이 있습니다. 그런데 이 책상이 저절로 생겨났겠습니까? 반드시 이 책상을 **만든 이가 있기에** 이 책상이 **존재**합니다. 그런데 이 어마어마한 우주와 그 우주의 신묘막측한 운행의 질서들이 그냥 저절로 생겨났다고 주장할 수 있겠습니까? "우주가 저절로 생겨나서 현재의 형태로 진화한 것이다"라고 주장하는 자는 이 책상이 어느 날 아침에 저절로 생겨났다고 미친 소리를 하는 자와 같습니다. 어리석은 자들은 감히 상상할 수도 없는 우주의 어마어마한 천체들이 저절로 생겨나서 신묘막측한 질서로 우주

공간을 운행한다고 강변을 하니, 이런 주장은 말도 안 되는 얘기입니다.

지구가 태양 주위를 1년에 한 바퀴씩 돌고 있는데, 수십억 년의 장구한 시간 동안 0.000001초도 안 틀리고 그 궤도를 정확하게 돈다는 것이 우연한 일입니까? 전능하신 이가 말씀으로 명하신 대로 모든 우주 만물은 순종하는 것입니다. 하나님의 말씀을 안 믿을 놈들은 믿지 말라고 하십시오. 여러 모양과 여러 부분에 말씀하신 하나님을 믿는 자들은 우주와 대자연의 신묘막측한 현상들을 바라보면서 **하나님께서 살아 계시며** 우주와 그 안의 모든 것을 만드신 **창조주이심**을 믿습니다.

하나님은 자연 현상을 통해서도 당신의 살아 계심을 분명히 보이셨기에 하나님을 믿지 않는 자들은 후일에 하나님의 심판을 받더라도 핑계를 댈 수 없다고 로마서에서도 말씀하고 있습니다: "이는 하나님을 알만한 것이 저희 속에 보임이라 하나님께서 이를 저희에게 보이셨느니라 창세로부터 그의 보이지 아니하는 것들 곧 그의 영원하신 능력과 신성이 그 만드신 만물에 분명히 보여 알게 되나니 그러므로 저희가 핑계치 못할찌니라"(롬 1:19-20)

"그의 능력의 말씀으로 만물을 붙드시며"(히 1:3)

만물을 창조하신 하나님은 또한 그 만드신 모든 만물을 붙들고 운행하십니다. 하나님께서 대자연을 운행하시는 것을 보면 참으로 신묘막측(神妙莫測)합니다. 천체의 운행을 따라서 밤과 낮이 순환하고 사계절이 순환하는 것을 보면 얼마나 신묘막측한지요! 봄이 오면 새싹이 나오고 모든 생물이 준동(蠢動)합니다. 가을이 되면 낙엽이 지고 모든 동식물이 겨울을 견딜 준비를 합니다.

그리고 이러한 보이는 세계 즉 자연계를 통해서 주님께서는 영적인 세계의 비밀을 계시해 주십니다. 매미를 예로 들어봅시다. 매미의 애벌레인 굼벵이는 몇 년을 땅속에서 살다가, 때가 되면 땅 밖으로 나와서 나무에 기어오릅니다. 그리고 등껍질이 굳어지면서 번데기가 되었다가, 그 등껍질을 쪼개고 나와서 날개를 쫙 펴고 매미가 됩니다. 이런 현상을 **"탈바꿈"** 또는 한자어로 **변태(變態)**라고 합니다. 요즘 성적으로 이상한 짓을 하는 사람을 변태라고 지칭하는데 여기서는 그런 뜻이 아니라 〈**모양이 바뀐다**〉는 뜻입니다. 즉, 굼벵이가 변해서 전혀 다른 모양의 성체(成體)인 매미가 되는 것이기에 그런 현상을 변태(變態)라고 합니다.

굼벵이가 매미가 되는 이 현상은 참으로 신묘막측합니다. 굼벵이가 땅속의 똥물 같은 더러운 것들만 먹다가 매미가 되어서는 나무의 수액을 마시고 하늘을 날아다니면서 빛의 세계를 누립니다. 이 놀라운 자연 현상을 통해서 하나님께서는 **죄인이 의인으로 거듭나는 역사**를 깨닫게 해 주십니다. 그리고 이런 자연 현상도 다 **말씀으로 만물을 붙드시는 하나님의 능력**입니다. 이 모든 피조물들도 하나님께서 명하신 법대로, 능력의 말씀이 명령한 대로 운행되고 있습니다.

미국에는 **"17년 주기 매미"**라는 신기한 매미가 있습니다. 그 매미의 굼벵이들은 꼭 17년 만에 땅 밖으로 나와서 성체인 매미가 됩니다. 그들은 짧은 기간 동안 노래를 부르며 짝짓기를 하고 알을 낳고는 죽습니다. 그러면 그 알들이 부화되어 굼벵이로 17년 동안 땅속에서 잠잠히 지냅니다. 16년 동안은 그 매미들이 전혀 보이지도 않습니다. 16년 동안 미국 전역에서 "17년 주기 매미"는 한 마리도 찾아볼 수 없습니다. 그러다가 17년 되는 해에 모든 굼벵이들이 일제히 땅 위로 나와서 매미가 되어 그 지역을 뒤덮습니다. 그리고는 또다시 16년 동안 잠잠합니다. 하나도 예외가 없습니다. 혹시 한 놈이라도 예외적으로 16년 만에 매미가 되었다면, 그놈이 16년 만에 새끼를 퍼뜨려서 16년 만에 다시 출현하게 되니까 그놈의 후손들은 16년을 주기로 나타나게 되었을 것입니다. 또 어떤 놈은 15년 만에 성체 매미가 되었다고 칩시다. 이런 방식으로 시간이 좀 흐르면 그 종의 매미들이 매년 출현하게 되었을 것입니다. 그런데 그렇지 않고 이 **"17년 주기 매미"**의 굼벵이들은 예외 없이 꼭 17년 만에 일제히 땅 밖으로 나와서 매미가 됩니다.

    이것은 자연의 신비입니다. 하나님의 말씀을 믿는 사람은 이런 현상을 보면서, **"정말로 하나님의 능력의 말씀이 만물을 붙들고 계시구나"**라고 고백합니다. 하나님께서는 그 **능력의 말씀**으로 지금도 만물을 붙들고 계십니다. 하나님이 정해 주신 대자연의 법칙대로, 낮과 밤과 계절도, 우주의 운행도, 하나님이 명령하신 그대로 운행된다는 것을 하나님을 믿는 사람은 인정하고 믿습니다. 하나님께서는 그 능력의 말씀으로 모든 세계를 지으셨고, 또 지금도 붙들고 계십니다. 하나님은 지금 우리들도 붙들고 계십니다.

"죄를 정결케 하는 일을 하시고"(히 1:3)

    하나님께서는 그 **능력의 말씀으로 우리 모든 죄를 깨끗이 없애 주셨습니다.** 하나님이신 예수님이 육신을 입고 오셔서 우리의 모든 죄를 실제로 없애 주셨고 그 사실을 성경에 기록해 주셨습니다. 그러므로 우리는 그 **능력의 말씀**을 듣고 믿음으로 우리 마음의 죄를 깨끗이 씻을 수 있습니다. 주님께서 그 능력의 말씀으로 하신 일 중에 가장 위대한 일이 바로 우리의 모든 죄를 없애 주신 일입니다. 실로 이 일을 위해서 주님께서는 능력의 말씀으로 우주를 지으셨고, 그 능력의 말씀으로 지금도 우주 만물을 붙들고 계십니다. 우리들도 주님께서 말씀으로 지으셨습니다. 능력의 말씀으로 우리 인류의 모든 죄를 정결케 하셔서 우리가 하나님의 자녀의 영광에 들어가게 하신 것이 **하나님의 뜻**입니다.

"**죄를 정결케 하는 일을 하시고 높은 곳에 계시는 위엄의 우편에 앉으셨느니라**"

히브리서에는 "**예수님이 하나님 보좌 우편에 앉으셨다**"는 말씀이 여러 번 나옵니다. 이 말씀은 예수님께서 **우리를 구원하는 일을 완성하셨다**는 뜻입니다. 예수님은 천국을 포함한 모든 세계를 창조하신 하나님입니다. 예수님은 천국에서 하나님 보좌 우편에 앉아 계시던 분인데, 그 보좌를 떠나서 사람의 육신을 입고 우리에게 오셨습니다. 영이신 하나님께서 왜 육신을 입고 우리 가운데 오셨습니까? 말씀이 육신이 되어서 우리에게 오신 분이 예수님인데, 예수님께서는 당신의 몸을 제물로 드려서 인류의 모든 죄를 정결케 하는 일을 하셨습니다.

예수님은 **물과 피**로 임하셨습니다(요일 5:6). 대속죄일에 대제사장 아론은 이스라엘 백성을 대표해서 일 년 된 어린 염소의 머리에 **안수함**으로써 이스라엘 백성 전체의 일 년치 죄를 단번에 "아사셀" 염소에게 넘겼습니다. **대제사장 아론의 후손(눅 1:5)**이고 **전 인류의 대표자(마 11:11)**인 **세례 요한**은 요단강에서 **안수의**

형식으로 예수님에게 **세례를 베풀었습니다.** 이 세례로 예수님은 우리 인류의 모든 죄를 단번에 당신의 육체에 넘겨받으셨습니다. 그래서 세례 요한은 예수님께서 세례를 받으신 이튿날에 자기의 앞을 지나시는 예수님을 가리켜, "보라 세상 죄를 지고 가는 **하나님의 어린양이로다**"(요 1:29)라고 증거한 것입니다.

인류의 대표자에게 **안수의 형식으로 받은 세례**로 예수님은 세상 죄를 다 담당하셨기 때문에 "**모든 의**"(마 3:15)를 이루셨습니다. 주님은 우리의 모든 죄를 실제로 짊어지고 십자가에 못 박히셨습니다. 예수님은 당신의 몸을 대속(代贖)의 제물로 드려 온몸의 피를 다 쏟으시기까지 고난을 받으심으로 인류의 죗값을 다 지불하시고, "**다 이루었다**"(요 19:30)고 외치시며 숨을 거두셨습니다. 예수님은 이와 같이 하여 우리의 모든 "**죄를 정결케 하는 일을 하시고**"(히 1:3) 부활 승천하셔서 이제는 하나님 보좌 우편에 앉아 계십니다. 그러므로 "**예수님께서 하나님 보좌 우편에 앉아 계시다**"는 말은 "예수님이 우리들의 모든 죄를 실제로 다 없애 놓았다", "예수님은 당신이 받으신 세례와 십자가의 피로 우리 인류의 구원을 이미 완성시켰다"라는 뜻입니다.

이제 하나님의 말씀을 믿음으로 하나님의 구원을 바라는 자들은 온전히 "**죄 없이 함을 받게**"(행 3:19) 되었습니다. 하나님께서는 자기의 죄 때문에 괴로워하는 심령이 가난한 자들에게 값없이 **죄 사함의 은총을** 입혀 주셨습니다. 그래서 우리는 히브리서 1장 1절부터 3절까지만 묵상해 보아도, 예수님이 얼마나 위대하고 자비한 분인지, 예수님이 얼마나 완벽하게 우리를 모든 죄에서 구원하셨는지를 깨닫게 됩니다.

저는 여러분이 히브리서의 강해 말씀을 통해서 **복음의 원형인**

물과 성령의 복음을 믿는 믿음에 견고히 서기를 원합니다. 견고한 믿음이 없으면 여러분은 세상의 조류에 휩쓸려 떠내려갑니다. 그리고 그 끝은 지옥입니다. 이는 요단강의 급류에 휩쓸려 떠내려가면 끝내 죽음의 바다인 사해(死海)에 도달하는 것과 같습니다. 여러분이 하나님 말씀을 계속해서 들으면서도 끝내 그 말씀에 믿음으로 화합하지 않으면 이 세상 조류에 휩쓸려 떠내려가서 지옥에 가게 됩니다.

우리가 그렇게 되지 않게 하시려고 하나님께서 우리에게 히브리서의 말씀을 주셨습니다. 그러므로 "오늘이라 일컫는 동안에"(히 3:13) 하나님의 말씀이 여러분의 귀에 들리거든 믿지 않는 악심으로 마음을 강퍅하게 하지 말고, 말씀을 들을 때마다 그 말씀에 겸비하게 귀를 기울이고 믿음으로 화합하기를 바랍니다.

하나님께서 여러분 모두에게 **어린아이와 같은 순수한 믿음**을 주셔서, 여러분이 말씀을 믿음으로 받고 그 믿음의 반석 위에 믿음의 집을 짓는 축복을 누리기를 바랍니다.

말씀을 마쳤습니다.

(2014년 2월 9일 주일예배 말씀)

세상을 사랑하는 자들의 결국

"옛적에 선지자들로 여러 부분과 여러 모양으로 우리 조상들에게 말씀하신 하나님이 이 모든 날 마지막에 아들로 우리에게 말씀하셨으니 이 아들을 만유의 후사로 세우시고 또 저로 말미암아 모든 세계를 지으셨느니라

이는 하나님의 영광의 광채시요 그 본체의 형상이시라 그의 능력의 말씀으로 만물을 붙드시며 죄를 정결케 하는 일을 하시고 높은 곳에 계신 위엄의 우편에 앉으셨느니라

저가 천사보다 얼마큼 뛰어남은 저희보다 더욱 아름다운 이름을 기업으로 얻으심이니 하나님께서 어느 때에 천사 중 누구에게 네가 내 아들이라 오늘날 내가 너를 낳았다 하셨으며 또 다시 나는 그에게 아버지가 되고 그는 내게 아들이 되리라 하셨느뇨

또 맏아들을 이끌어 세상에 다시 들어 오게 하실 때에 하나님의 모든 천사가 저에게 경배할찌어다 말씀하시며 또 천사들에 관하여는 그는 그의 천사들을 바람으로, 그의 사역자들을 불꽃으로 삼으시느니라 하셨으되

아들에 관하여는 하나님이여 주의 보좌가 영영하며 주의 나라의 홀은 공평한 홀이니이다 네가 의를 사랑하고 불법을 미워하였으니 그러므로 하나님 곧 너의 하나님이 즐거움의 기름을 네게 부어 네 동류들보다 승하게 하셨도다 하였고

또 주여 태초에 주께서 땅의 기초를 두셨으며 하늘도 주의 손으로 지으신바라

그것들은 멸망할 것이나 오직 주는 영존할 것이요 그것들은 다

옷과 같이 낡아지리니 의복처럼 갈아 입을 것이요 그것들이 옷과 같이 변할 것이나 주는 여전하여 연대가 다함이 없으리라 하였으나
 어느 때에 천사 중 누구에게 내가 네 원수로 네 발등상 되게 하기까지 너는 내 우편에 앉았으라 하셨느뇨 모든 천사들은 부리는 영으로서 구원 얻을 후사들을 위하여 섬기라고 보내심이 아니뇨"(히 1:1-14)

 히브리서 1장은 "예수 그리스도는 하나님의 아들이기에 **천사와는 비교할 수도 없이 월등한 분이다**"라고 말씀합니다. 하나님의 말씀은 진리의 빛입니다. 그러므로 우리가 하나님 말씀을 믿음으로 받으면, 그 말씀이 모든 잘못된 지식과 생각을 바로잡아 주어서 마음의 어두움을 몰아냅니다.
 히브리서가 기록될 당시의 초대교회 교인들에게는 **천사숭배 사상**이 만연되어 있었습니다. 그 결과 기독교인들 가운데 예수 그리스도께서 자기들의 죄를 온전히 없애 주신 하나님이라는 사실을 망각하는 자들이 많았고, 심지어는 예수님보다는 천사를 더 경배하는 어리석은 자들까지 있었습니다. 그런 자들은 결국 바른 믿음에서 떨어지고 사단 마귀의 밥이 될 수밖에 없었습니다. 그래서 하나님께서는 이런 잘못된 것들을 바로잡아서 견고한 믿음에 서게 해 주시려고 히브리서의 말씀을 기록해 주셨습니다.
 우리는 히브리서의 말씀을 통해서, **오늘 우리에게 말씀하시는 하나님의 음성**을 들어야 합니다. "그 당시의 사람들은 참 어리석었구나! 왜 천사를 예수님보다 더 숭배했을까?"-우리가 이렇게만 생각할 것이 아닙니다. 우리도 초대교회의

천사숭배자들과 똑같은 잘못을 저지를 수 있습니다. 그래서 우리는 지금 우리 마음을 비춰 주시는 하나님의 말씀으로 우리 마음의 악을 깨닫고 돌이켜서 바른 믿음으로 나아가야 합니다.

초대교회의 기독교인들이 천사를 숭배한 것은 참 어리석은 일입니다. "**모든 천사들은 부리는 영으로서 구원 얻을 후사들을 위하여 섬기라고 보내심이 아니뇨**"(히 1:14)라는 말씀대로, 천사는 단지 "**구원을 얻은 하나님의 자녀들을 섬기라고 하나님께서 보내신 영물**"입니다. 분명히 말하자면, 천사는 죄 사함 받은 성도들을 보호하고 섬기라고 하나님께서 보내 주신 종들입니다. 그런데 희한하게도 초대교회 시대에는 기독교인들이 천사들을 아주 높이 떠받들고 그들을 경배하는 경향이 있었다는 말입니다.

그래서 히브리서 1장은 이런 잘못을 책망하고 바르게 잡아 주기 위해서 말씀합니다 - "예수님은 천사와는 비교도 할 수 없이 높은 분이다. 예수님께서는 하나님 아버지의 외아들이신 성자(聖子) 하나님이시다. 하나님이 어느 천사에게 '너는 내 아들이다'라고 한 번이라도 부르신 적이 있느냐? 예수님은 '가장 아름다운 이름'을 얻은 분이다." **가장 아름다운 이름**이란 **하나님의 아들**이라는 호칭입니다.

하나님 아버지께서는 예수님에게 "**너는 내 아들이라 네 원수들로 네 발등상이 되게 하시기까지 너는 내 우편에 앉아 있으라**"고 말씀하셨습니다. 하나님 아버지께서 당신과 똑같은 권세와 영화를 누리게 하신 분이 예수님입니다. "그런데 어디라고 천사를 예수님과 비교하느냐? 너희가 감히 천사를 내 아들 예수보다도 더 높여서 숭배하느냐?"라고 하나님 아버지께서는 천사숭배자들을 책망하십니다.

이 시대의 천사숭배자들

그런데 지금 이 시대에도 천사숭배자들이 많습니다. 성탄절이 오면 전 세계적으로 산타클로스 할아버지가 등장합니다. 산타클로스는 루돌프 사슴이 끄는 마차를 타고 다니면서 어린이들에게 선물을 듬뿍 안겨 주는 신화적인 존재입니다. 매년 12월 25일, 성탄절은 예수 그리스도의 나심을 기념하는 날인데, 오히려 거리에는 "징글벨"이 울려 퍼지고 산타클로스가 더 부각되는 축제가 되었습니다.

산타클로스(Santa Claus)는 영어로는 성 니콜라스(Saint Nicholas)입니다. 가톨릭교회에서 인정한 소위 성인(聖人)이나 성녀(聖女)들에게 붙여 주는 명칭이 Santa 즉 Saint입니다. 예를 들면, 성령으로 말미암아 예수님을 잉태하고 낳은 마리아를 가톨릭교회에서는 산타 마리아(Santa Maria)라고 부르는데, 이는 마리아를 성녀(聖女)로 높여 부르는 호칭입니다.

가톨릭교회는 자기들이 보기에 존경할 만한 신앙심을 보여준 사람들을 교황청에서 심사해서 성인이나 성녀로 선포하고 높입니다. 가톨릭교회의 교황청 시성성(施聖省)이 그런 시성절차(施聖節次)를 진행하는데, 지역교회가 승인하고 공경하는 어느 인물에 대한 지역교회의 청원에 대해 교황청 시성성은 기초적인 조사를 합니다. 그리고 일단, 시성성이 그 인물이 시성을 받을 만하다고 판단되면 좀 더 면밀한 검토를 거쳐서 그 공로(功勞) 정도에 따라 가경자(可敬者), 복자(福者), 성인(聖人) 등의 칭호를 붙여 주는 시복식(施福式) 또는 시성식(施聖式)을 합니다. 복자, 성인이 되려면, 반드시 가톨릭교회가 객관적으로 믿을 만한 기적이 각각 2회 이상씩 증명되어야 한답니다. 일단 가톨릭교회에서 성인이나 복자의 반열에 오르면, 그 성인의 기념 축일도 정해지고 기념 성당을 짓기도 하고 그들의 이름 앞에 "성"(Saint)이나 "복자"라는 호칭을 붙여서 모든 가톨릭 교인들이 그들을 공경하게 합니다.

그러나 성경에서는 **거듭난 의인들**을 성도(聖徒; Saints)라고 지칭합니다. 고린도전서 1장 2절의 말씀에, "**고린도에 있는 하나님의 교회 곧 그리스도 예수 안에서 거룩하여지고 성도라 부르심을 입은 자들과...**"(Unto the church of God which is at Corinth, to them that are sanctified in Christ Jesus, called to be saints,.../ King James Version)라고 기록되어 있습니다. 따라서 물과 성령의 복음을 믿어 죄 사함 받고 마음에 거룩함을 입은 우리들이 바로 **성도(Saints)**입니다.

아무튼 산타클로스 즉, **성 니콜라우스**는 세속화된 기독교가 **신격화한 전설적인 인물**이며, 크리스마스 전날에 루돌프 사슴이 끄는 마차를 타고 하늘을 날아다니면서 착한 일을 한 어린이들에게 선물을 듬뿍 안겨 준다는 **천사와 같은 존재**입니다. 크리스마스가 되면 그런 조작된 신화를 따라 산타클로스가 제일 큰 관심을 끕니다. 정작 우리의 구원자이신 예수님에게는 관심도 없고, 예수님의 탄생을 기념하는 성탄절은 이제 산타클로스의 축제가 되어 버렸습니다.

초대교회 시대에도 천사숭배가 만연되어 있었습니다. 기독교인들이 자기 집에 천사들의 그림이나 조각상을 두고 거기에 절하고 숭배했습니다. 이는 우리가 보기에 참 어리석은 짓입니다. 우리를 죄에서 구원하신 분은 육신을 입고 오셨던 하나님의 아들 예수님이기에, 우리는 예수님만을 구주로 경배하는 것이 마땅합니다. 그런데 그들의 마음에는 예수님 대신 천사들이 자리를 잡고, 그 천사들을 예수님보다 더 숭배했으니 얼마나 어처구니없고 어리석은 일입니까?

그러면서도 그들은 자기들이 하나님을 바르게 믿는 줄 알았습니다. 왜냐하면 그래도 기도할 때나 예배를 드릴 때에 한번씩은 예수님의 이름을 부르기 때문입니다. 그러나 그들은 건성으로 예수님의 이름을 가끔씩 부르면서, 실제 그들의 마음은 천사들을 더 두려워하고, 천사들을 더 존귀하게 여기고, 천사들을 더 많이 경배했습니다.

천사숭배는 너무나 어리석은 일입니다. 지금 우리가 하나님의 말씀을 펴놓고서, "초대교회의 교인들은 참 어리석고 멍청했구나!"라고 말할 수 있는데 과연 그들만 어리석은 천사숭배자들입니까? 사실은 지금 우리도 그런 어리석은 짓을 얼마든지 할 수 있습니다. "그게 무슨 소립니까? 우리는 천사들의 이름도 잘 모릅니다. 우리가 지금 천사숭배를 하고 있다고요?" 하고 여러분은 반문할 수도 있습니다. 그러나 현시대에도 많은 기독교인들의 마음에서는 초대교회 기독교인들과 똑같이 예수님은 뒷전으로 밀려나고, 어떤 다른 것들이 예수님 자리를 차지해서 예수님 대신 존경과 숭배의 대상이 되어 있습니다.

천사숭배의 원인

그러므로 우리는 먼저 이렇게 질문을 해 봐야 합니다. "도대체 초대교회 때에 복음을 들은 사람들이 왜 천사숭배에 빠지게 됐을까?" "어떻게 초대교회 사람들은 그토록 멍청할 수가 있나? 자기를 구원하신 예수 그리스도는 잊어버리고 왜 그릇된 천사숭배에 빠지게 됐을까? 그 이유가 무엇일까?" 하고 우리는 자문해 보아야 합니다.

사람들은 무엇을 숭배합니까? 사람들은 자기가 두려워하는 존재를 숭배합니다. 그러면 사람들이 무엇을 두려워합니까? 사람들은 자기가 가장 귀하게 여기는 생명이나 재산을 빼앗아갈 수 있는 자를 두려워합니다. "그러면 나는 지금 무엇을 가장 귀하게 여기고 있느냐?" 하는 질문을 우리는 자신에게 던져 봐야 합니다. 예수님이 **"네 보물 있는 그곳에는 네 마음도 있느니라"**(마 6:21)고 말씀하셨는데, "과연 지금 나는 내 마음에 무엇을 가장 귀하게 여기고 있느냐? 하나님께서 나에게 주신 천국 영생을 내가 진정 가장 귀하게 여기느냐, 아니면 이 땅의 재물이나 명예 같은 것들을 더 귀하게 여기고 있느냐?" 하고 우리는 구체적으로 자문(自問)해 보아야 합니다.

내가 지금 누리고 있는 안락하고 건강한 생활, 육체의 쾌락, 사람들의 존경과 물질적인 풍요, 이런 것들은 다 **땅에 속한 것들**입니다. "이 땅에 속한 것들과 하늘에 속한 것들 중에서 무엇을 내가 더 귀하게 여기느냐? 어떤 것에 더 내 마음을 두고 있느냐?"에 따라서 **"내가 누구를 혹은 무엇을 신으로 경배하느냐?"** 하는 질문의 답이 결정이 됩니다.

천국 영생을 귀하게 여기는 사람은 영생을 얻기 위해서 그 외의 모든 것은 다 희생합니다. 예수님은 **"천국은 마치 밭에 감추인 보화와 같으니 사람이 이를 발견한 후 숨겨 두고 기뻐하여 돌아가서 자기의 소유를 다 팔아 그 밭을 샀느니라"**(마 13:44)고 말씀하셨습니다. 천국의 영생이 가장 귀한 것인 줄 깨닫고 믿는 사람은 자기의 모든 것을 희생해서라도 그 영생을 얻는데 투자합니다. 이 땅의 어떤 것도 영생을 더 사모하는 자의 마음을 사로잡고 흔들지 못합니다. 그런 사람은 오직 영생의 생명만 얻고 지킬 수 있다면 이 땅에 속한 것은 어떤 것이라도 다 포기할 수 있고, 어떤 어려움도 감당하고 인내할 수 있습니다. 그러니까 자신의 마음에 무엇을 보화로 삼느냐 하는 것이 자기가 숭배할 대상을 결정한다는 말씀입니다.

수많은 초대교회 교인들이 어리석게도 천사숭배에 빠진 이유는 그들이 천국의 영생을 얻는 것보다 땅의 것들을 더 귀하게 여겼기 때문입니다. 그들은 자기들이 가장 소중하게 여기는 이 땅의 것들을 잃어버리지 않으려고 자신들을 보호해 주는 **수호천사**에게 더 의존할 수밖에 없었습니다. "수호천사님, 나를 지켜 주옵소서, 나를 위험에서 지켜 주시고, 죽음에서 지켜 주시고, 내 재산을 지켜 주시고, 내 사업이 잘 되게 해 주시고, 내 경쟁자를 이기게 해 주옵소서" 하고 그들은 기도했을 것입니다.

이 땅의 것들을 더 사랑하는 사람, 즉 이 땅에서 자신의 욕망대로 즐기고 싶은 사람의 마음에는 예수님이 거할 곳이 없습니다. 그런 사람은 진리의 복음을 듣고 믿는다고 고백했을지라도, 사실은 예수님보다는 이 땅에서 그들의 삶을 보호하고 복을 가져다 준다는 수호천사를 더 소중히 여기게 됩니다. 그래서 그들은 잘못된 천사숭배에 빠지게 되는 것입니다. "가브리엘 천사님, 어쨌든지 나만 잘 되게 해 주십시오!" 하고 천사에게 기도하는 자들은 미신을 믿는 사람과 다를 것이 없습니다. 미신을 믿는 사람들은 산신령이나 조상신에게 굿을 하거나 제사를 드립니다. 그들이 왜 그렇게 합니까? 자기가 이 땅에서 부자가 되고 성공해서 명예와 쾌락을 누리기 위해서 그런 어리석은 짓을 하는 것입니다.

이 땅의 것들에만 자기의 마음을 쏟는 자는 참으로 미련한 자라고 주님은 말씀하십니다: "**자기의 재물을 의지하고 풍부함으로 자긍하는 자는... 저가 죽으매 가져가는 것이 없고 그 영광이 저를 따라 내려가지 못함이로다**"(시 49:6, 17). 이 땅의 것들에 온 마음을 두고 거기에 자기의 모든 노력을 쏟는 자는 어리석은 사람입니다. 그들이 죽어서 가져갈 것이 있습니까? 실로 하나님께서 우리가 천국 영생에 들어갈 수 있는 길을 다 예비해 놓으시고 우리에게 믿음으로 천국의 영광과 존귀를 상속받으라고 말씀하시는데, 그런 자들은 하나님이 거듭난 자들에게 주시는 존귀함에는 관심이 없습니다. 그래서 하나님은 "**존귀에 처하나 깨닫지 못하는 사람은 멸망하는 짐승 같도다**"(시 49:20) 하시며 그런 자들을 책망하십니다.

천사숭배가 얼마나 어리석은 짓입니까? 천사는 분명 있습니다. 그러나 천사는 숭배의 대상이 아닙니다. 천사는 거듭난 의인들을 섬기라고 하나님께서 보내 주신 영물(靈物)에 불과합니다. 그들은 하나님의 명령에 따라 우리 **성도들을 섬기라고 보냄을 받은 영들**이기 때문에, 천사들은 자기들의 직분을 알아서 잘 수행하도록 되어 있습니다. 그러니 우리는 그들에게 아무 부탁할 것도 없고 그들을 섬길 필요는 더더욱 없습니다.

거듭난 성도들은 예수 그리스도에게만 초점을 맞추고 살아가기 때문에 천사에게는 관심이 별로 없습니다. 우리는 단지 우리의 구세주이신 예수님에게만 초점을 맞추면 됩니다. "**그러므로 함께 하늘의 부르심을 입은 거룩한 형제들아 우리의 믿는 도리의 사도시며 대제사장이신 예수를 깊이 생각하라"(히 3:1)고 말씀하신 대로, 우리는 예수님만을 깊이 생각하면 됩니다. 우리가 예수님에게 온 마음을 두고, 예수님께서 우리에게 베풀어 주신 구원의 은혜를 마음에 믿음으로 받아서 간직함으로 예수님을 깊이 생각하면, 우리는 그 은혜의 풍성함에 젖어들게 됩니다.

그런데 수많은 초대교회의 기독교인들이 예수님에게는 관심이 없었고 오히려 천사들에게 마음을 두고 천사들을 예수님보다 더 숭배했습니다. 그들이 천사숭배라는 타락한 믿음의 길을 따라간 이유는 **그들의 보화가 이 땅에 있었기 때문입니다**. 그들은 이 땅에서 잘 먹고 잘 살고, 이 땅에서 쾌락을 누리고 승승장구하기 위해서, 그리고 천사들이 이 땅에서 자기들을 보호해 주고 축복을 준다고 믿었기에 천사들을 예수님보다 더 숭배하게 되었던 것입니다.

천사숭배는 죄입니다

이런 천사숭배는 죄입니다. 하나님 말씀에서 벗어난 모든 것이 죄입니다. 성경에서 죄(罪)라는 단어는 고대 그리이스어로 **하마르티야**(Hamartia: ἁμαρτία)인데, 이 말은 "과녁에서 벗어나다"(missing the mark)라는 뜻입니다. 즉, 하나님의 말씀이 진리이고 정확한 과녁인데, 이 진리의 말씀에서 벗어난 것은 모두 다 죄입니다.

천사에 대해서 하나님께서는 분명하게 말씀하셨습니다: "**모든 천사들은 부리는 영으로서 구원 얻을 후사들을 위하여 섬기라고**

보내심이 아니뇨"(히 1:14). 천사는 하나님이 부리는 영입니다. 그들은 거듭난 성도들을 섬기라고 하나님이 보내준 종들에 불과한데, 우리가 왜 우리의 종인 그들을 숭배합니까? 하나님의 말씀에서 벗어난 것이 죄입니다. 그리고 하나님께서는 **"너는 나 외에는 다른 신들을 네게 있게 말찌니라"**(출 20:3)고 말씀하셨습니다. 그러므로 천사숭배는 엄청난 죄입니다. 그런데 저들이 이런 죄를 지으면서도 마음이 혼돈되어서 자기들이 얼마나 엄청난 죄를 짓고 있는지조차 알지 못했습니다.

　천사는 하나님께서 만드신 영적 피조물, 즉 영물(靈物)입니다. 그러므로 천사는 눈에는 보이지 않지만 분명히 존재하고, 그 수도 많습니다. 다윗이 블레셋 군대와 대진(對陣)하고 있을 때에 하나님께서 선지자 사무엘을 통해서, **"뽕나무 꼭대기에서 걸음 걷는 소리가 들리거든 곧 동작하라 그 때에 여호와가 네 앞서 나아가서 블레셋 군대를 치리라"**(삼하 5:24)고 다윗에게 말씀하셨는데, 이는 하나님께서 많은 천군천사들을 보내서 다윗이 전쟁에서 승리하게 했다는 말씀입니다. 예수님도 **"열두 영 더 되는 천사"**(마 26:53)를 부를 수 있다고 말씀하신 적이 있는데, 천사들의 수가 그토록 많다는 뜻입니다.

　그런데 일반 천사들뿐 아니라 가브리엘이나 미가엘 같은 천사장들조차도 하나님이 부리는 영으로서 하나님의 자녀들, 즉 죄 사함을 받은 성도들을 잘 보호하고 인도하라고 보내 준 하나님의 종들에 불과합니다. 그리고 앞으로 주님이 다시 오셔서 천년왕국을 펼치시고 그 후에는 우리가 영원한 천국에 들어가게 될 터인데, 그때에 우리는 하나님의 자녀로서 천사들을 종으로 부리게 될 것입니다. 천사들은 우리 구원 얻은 의인들의 종입니다.

천국에서는 아마 우리가 그들을 타고 천국의 창공을 날아다닐지도 모릅니다. 그럼에도 불구하고 진리의 복음을 들은 자들이 멍청하게도 천사들을 숭배하고 있었다면 하나님께로부터 책망을 받아도 마땅한 일입니다.

우리가 생명을 걸고 지켜야 할 것

우리는 어떤 것들에 결사적으로 집착하면서, "목에 칼이 들어와도 이것은 양보 못한다"라고 생각할 때가 있습니다. 그럴 때에는 잠시 마음의 집착을 내려놓고, "내가 왜 이것에 생명을 거는가?" 하고 스스로 반문해 보아야 합니다. 기독교인들도 때로는 아무것도 아닌 것에 생명을 겁니다. 6.25 동란 때에, 어떤 기독교인들은 주일성수에 생명을 걸다가 죽임을 당했습니다. 예수 그리스도께서 "주일성수에 생명을 걸어라. 주일성수를 지키지 않으면 구원이 안 된다"고 하셨다면, 그것에 생명을 거는 것이 옳습니다. 그러나 주님께서 명하신 말씀이 아닌데, 스스로 "목에 칼이 들어와도 이것은 양보 못한다"라고 배수의 진을 치고 고집을 부릴 때에는, "내가 무엇을 귀하게 여기길래 여기에 나의 생명을 걸고 있나?" 하고 차분하고 진지하게 자문해 봐야 합니다. 즉, 우리가 어떤 것에 생명을 걸 때는, "내가 왜 여기에 생명을 거나?" 하고 한번 자문해 보아야 합니다.

예를 들어서, 어떤 기독교인이 지금 "나는 꼭 이 성화교리에 목숨을 걸고 이 교리를 믿겠습니다. 우리 교단은 이 교리를 믿기 때문에 이 교리가 아닌 것은 절대로 믿지 않겠습니다"라고 고집을 부리고 있다고 가정해 봅시다. 그러면 그 사람은 왜 자신이 〈**어떤**

특정 교리나 교단의 교훈〉에 생명을 거는지를 스스로 진지하게 생각해 보아야 합니다. "하나님께서 주시는 영생의 구원을 얻기 위해서 나의 생명을 걸고 그 교리를 사수하는 것인가? 아니면 그렇게 하는 것이 나의 신앙적 자존심이나 인간관계에 유익하기 때문인가?" 하고 진지하게 자문(自問)해 봐야 합니다.

우리는 우리가 목숨을 걸고 집착하는 어떤 것에 대해서 다시 한번 진지하게 **"나의 집착이 옳은 것인지"** 자문해 봐야 합니다. 하나님 말씀에 비춰볼 때에, 어떤 교훈이나 교리가 진정으로 우리에게 영생을 가져다 주는 진리라면 우리는 생명을 걸고서라도 그런 교리를 수호해야 합니다. 그러나 먼저 우리가 생명을 걸고라도 양보할 수 없다고 여기는 어떤 것이 과연 "내가 하늘의 것을 귀히 여기기 때문인가, 아니면 땅의 것을 귀히 여기기 때문인가?"를 진지하게 자문해 봐야 합니다.

우리는 마땅히 경배할 대상을 경배해야 하고 마땅히 두려워할 분을 두려워해야 합니다. 초대교회의 기독교인들 중에는 재산이나 명예나 권력 같은 세상의 가치들을 예수님보다 더 사랑해서 세상의 조류에 휩쓸려 떠내려간 자들이 많았습니다. 그래서 하나님께서, "그러므로 모든 들은 것을 우리가 더욱 간절히 **삼길찌니 혹 흘러 떠내려갈까 염려하노라**"(히 2:1)고 말씀하신 것입니다.

복음을 들은 자들 중에 어떤 자가 세상의 조류에 휩쓸려 흘러 떠내려가서 멸망으로 떨어집니까? 그 마음이 하나님을 향하지 않고 자기 육신을 사랑하는 자입니다. **육신의 정욕과 안목의 정욕과 이생의 자랑**(요일 2:16)—이런 것들에 마음이 사로잡힌 사람은, 진정 귀하게 여겨야 할 하늘의 것들은 귀하게 여기지 않기 때문에, 진정으로 경배할 예수님에게는 무릎을 꿇지 않고 천사들을 경배하게 됩니다.

히브리서 1장 6절에, **"또 맏아들을 이끌어 세상에 다시 들어오게 하실 때에 하나님의 모든 천사가 저에게 경배할찌어다 말씀하시며"**라고 기록하셨습니다. 하나님 아버지께서는 **"모든 천사는 맏아들에게 경배하라"**고 분명하게 말씀하셨습니다. 천사들은 맏아들이신 예수 그리스도하고는 비교할 대상도 못됩니다. 어디라고 천사를 예수님에게 비교합니까? 천사들은 단지 피조물입니다. 천사들은 하나님이 당신의 선한 목적에 쓰려고 만든 영물들에 불과하지만, 예수님은 하나님 이미지의 맏아들입니다.

맏아들이라는 이 단어 안에는 우리를 향한 하나님의 큰 축복이 암시되어 있습니다. 맏아들이라는 말씀은, 둘째 아들, 셋째 아들…즉, 수많은 작은 아들들을 전제하는 말씀이 아닙니까? 예수님을 맏아들이라고 부르신 것은 우리들도 아들로 삼으시겠다는 하나님의 계획을 명시한 말씀입니다. 즉 **"맏아들"**이라는 이 말씀 안에는, 하나님이 우리를 모든 죄에서 구원해서 당신의 아들들로 삼겠다는 하나님의 뜻이 계시되어 있습니다.

우리는 하나님의 아들들이고 천사들은 하나님께서 **"부리는 영들"**(ministering spirits)입니다. 그들은 그 이상도 그 이하도 아닙니다. 그런데 우리가 별것도 아닌 그 천사들을 경배의 대상으로 삼고, 만유의 주인이시고 모든 우주를 말씀으로 창조하신 예수 그리스도를 등한히 여긴다고 하면 얼마나 어처구니없는 일입니까? 맏아들이신 예수님으로 말미암아 하나님의 아들들이 된 자들이 자신들의 종으로 보내심을 받은 천사들을 경배한다는 것이 얼마나 큰 잘못입니까?

우리의 보물이 무엇인가?

그런데 이런 어리석음과 잘못이 어디로부터 옵니까? 우리가 마음에 진정 귀히 여길 것을 귀하게 여기고 천한 것을 낮게 여겨야 하는데, 우리의 "**가치의 기준**"이 잘못되었을 때에 이런 어리석은 죄를 짓습니다. 우리의 마음에 가장 귀한 보화가 무엇입니까? 우리가 육신의 생명보다 더 귀하게 여길 것이 무엇입니까?

주님은 "**그러므로 내가 너희에게 이르노니 목숨을 위하여 무엇을 먹을까 무엇을 마실까 몸을 위하여 무엇을 입을까 염려하지 말라 목숨이 음식보다 중하지 아니하며 몸이 의복보다 중하지 아니하냐**"(마 6:25)라고 말씀하셨습니다. 주님께서 우리에게 가장 귀하다고 말씀하시는 것은 **천국 영생**입니다. 천국 영생을 얻는 것보다 우리에게 더 귀한 것은 없습니다. 그리고 누구든지 천국의 영생을 얻으려면 **물과 성령의 복음**을 믿음으로 **죄 사함**을 받아야 합니다. 그러므로 죄 사함을 받고 거듭나는 것이 사람에게 가장 긴요한 일입니다. 그리고 죄 사함 받은 자들은 다른 영혼이 구원을 받게 하는 일을 또한 귀하게 여겨야 합니다. "**한 영혼이 천하보다 귀하다**"고 주님이 말씀하셨습니다. 그래서 거듭난 자들은 다른 영혼들을 구원하는 사역을 또한 가장 귀하게 여깁니다.

이렇게 하나님께서 가장 귀하게 여기라고 말씀하신 것들을 귀하게 여기는 자들은 잘못된 길을 가지 않습니다. 그런 의인들은 천사숭배와 같은 죄악을 범하지 않습니다. 반면에 하나님이 귀하다 하시는 것은 등한시하고 이 땅의 것들을 귀하게 여기는 자들은 천사숭배와 같은 오류에 빠지게 됩니다. 하나님이 아닌 다른 것을 더 높이고 경배하는 것이 우상숭배인데, 천사숭배는 사실 우상숭배의 죄입니다.

우리 마음이 어리석은 길로 가서 천국 영생의 축복을 잃어버리는 우를 범하지 않기 위해서 우리는 우리의 마음을 자주자주 말씀으로 점검해 보아야 합니다. 그래야만 어그러진 다리가 치유되어 바른 길을 가게 됩니다. 그래서 우리는 지금 이 순간, "내가 가장 귀하게 여기는 것이 무엇인가?"에 대해서 진지하게 자문해 보아야 합니다. 사람은 자기가 가장 귀하게 여기는 것을 섬깁니다. 거기에 자기의 모든 마음을 쏟으며 따라갑니다. 그것을 빼앗길까 두려워하다가 결국은 그것을 신으로 섬기는 우상숭배에 빠지게 됩니다.

"하나님의 말씀은 살았고 운동력이 있어 좌우에 날선 어떤 검보다도 예리하여 혼과 영과 및 관절과 골수를 찔러 쪼개기까지 하며 또 마음의 생각과 뜻을 감찰"(히 4:12)하기 때문에, 하나님의 말씀 앞에 모든 숨은 것들이 다 드러납니다. "열 길 물속은 알아도 한 길 사람 속은 모른다"는 속담이 있지만, 좌우에 날선 검보다 더 예리한 하나님의 말씀 앞에는 사람의 숨은 생각조차도 다 드러납니다. 그래서 마음이 정직한 자는 하나님의 말씀 앞에서 자기의 근본 모습이 얼마나 악한지를 시인하고 구원의 은총을 입습니다. 그러나 그 예리한 말씀 앞에서조차 자기를 위장하고 자신의 근본 모습을 숨기는 자는 죄 사함의 축복을 받지 못합니다. 그런 사람은 자기의 의만 내세우다가 하나님의 의를 얻지 못합니다.

　사람은 하나님과 재물 중에서 하나를 신으로 섬깁니다. 이 땅에 있는 가치들 중에서 대부분의 사람들이 가장 귀하게 여기는 것이 **재물(돈)**입니다. 그래서 이 세상 사람들은 재물을 신으로 섬깁니다. 기독교인 중에도 마음속으로는 재물을 하나님으로 섬기는 자들이 많습니다. 그들은 입술로는 예수님과 하나님 아버지를 믿는다고 외치지만, 실제로는 자기 육신의 욕망을 좇아서 이 땅의 재물을 신으로 섬기는 자들입니다. 주님이 귀하게 여기라는 영생을 귀하게 여기는 마음이 그런 자들에게는 없습니다. 예수님은 이런 자들에게, **"이 백성이 입술로는 나를 존경하되 마음은 내게서 멀도다"**(마태복음 15:8) 하고 책망하셨습니다.

　초대교회의 많은 기독교인들이 천사를 숭배했습니다. 참 어리석은 일이죠? 그들만 천사를 숭배한 것이 아니라 가톨릭교회도 천사를 숭배했기 때문에 "수호천사"라는 개념을 중심으로 천사론(天使論)이라는 교리(敎理)가 생겨났습니다. 이런 교리들이 하나의 체계를 이루면 신학(神學)이 됩니다. 지금 오늘날 기독교 안에서 신봉되고 있는 교리들은 인간이 자기 욕망에 집착해서 성경을 억지로 꿰어 맞추면서 형성된 논리들이며, 그 집합체가 신학입니다. 초록색 선글라스를 끼고 세상을 바라보면 세상 만물이 다 초록 색깔로 보이듯이, 자기의 욕망을 따라서 육신적 동기로 성경을 읽으면 성경이 그렇게 육신적으로 이해될 수밖에 없습니다.

　오늘날의 기독교가 **물과 성령으로 거듭나는** 진리의 복음을 버리고 신학체계로 날조된 교리들을 따르기 때문에, 그런 교리로는 아무도 **"죄 사함으로 말미암는 구원"**(눅 1:77)을 얻지 못합니다.

그렇게 된 근본 이유는 천사숭배의 오류와 뿌리를 같이 하고 있습니다. 즉, 거듭나지 못한 기독교인들은 자기의 욕망을 그대로 좇으면서 신앙생활을 하고자 하는데, 재물을 사랑하고, 육신의 욕망을 추구하는 것이 **죄의 근원**입니다. "**욕심이 잉태한즉 죄를 낳고 죄가 장성한즉 사망을 낳느니라**"(약 1:15)고 말씀하지 않으셨습니까? 사람이 자기의 욕망을 따라가면 죄를 무수히 짓게 되고, 나중에는 죄를 죄로 여기지도 않기 때문에, 죄에 빠져 살다가 지옥에 가게 됩니다.

　자기의 욕망을 내려놓지 못하는 사람은 그것 때문에 하나님을 배반하고 우상숭배의 길로 가게 됩니다. 욕망에 사로잡힌 사람은 말로 설득해서는 돌이키지 않습니다. 마음에 정함이 없으면 아무리 진리의 길을 가르쳐 줘도 도로 욕망을 좇아가기 때문에 아무 소용이 없습니다. 그러나 하나님의 말씀이 진리의 빛이기 때문에 계속 하나님의 말씀을 듣는 중에 스스로 깨닫고 마음을 정하게 되면, 욕망에 사로잡힌 사람의 마음도 고침을 받을 수 있습니다. 하나님의 말씀으로 자신의 모습을 적나라하게 비춰줄 때에 자기 스스로가 "아, 내가 잘못됐구나, 이렇게 하면 안 되는구나!" 하고 결단을 해야만 마음이 돌이켜지고 고침을 받게 됩니다.

　사람은 자기가 가장 귀하게 여기는 것을 섬기게 되어 있습니다. 자기의 보물이 있는 곳에 자기의 마음이 가게 되어 있습니다. 우리가 재물을 가장 귀하게 여기면 우리는 재물에 생명을 걸게 되어 있습니다. 초대교회의 교인들 중에는 참된 신앙인이 아니라 하나님과 재물을 겸하여 섬기는 종교인들이 많았습니다. 그들도 "**복음 전함을 받은 자이나 그러나 그 들은바 말씀이 저희에게 유익되지 못한 것은 듣는 자가 믿음을 화합지 아니함이라**"(히

4:2)는 말씀대로 그들은 세상의 조류와 함께 흘러 떠내려가면서 천사숭배에 빠졌기 때문에 끝내 구원에 이르지 못했습니다. 그들이 그렇게 멸망하게 된 근본 원인은, 그들이 천국 영생을 가장 귀한 보물로 여기지 않고 이 땅의 것들을 더 귀하게 여겼기 때문입니다.

믿음이 자리 잡지 못하는 이유

우리들 중에 누가 만일 오랫동안 말씀을 들으면서도 믿음의 터에 굳게 서지 못한다면, 그 근본 원인은 그가 **하나님보다 세상을 더 사랑하기 때문**입니다. 그런 자는 땅의 것들을 더 귀하게 여기기 때문에, 말씀을 들을 때에 어린아이같이 순수하게 은혜를 입지 못해서 죄 사함을 받지 못합니다. 그래서 주님은 그런 자들을 향해서, "너희들이 복음을 들은 지가 오래므로 이제는 믿음이 장성해서 다른 이들을 영적으로 이끌어 주는 선생이 되어야 마땅하거늘, 아직도 믿음의 기초도 제대로 놓지 못해서 흔들리고 젖이나 먹고 단단한 것을 먹지 못하는 자가 되어 있으니 참으로 안타깝다"고 히브리서 5장에서 말씀하십니다.

어떤 이들이 오랫동안 말씀을 듣고도 믿음의 기초조차 제대로 놓이지 않았다면, 그 근본 원인은 그런 자들의 마음이 이 땅의 것들을 가장 귀하게 여기고 있기 때문입니다. 어떤 병의 증상(증후군, syndromes)이 나타나면, 그런 증후군을 초래한 병인(病因)이 있습니다. 감기가 걸리면 열이 나고 목이 막 붓고 온몸에 통증이 옵니다. 이런 증상들을 "신드롬"(syndromes), 또는 증후군이라고 부릅니다. 그런데 사실은 그런 병, 즉 증후군을 일으키는 병의 원인은 따로 있습니다. 그것을 병인(病因)이라고 하는데, 감기의 병인은 감기 바이러스 균입니다. 육안으로는 보이지도 않는 그 감기 바이러스가 몸에 들어와서 몸속에서 증식을 하면, 열도 나고 목도 붓고 근육통도 일으킵니다. 그래서 감기의 근본 원인인 바이러스 균을 제거하고 나면 그 병이 완치되는 것입니다.

우리의 신앙생활에 어떤 영적인 병의 증상(증후군, syndromes)이 나타난다면, 그 병인(病因)이 무엇인가를 찾아서 말씀으로 고침을 받아야 합니다. 믿음의 병이 들게 되는 근본 원인은 잘못된 우리 마음에 있습니다. "내가 무엇을 가장 귀하게 여기느냐?" 하는 부분에 잘못된 소신을 가지고 있으면 믿음이 제대로 자리 잡을 수 없습니다.

"이 세상이나 세상에 있는 것들을 사랑치 말라 누구든지 세상을 사랑하면 아버지의 사랑이 그 속에 있지 아니하니 이는 세상에 있는 모든 것이 육신의 정욕과 안목의 정욕과 이생의 자랑이니 **다 아버지께로 좇아 온 것이 아니요 세상으로 좇아 온 것이라 이 세상도, 그 정욕도 지나가되 오직 하나님의 뜻을 행하는 이는 영원히 거하느니라"**(요일 2:15-17)

하나님이 우리에게 선물로 주신 천국의 영생만이 가장 귀하고 영원한 것입니다. 우리가 이 진리의 말씀을 믿는다면, 이 땅에 마음이 쏟아져서 자기의 육체의 욕망을 좇는 데에 온 마음을 두고 있는 것이 얼마나 악하고 잘못된 것인가를 깨닫고 돌이켜야 할 것입니다. 하나님 말씀으로 우리가 책망을 받을 때에, "아, 내가 정말 멸망으로 가고 있구나!" 하고 돌이켜야 합니다. 그러면 **"책망을 받는 모든 것이 빛으로"**(엡 5:13) 나타납니다.

하나님이 가장 귀하다라고 말씀하시는 것은 영원한 생명입니다.

그런데 천국 영생이 아닌 다른 것에 생명을 걸고 "나는 이것이 없으면 못 산다" 하며 죽기 살기로 이 땅의 것에 집착한다면, 그런 자는 하나님 앞에 마음이 강퍅한 자입니다. 우리에게 가장 소중한 것은 **천국 영생**입니다. 영생의 생명을 얻는 길에 방해가 되는 것이라면 우리는 어떤 것이라도 다 포기할 수 있어야 합니다.

우리는 이 히브리서 1장 말씀을 통해서 초대교회의 기독교인들이 범했던 어리석은 죄악이 무엇인지를 깨닫고, 또 나 자신도 그런 어리석음에 빠져 있는 것은 아닌지 돌아보아야 합니다. 그리고 우리가 마땅히 온 마음으로 경배할 분은 하나님이신 예수 그리스도인 줄을 분명히 알고 믿기를 바랍니다.

말씀을 마쳤습니다.

(2014년 2월 16일 주일예배 말씀)

"이같이 큰 구원"을 등한히 여기지 말라

"그러므로 모든 들은 것을 우리가 더욱 간절히 삼갈찌니 혹 흘러 떠내려 갈까 염려하노라
천사들로 하신 말씀이 견고하게 되어 모든 범죄함과 순종치 아니함이 공변된 보응을 받았거든
우리가 이같이 큰 구원을 등한히 여기면 어찌 피하리요 이 구원은 처음에 주로 말씀하신 바요 들은 자들이 우리에게 확증한 바니
하나님도 표적들과 기사들과 여러가지 능력과 및 자기 뜻을 따라 성령의 나눠주신 것으로써 저희와 함께 증거하셨느니라"(히 2:1-4)

히브리서는 예수 그리스도가 얼마나 큰 영광의 관을 쓰신 분인지를 선포합니다. 예수님은 우리가 감히 범접하지 못할 전능한 하나님이며, 온 우주의 창조자일 뿐만 아니라, 우리의 모든 죄를 단번에 없애 주신 구원의 주님입니다. 그래서 히브리서의 말씀을 읽으면 읽을수록 예수님께 대한 경외심으로 마음이 충만해집니다.

요즘에 인터넷에서 사람들이 "어마무시하다"라는 표현을 많이 씁니다. 예수님은 어마무시한 분입니다. 예수님의 위대하심과 권능과 존귀하심이 너무나 어마무시해서, 그분은 우리가 감히 상상조차 할 수 없을 정도의 능력과 영광을 가진 하나님입니다.

그토록 어마무시한 예수님께서 우리를 지극히 사랑하십니다. 그래서 우리를 모든 죄에서 구원하시려고 우리와 같은 육신을 입고 이 땅에 오기를 주저하지 않으셨고, 또 우리를 형제라고 부르시기를 부끄러워하지 아니하셨습니다. 당신의 능력의 말씀으로 모든 만물을 창조하시고 모든 만물을 붙들고 계시는 어마무시한 하나님이 또한 우리를 얼마나 사랑하는지를 이 히브리서는 말씀하고 있습니다. 그래서 저는 히브리서를 읽으면 우리 주님의 사랑으로 제 마음이 뜨거워지고 주님께 대한 경외심과 감사함으로 제 마음이 충만해지는 것을 느낍니다. 오늘의 본문을 통해서 우리를 향한 주님의 사랑과 은혜의 충만함을 여러분 모두가 함께 누리기를 바랍니다.

이같이 큰 구원

히브리서 2장 3절에는, **"우리가 이같이 큰 구원을 등한히 여기면 어찌 피하리요"**라고 말씀하십니다. 우리가 천국의 영생을 얻을 수 있는 것은 주님께서 우리에게 **"이같이 큰 구원"**을 베풀어 주신 덕택입니다. 주님께서 우리에게 베풀어 주신 구원이 너무나 귀하고 완전해서 **"이같이 큰 구원"**이라고 표현하신 것입니다. 우리 주님께서 우리에게 베푸신 구원은 어떤 것과도 비교할 수 없이 값지고 소중한 것이기에, 이것을 어떻게 달리 표현할 길이 없어서 **"이같이 큰 구원"**이라고 히브리서에서 말씀한 것입니다. 주님께서 우리에게 베푸신 구원이 얼마나 크고 귀중한 것인가를 우리는 알아야 합니다. 또한 하나님께서는 우리들이 **"이같이 큰 구원"**을 절대로 잃어버리지 않도록 **말씀으로 확실하게 기록**해 주셨다는 사실도 잊지 말아야 합니다.

그런데 주님께서 우리에게 베푸신 그토록 큰 구원의 은혜를 등한시하며, "예수님이 우리를 구원했다니까 구원했겠지!" 하고 대수롭지 않게 여기는 사람들이 많습니다. 하나님께서 모든 죄와 허물에서 우리를 구원하셔서 우리가 아무 수고도 없이 오직 믿음으로 영원한 천국에 들어가게 하신 은혜를 입혀 주셨건만, **"이같이 큰 구원"**의 말씀을 듣고도 그냥 자기가 어쩌다가 얻어들은 좋은 얘기들 중에 하나로 여기는 자들이 많습니다.

"그러므로 모든 들은 것을 우리가 더욱 간절히 삼갈찌니 혹 흘러 떠내려갈까 염려하노라"(히 2:1)

이 구절이 바로 하나님이 히브리서를 우리에게 써 주신 목적을 함축한 말씀입니다. 우리에게 있어서 육신의 생명보다 더 소중한 것이 **영원한 생명**을 가져다 준 **"이같이 큰 구원"**입니다. 초대교회의 히브리인들은 **"이같이 큰 구원"**의 복음을 들었습니다. 그들은 **"이같이 큰 구원"**의 복음을 듣고서 반겨 깨닫고 마음에 받아들였습니다. 그들은 "아이구 좋네요! 주님께서 우리 죄를 다 없애 주셨다니 참 감사하네요! 내가 이 복음을 믿겠습니다" 하고 잠시 복음을 받아들였다는 것입니다. 하나님의 종들이 복음을 전해 주고 나서, "이제 이 **물과 성령의 복음**을 믿는 사람은 손을 드십시오"라고 하면 히브리인들은 다 손을 들고, "이제는 내 마음에 죄가 없어졌다"고 구원 간증도 했을 것입니다. 그런데 얼마 지나지 않아서 그들 중에 많은 사람들이 **"이같이 큰 구원"**의 복음을 등한히 여기고 마치 아무 일도 없었다는 듯이 예전의 종교인 유대교로 돌아갔습니다.

"나는 오늘 참 좋은 얘기를 들었어. 오늘 저녁에 어디에서 전도집회를 연다기에 갔더니, 예루살렘에서 왔다는 어떤 사도라는 자가 예수 그리스도에 대해서 설교를 하더라. 그 사람의 말이, 예수 그리스도께서 세례를 받으실 때 나의 모든 죄를 다 담당하고 십자가에서 '다 이루었다'고 하시고 돌아가심으로 내 죄를 다 없애 놓으셨다고 하더라. 그리고 성경의 모든 말씀으로 예수님이 우리의 죄를 다 없애 놓았다는 말씀을 전하는데, 말씀의 앞뒤가 딱딱 맞더라. 그래서 내가 믿는다고 했지! 나도 이제 죄가 없다고 간증도 하고 왔어! 전에는 내 마음에 분명 죄가 있었는데 그 사람의 말씀을 들으니까 정말 죄가 없어진 것같이 마음이 홀가분하고 참 기분이 좋네!" 어떤 이는 자기 가족들에게 그렇게 자랑까지 했습니다.

그런데 잠을 자고 나서 그 다음날에는 다시 일상생활이 시작되었습니다. 어떤 이는 가게 문을 열고 장사를 하고, 어떤 이는 농사도 짓고, 어떤 이는 직장에 출근해서 바쁘게 일에 파묻혔습니다. 그랬더니 어제 들은 **"이같이 큰 구원"**의 말씀은 그냥 좋은 얘기를 들었던 기억으로 끝나 버렸습니다. 복음을 들은 그때는 잠시 기분이 좋았는데, "뭐 그런 것이 있었나 보다, 그냥 좋은 얘기 한번 들은 것 같다. 그렇게 주장하는 자들도 있더라" 하고 들었던 말씀을 마음 한구석에 묻어 두었습니다. 그 결과 그들은 **"이같이 큰 구원"**을 등한히 여기게 되었습니다.

오늘날도 마찬가지입니다. **"이같이 큰 구원"**의 복음을 듣고서 다시 일상생활로 돌아가서는, 육신의 욕망에 빠져서 세상의 것들을 더 중히 여기고 세상의 조류를 따라가는 사람은 결국 **"이같이 큰 구원"**을 잃어버리고 맙니다. 그래서 하나님은 복음을 들은 자들이 그 들은 바 **"이같이 큰 구원"**의 복음이 얼마나 귀중한 것인지를 깨닫고 절대로 등한히 여기지 말아야 한다고 권면하십니다. 그러나 "소 귀에 경 읽기"라는 속담처럼, 이 권면의 말씀을 마음으로 받지 않는 사람에게는 아무리 간절히 권면해도 "소 귀에 경 읽기"에 불과합니다.

"**그러므로 모든 들은 것을 우리가 더욱 간절히 삼갈찌니 혹 흘러 떠내려갈까 염려하노라**"(히 2:1)

이 세상의 조류(潮流)는 아주 거셉니다. 그리고 세상의 조류를 타고 함께 따라가지 않으면 우리는 세상 사람들에게서 뒤쳐질 것 같고 패배자가 될 것 같은 생각이 들 수 있습니다. 그래서 많은 사람들이 하나님의 말씀을 듣고도 그 말씀보다는 세상의 풍조에 동조해서 그 조류를 따라 흘러 떠내려갑니다. 이 세상은 공중 권세 잡은 자, 곧 사단 마귀가 지배하고 있습니다. 사단 마귀는 어떻게 하든지 사람들의 마음에 **육신의 정욕과 안목의 정욕과 이생의 자랑**을 부추겨서, 자기가 원하는 방향으로 거대한 조류를 만듭니다. 그러나 그 조류는 사람들을 **멸망으로 이끄는 이 세상의 풍조(風潮)**일 뿐입니다.

사단 마귀가 일으키는 조류가 어떤 것입니까? 사람들의 마음에 "**육신의 정욕과 안목의 정욕과 이생의 자랑**"(요일 2:16)이 제일이라고 사단 마귀는 부추깁니다. "신데렐라 신드롬"(Cinderella Syndrome)을 일으키는 진부한 스토리가 TV 드라마에 등장하면 그 드라마의 시청률은 무조건 높아집니다. 그런 드라마의 시청률이 높아지는 이유는 대부분의 사람들이 신데렐라의 환상을 꿈꾸기 때문입니다. 그런 스토리는 사람들의 마음에 도사리고 있는 "**육신의 정욕과 안목의 정욕과 이생의 자랑**"을 부추깁니다.

요즘 젊은이들이 쓰는 말에, "얼굴만 예쁘면 다 용서받을 수 있다"는 말도 있습니다. 이 시대의 사람들이 외모에 집착하는 것도 다 마귀가 심어준 **거짓된 가치의 조류** 때문입니다. 그래서 방학이면 여학생들이 강남의 유명한 성형외과에 예약한다고 난리입니다. 우리도 모르는 사이에 **외모지상주의(外貌至上主義)의 가치관**을 사단 마귀가 모든 사람의 마음에 심어 놓았습니다. 부끄럽게도 이런 현상은 특히 우리나라 사람들이 전 세계에서 제일 심합니다.

　그런데 하나님께서는, **"사람은 외모를 보거니와 나 여호와는 중심을 보느니라"**(삼상 16:7)고 말씀하십니다. 우리의 속사람이 하나님을 믿고 경외하는 것이 진정 아름다운 것이지, 사실 육신의 껍데기는 아무것도 아닙니다. 우리의 외모가 어떻게 생겼든 하나님은 아무 문제를 삼지 않습니다. "아름다움이란 것은 그저 피부 한 꺼풀 두께라네"(Beauty Is Only Skin Deep)라는 팝송이 히트를 친 적이 있었습니다. 내적 아름다움이 더 중요하다는 내용의 노래인데, 정말 맞는 말이지만 사람들은 마귀에게 속아서 외모로 사람을 판단하고 외모를 더 중시합니다.

　사단 마귀는 사람들이 **육신의 정욕과 안목의 정욕과 이생의 자랑**을 최고로 여기며 좇아가도록 사람들을 속여 놓았습니다 그리고 이런 풍조로 거대한 세상의 조류를 만들어 놓았습니다. 이생의 자랑이 무엇입니까? 돈 많다는 것, 학벌 좋다는 것, 높은 관직에 올랐다는 것, 명예가 있다는 것—사람들은 이런 것들에 자부심을 느끼면서 그런 자랑거리가 많은 사람이 행복하다고 생각합니다. 이런 것이 세상의 조류인데, 이 흐름을 타고 같이 따라가지 않으면 자신은 패배자 즉 루저(loser)가 된다고 사람들은 생각합니다.

믿음으로 마음을 채운 자의 아름다움

그러나 사람은 마음이 하나님의 사랑으로 채워질 때에 진정으로 고귀하고 아름답습니다. 솔로몬 왕은 술람미 여인을 가장 아름답게 여기고 사랑하였습니다. 그녀는 포도원 지기로 충성스럽게 일하면서 피부는 검게 타고 외모는 게달의 장막같이 거칠었지만 솔로몬 왕의 사랑을 독차지했습니다. 그래서 솔로몬 왕은, **"왕후가 육십이요 비빈이 팔십이요 시녀가 무수하되 나의 비둘기, 나의 완전한 자는 하나 뿐이로구나 그는 그 어미의 외딸이요 그 낳은 자의 귀중히 여기는 자로구나 여자들이 그를 보고 복된 자라 하고 왕후와 비빈들도 그를 칭찬하는구나"**(아 6:8-9) 하고 술람미 여인을 칭찬하였습니다. 솔로몬 왕으로 계시된 예수님은 우리의 외모를 살피시는 분이 아니라 마음 중심을 살피시는 분이라는 말씀입니다. 그래서 주님은 술람미 여인과 같이 믿음으로 마음을 치장한 자를 사랑하신다는 말씀을 담아서 **아가서(雅歌書)**를 우리에게 주셨습니다.

마음에 죄 사함을 받고 주님의 뜻에 순종하기로 마음을 정한 자를 성경에서는 **"지느러미와 비늘 있는 물고기"**(레 11:9)라고 지칭합니다. **"지느러미와 비늘 있는 물고기"**는 아무리 물결이 거세게 흘러내려도 그 물결을 거슬려 상류로 올라갑니다. 의인은 만일 자기가 요단강 물이라는 세상의 조류를 따라 흘러내려가면 저 끝은 사해(死海), 즉 죽음의 바다이고 영원한 지옥인 것을 알기 때문에 세상의 조류에 자기의 마음을 내어 주지 않습니다.

"지느러미와 비늘 있는 물고기"처럼 의인은 오직 하나님의 기뻐하시는 뜻을 향해서 나아갑니다. 하나님께서는 무엇을 가장 기뻐하십니까? 하나님께서 우리에게 주시고자 하시는 것은 이 세상에서 부자가 되거나 명예를 얻거나 권세를 누리거나 무병장수하는 육신의 축복이 아닙니다. 하나님께서 가장 귀하게 여기시고 우리에게 주시기를 간절히 원하시는 것은 **"이같이 큰 구원"의 은혜**입니다. 하나님께서는 우리가 하나님의 나라에서 영생의 축복을 누릴 수 있도록 우리에게 "이같이 큰 구원"을 값없이 베풀어 주셨습니다. "이같이 큰 구원"은 하나님께서 선지자들을 통해서 오랫동안 여러 모양으로 우리에게 약속하신 것이고, 이 모든 날의 마지막에 외아들을 보내셔서 그 약속을 이루어 주신 것입니다. "이같이 큰 구원"은 하나님께 믿음으로 나오는 모든 자들에게 아낌없이 주시는 가장 귀한 축복입니다.

하나님께서는 **"이같이 큰 구원"**이 가장 귀하다고 말씀하십니다. **"사람이 만일 온 천하를 얻고도 제 목숨을 잃으면 무엇이 유익하리요 사람이 무엇을 주고 제 목숨을 바꾸겠느냐"**(마 16:26). 우리의 육신의 생명보다도 **"이같이 큰 구원"**을 더 귀하게 여기라는 말씀입니다. 그래서 지혜로운 자는 **"이같이 큰 구원"**을 얻는 것이 가장 귀하기 때문에, 자기의 모든 소유를 팔아서 그것을 삽니다(마 13:44). 믿음의 사람들은 **"이같이 큰 구원"**을 육신의 생명보다 더 귀하게 여겼기 때문에 온갖 핍박과 악형을 받고 심지어 순교를 당하였지만 구차하게 그것을 피하려고 하지 않았다고 히브리서에 말씀을 합니다.

"또 어떤 이들은 희롱과 채찍질뿐 아니라 결박과 옥에 갇히는 시험도 받았으며 돌로 치는 것과 톱으로 켜는 것과 시험과 칼에 죽는 것을 당하고 양과 염소의 가죽을 입고 유리하여 궁핍과 환난과 학대를 받았으니 (이런 사람은 세상이 감당치 못하도다)

저희가 광야와 산중과 암혈과 토굴에 유리하였느니라" (히 11:36-38).

"이같이 큰 구원"을 가장 귀하게 여기고 그 믿음을 배반하지 않았던 믿음의 사람들에게 사단 마귀의 종들은 엄청난 악형을 행했습니다. 칼로 목을 치고, 예수님처럼 십자가에 못 박기도 했습니다. 성도들을 기둥에 묶어 놓고 불로 태워 죽이는 화형(火刑)과 톱으로 켜서 죽이는 잔혹한 짓도 마다하지 않았습니다.

믿음의 선배들이 당했던 악형들에는 **"톱으로 켜는 것"**(히 11:37)도 있었습니다. 충성된 믿음의 선배들은 **"이같이 큰 구원"**의 복음을 배반하지 않았기 때문에, 재산을 다 빼앗기고 벌거벗긴 채로 내쫓겨서, 양과 염소의 가죽을 쓰고 떠돌아다니면서 토굴에 살기도 했습니다. 그러다가 잡히면 돌로 치고 칼로 베고, 심지어 톱으로 켜서 죽이기까지 하였습니다. 차라리 한칼에 목을 쳐서 죽이든지, 창으로 심장을 확 찔러서 죽이든지 하면 고통이 덜할텐데, 사람을 톱으로 켠다고 생각해 보십시오. 그 톱이 잘 나가겠어요? 살이 이리저리 밀리고 기름기가 톱날에 엉겨 붙으면 잘 켜지지 않았을 것입니다.

톱으로 켜는 악형이 실제로 초대교회 때에 있었답니다. 그래서 어떤 학자들은 "톱으로 켜는 악형을 시행할 때에, 속을 파낸 통나무에 의인들을 집어넣고 나무와 함께 톱질을 했을 것이다"라고 추론(推論)합니다. 초대교회 때에 사단 마귀가 로마제국의 통치자들을 시켜서 믿음의 사람들을 핍박했는데, 그들은 사람이 상상할 수조차 없는 잔악함을 모두 발휘해서 악형을 개발하고 시행했습니다.

로마의 폭군 네로 황제 같은 자들은 예수님을 믿는 성도들을 벌거벗겨서 원형 경기장 안에 몰아넣고서, 굶주린 사자들을 그 안에 풀어 주었습니다. 그리고 로마의 시민들과 함께 하나님의 백성들이 그 사자들한테 찢겨 죽는 것을 구경하면서 환호성을 지르며 광기를 부렸습니다. 사자들은 먹잇감을 한 번에 절명시키려고 제일 먼저 성도들의 목을 물고 늘어졌을 것입니다. 그러면 동맥이 끊어지고 숨이 막혀서 죽어 갔습니다. 그러고 나면 사자들이 성도들의 배같이 연한 부분부터 물어뜯어서 내장을 먼저 먹었답니다. 사자들이 성도들의 사지를 물고 서로 당기면 팔이나 다리가 떨어져 나갔습니다.

"어떤 이들은 더 좋은 부활을 얻고자 하여 악형을 받되 구차히 면하지 아니하였으며"(히 11:35)라는 말씀은 초대교회의 믿음의 선배들이 그렇게 잔인하게 살육을 당하면서도 그런 고난을 모면하려고 박해자들에게 구차하게 자신의 목숨을 구걸하지 않았다는 말씀입니다. 이는 그들이 천국의 영생을 얻게 한 **"이같이 큰 구원"**을 육신의 생명보다도 더 귀하게 여겼기 때문입니다. 그것은 바른 선택이고 진정한 믿음입니다. 저도 그런 믿음을 주시기를 하나님께 간구합니다.

이같이 큰 구원을 등한히 여긴 자들의 결국

주님이 이 세상의 무엇과도 비교할 수 없는 **"이같이 큰 구원"**을 베풀어 주셨건만, 초대교회의 교인들 가운데는 모든 죄에서 구원받은 축복이 얼마나 귀한지를 깨닫지 못하고 그것을 등한히 여긴 자들이 많았습니다. 많은 이들이 **"이같이 큰 구원"**의 복음을 듣고 잠시 믿다가 금새 잃어버리거나 부인했다는 말입니다.

만일 우리가 아주 귀한 보물을 얻었다고 하면 그것을 어떻게 간직합니까? 아주 깊은 곳에, 누구의 손이 안타는 곳에, 도둑놈도 훔쳐 가지 못할 은밀한 곳에 그것을 꼭꼭 숨겨 두지 않겠습니까? 그런데 귀하게 여기지 않는 물건은 문간이나 두엄더미 옆에 툭 던져 놓습니다. 그까짓 것은 누가 가져가도 되고 잃어버려도 되기 때문입니다. 그러니 **"이같이 큰 구원"**을 등한히 여기는 자는 그것이 얼마나 귀한 것인지를 모르는 자이며 너무나도 어리석은 자입니다. 그러므로, 우리는 우리 주님께서 권면하신 교훈을 잊지 말아야 합니다.

"그러므로 모든 들은 것을 우리가 더욱 간절히 삼갈찌니 혹 흘러 떠내려갈까 염려하노라 천사들로 하신 말씀이 견고하게 되어 모든 범죄함과 순종치 아니함이 공변된 보응을 받았거든 우리가 이같이 큰 구원을 등한히 여기면 어찌 피하리요"

천사들로 하신 말씀이란 율법을 지칭합니다. 율법을 어긴 것이 죄이고 **"죄의 삯은 사망"**(롬 6:23)입니다. 율법의 아무리 작은 조항이라도 무시하고 어기면 지옥의 판결을 면하지 못합니다. 그런데 더 큰 언약의 말씀인 **"이같이 큰 구원"**을 등한히 여긴다면 얼마나 큰 심판을 받겠느냐는 말씀입니다.

구약 시대에 천사들을 통해서 모세에게 주신 말씀이 율법입니다. 그 율법에 **"너희는 안식일을 거룩하게 지켜라"**는 말씀이 있습니다. 만일 누가 안식일에 일을 하면 어떻게 하시겠다고 경고하셨습니까? "너희는 안식일을 지킬찌니 이는 너희에게 성일이 됨이라 무릇 그 날을 더럽히는 자는 죽일찌며 무릇 그 날에 일하는 자는 그 백성 중에서 그 생명이 끊쳐지리라"(출 31:14)고 말씀하셨습니다. 안식일 규례를 알면서도 어긴 자는 반드시 죽임을 당하고 이스라엘 백성 중에서 그 생명이 끊어졌습니다.

그런데 천사들로 말미암아 주신 이 율법의 말씀을 무시하고, 안식일에 나무를 하러 간 자가 있었습니다. 율법의 규례를 어겼을 경우, 두세 증인의 증언이 있으면 율법이 정한 대로 심판합니다. 안식일 규례를 어긴 자는 돌로 쳐 죽이게 되어 있습니다. 그래서 증인들의 증언을 듣고 안식일에 나무를 한 자를 돌로 쳐 죽였습니다(민 15:32-36). 이와 같이 율법을 등한히 여기고 범한 자는 공의한 심판을 받았습니다.

그런데 이 모든 율법의 요구를 다 충족시켜 주고 우리에게 거룩함을 입혀 준 **"이같이 큰 구원"**을, 하나님 아버지께서 외아들을 아낌없이 희생하심으로 우리에게 베풀어 주신 이 소중한 영생의 선물을 등한히 여기는 자들에게 하나님 아버지께서는 어떤 형벌을 내리시겠습니까? "내 죄를 다 없애 주었다는 말씀을 내가 들었지만, 내가 그걸 꼭 믿어야 되냐? 나는 이 세상이 더 좋다, 나는 내가 좋아하는 대로, 육신의 정욕과 안목의 정욕과 이생의 자랑을 따라가며 살겠다! 날 좀 내버려 다고!" 그렇게 **"이같이 큰 구원"**을 등한히 여기는 자는 진정 하나님의 진노를 스스로 자기의 머리에 쌓는 것입니다.

"우리가 이같이 큰 구원을 등한히 여기면 어찌 피하리요"라고 말씀하셨습니다. **"이같이 큰 구원"**의 복음을 듣고서 하나님의 구원의 사랑을 깨달은 후, 그것을 다시 부인한 자는 하나님의 심판과 진노를 피할 길이 없습니다. 대구 사투리에 "수검포로 대그빡이를 팍 쪼사뿔라"라는 표현이 있습니다. 얼마나 사납고 무서운 말인지 모릅니다. "수검포"는 대구 사투리로 삽을 말합니다. 즉, 이 말은 마음에 안 드는 사람의 정수리를 삽으로 쪼개겠다고 겁을 주는 말입니다. 삽날을 세워서 힘껏 내려찍으면 두개골이 두 쪽으로 쪼개지지 않겠습니까? 상상만 해도 끔찍합니다. 그런데 하나님의 진노는 그런 정도가 아닙니다. **"이같이 큰 구원"**을 등한히 여긴 자는 불과 유황으로 타는 못인 지옥에 떨어져서 영원무궁하도록 고통을 받게 될 것입니다.

하나님은 우리를 지극히 사랑하셔서 **"이같이 큰 구원"**을 베풀어 주셨습니다. 우리를 모든 죄에서 구원하시기로 작정하시고, 외아들 예수 그리스도를 영원한 속죄의 제물로 아낌없이 우리에게 내어 주셨습니다. 하나님의 아들 예수님은 육신을 입고 오셔서, 안수의 형식으로 받은 세례로 우리들의 모든 죄를 단번에 담당하고 십자가에서 대속의 심판을 받으심으로 우리를 죄에서 온전히 구원하셨습니다. 하나님 아버지께서 우리에게 내릴 심판을 우리의 죄를 담당한 당신의 아들에게 다 내려서 우리를 값없이 구원해 주셨는데, 만일 어떤 자가 **"이같이 큰 구원"**을 등한히 여기고 세상의 조류를 따라 흘러 떠내려갔다면, 하나님은 그런 자에게 반드시 영원한 지옥의 심판을 내립니다.

그러나 **"이같이 큰 구원"**을 마음으로 믿는 자는 천국의 영원한 생명에 넉넉히 들어갑니다. 이 축복을 우리 모두에게 주시려고 하나님 편에서는 엄청난 희생을 치러 주셨습니다. 그러므로 이러한 하나님의 희생과 사랑을 무시하고 **"이같이 큰 구원"**을 등한히 여기는 자는 영원히 불과 유황으로 타는 못에 떨어져서 세세토록 이를 갈며 자기의 태어난 날을 저주하게 될 것입니다.

누가복음 16장에 **부자와 거지 나사로**에 관한 말씀이 기록되어 있는데, 그 부자는 이 세상에서 호의호식하며 **"이같이 큰 구원"**을 등한히 여기고 살았습니다. 그러나 거지 나사로는 비록 이 땅에서는 고통스럽게 살았어도, 그는 **"이같이 큰 구원"**을 마음으로 믿으며 하늘에 소망을 두고 살았습니다.

그런데 그들이 각각 이생의 수명을 다하고 죽었습니다. 부자와 나사로에게 이 땅에서의 삶은 제 1막이었습니다. 그들에게 이제 제 2막이 열렸는데 그것은 영원한 세계입니다. 그리고 제 2막에서는 엄청난 반전이 일어났습니다. 이 땅에서 떵떵거리면서 잘 먹고 권세를 누리며 **"이같이 큰 구원"**을 등한히 여겼던 그 부자는 지옥의 불꽃 가운데서 고통하며 절규하고 있었고, 거지 나사로는 천국의 낙원에서 아브라함의 품에 안겨서 안식과 행복을 누리고 있었습니다.

부자들은 살아 있는 동안 자기의 창고에 재물이 가득한 것을 보면서 만족해합니다. 자기 영혼에게 "(내) **영혼아 여러 해 쓸 물건을 많이 쌓아 두었으니 평안히 쉬고 먹고 마시고 즐거워하자**"(눅 12:19) 하고 자긍합니다. 그러나 그런 어리석은 자들에게 하나님께서, **"어리석은 자야, 내가 오늘 네 영혼을 거두리라"** 하시는 순간에 그들에게는 영원한 세계라는 제 2막이 열립니다.

부자와 거지 나사로에게도 제 2막이 열렸는데, 나사로는 영원한 축복의 천국에서 아브라함의 품에 안겨 있었습니다. 그러나 **"이같이 큰 구원"**을 등한히 여기며 육신의 쾌락만 쫓았던 그 부자는 지옥불의 고통 속에서 절규하고 있었습니다. 그 부자는 나사로가 낙원에서 행복을 누리는 것을 보고, "아버지 아브라함이여, 나사로를 내게 보내서 그 손끝에 물을 적셔서 내 입술에 한 번만이라도 발라 주세요"하고 간절하게 외쳤지만, 아브라함은 "너희하고 우리 사이엔 큰 절벽이 있어서 우리가 너에게 도저히 건너갈 수 없다"고 단호하게 거절했습니다. 한 번 지옥에 가면 다시는 거기서 나오지 못하고, 한 번 천국에 가면 절대로 지옥에 떨어질 일이 없습니다.

그러므로 우리는 **"이같이 큰 구원"**을 등한히 여겨서는 안됩니다. **"존귀에 처하나 깨닫지 못하는 사람은 멸망하는 짐승 같도다"**(시 49:20)라고 주님께서 말씀하셨는데, **"이같이 큰 구원"**을 등한히 여기는 자는 멸망하는 짐승과 같습니다. 그런데 수많은 사람들이 멸망하는 짐승과 같이 살아갑니다. 그런 자들은 관심이 온통 세상의 조류에 가 있기 때문에, 그들에게 **"이같이 큰 구원"**의 복음을 얘기해 줘도 그 귀한 진리가 그들의 마음으로 들어가지 않고 한쪽 귀로 들어가서 다른 쪽 귀로 흘러나가 버립니다. 세상 조류에 자기도 섞여서 흘러 떠내려가는 자는 **멸망하는 짐승**과 다를 것이 없습니다.

"물과 피로 임하신"(요일 5:6) 예수님께서 우리에게 완성시켜 주신 죄 사함의 복음은 **"이같이 큰 구원"**입니다. 이 세상에서 **"이같이 큰 구원"**보다 더 귀한 것은 없습니다. 예수님께서는 **물**(세례)과 **피**(십자가)로 임하셔서 우리를 모든 죄에서 구원하셨기 때문에, 우리가 **"모든 의"**를 이루신 주님의 사역을 믿을 때에 죄 사함으로 말미암는 **거듭남과 영생의 축복**을 받습니다. 주님이 베풀어 주신 **"이같이 큰 구원"**과 견줄 만큼 귀한 것은 이 세상에 아무것도 없습니다. 이 세상 것을 다 잃어버린다 해도 이것만 우리가 마음에 간직하여 지키고 있다고 하면 아무 아쉬울 것이 없다는 말씀입니다.

그래서 믿음의 사람은, "비록 무화과나무가 무성치 못하며 포도나무에 열매가 없으며 감람나무에 소출이 없으며 밭에 식물이 없으며 우리에 양이 없으며 외양간에 소가 없을찌라도 나는 여호와를 인하여 즐거워하며 나의 구원의 하나님을 인하여 기뻐하리로다"(합 3:17-18)라고 고백합니다. 하나님의 종 하박국(Habakkuk)은 비록 자기의 밭에 무화과 잎이 마르고 포도 열매가 없으며 논밭에 식물이 없고 외양간에 송아지가 없을지라도, 즉 이 세상의 것은 다 잃어버릴지라도 자신을 구원하신 하나님으로 인해서 기쁨이 충만하다고 노래했습니다. 하박국 선지자처럼, 우리들도 **"이같이 큰 구원"**이 가장 소중한 것임을 잊지 말아야 합니다.

하나님의 말씀은 신학 지식이 많은 자가 풀어서 해석해 주어야만 깨달을 수 있는 어려운 말씀이 아닙니다. 하나님 말씀은 너무 단순하고 순수해서 누구든지 깨달을 수 있는 진리의 말씀입니다. 누구든지 하나님을 경외함으로 말씀을 듣고 기쁜 마음으로 복음의 말씀을 믿으면 하나님의 은혜를 충만하게 누릴 수 있습니다. 지식을 추구하는 자들은 성경의 지식을 자기의 자랑거리로 여깁니다. 그러나 주님은, **"지식은 교만하게 하며 사랑은 덕을 세우나니"**(고전 8:1)라고 말씀합니다. 주님께서 우리에게 베푸신 구원의 사랑이 얼마나 큰 것인지를 성경은 분명히 말씀하는데, 그 말씀을 어린아이같이 단순하게 믿어서 **"이같이 큰 구원"**을 소중하게 간직하는 자는 하늘에 속한 은혜를 충만하게 누릴 것입니다.

"이 구원은 처음에 주로 말씀하신 바요 들은 자들이 우리에게 확증한 바니 하나님도 표적들과 기사들과 여러 가지 능력과 및 자기 뜻을 따라 성령의 나눠주신 것으로써 저희와 함께 증거하셨느니라"(히 2:3-4).

이 구절에는 "**이 구원은…**"이라고 쓰여 있습니다만, 지금 저는 무의식 중에 "**이같이 큰 구원은…**"이라고 읽었습니다. 성경에서 "**구원**"이라고 기록된 말씀은 마음으로는 "**이같이 큰 구원**"이라고 읽는 것이 바람직합니다. 우리에게 임한 하나님의 구원은 "**이같이 큰 구원**"입니다. 마음이 강퍅한 사람에게는 성경 구절이 그냥 글자의 나열에 불과하지만, 심령이 가난하고 순수한 사람에게는 성경의 모든 말씀들이 다 살아 있는 하나님의 음성으로 들립니다. 하나님을 경외하는 사람에게는 성경의 한 단어, 한 구절이 마음에 들어와서 살아 역사합니다. 그래서 하나님의 사람들은 성경의 한 단어 앞에서도 마음에 생동하는 기쁨을 느낍니다. 그래서 늘 은혜 안에 강한 마음으로 하나님께 감사와 찬미의 제사를 드리게 됩니다.

"이 구원은 처음에 주로 말씀하신 바요"(히 2:3)

처녀 마리아의 몸에 성령으로 잉태되셔서 육신을 입고 오신 하나님이 예수님입니다. 우리 주님께서는 이 땅에 오셔서 33년의 생애를 사셨습니다. 예수님은 30살이 되기까지 하나님 아버지의 사명을 수행할 준비를 하면서, 갈릴리의 나사렛에서 육신의 가족을 돌보면서 조용히 지내셨습니다. 이 기간을 **예수님의 사생애**(私生涯: the Private Life of Jesus)라고 부릅니다. 예수님은 대제사장이 기름부음을 받는 30살이 되시자 하나님의 아버지의 사명을 준행하시러 세상으로 나옵니다.

그래서 첫 번째로 행하신 사역이 **세례 요한**에게 **세례**를 받으신 일입니다. 세례를 받으신 30살부터 십자가에서 돌아가실 때까지의 3년간을 **예수님의 공생애**(公生涯 : the Public Life of Jesus)라고 부릅니다. 이 기간이 예수님께서 하나님 아버지의 뜻을 이루어 드린 공적인 사역을 수행하신 기간이라는 뜻입니다. 이 3년 동안, 예수님께서는 **"이같이 큰 구원"**을 다 이루어 주시고 **"이같이 큰 구원"**의 복음을 끊임없이 우리에게 말씀하셨습니다.

주님이 요단강에서 세례 요한에게 세례를 받으신 사역에서부터 주님의 공생애가 시작됩니다. 예수님께서 세례 요한에게 세례를 받으신 말씀은 마태복음 3장에 자세하게 기록되어 있습니다. 세례 요한은 예수님이 자기에게 나아오심을 보는 순간 당황하고 두려웠습니다. 세례 요한은 하나님께서 특별한 사명을 수행하도록 보낸 종이었기 때문에 예수님이 바로 육신을 입고 오신 하나님이심을 단번에 알아보았습니다. 그러니 예수님을 조우한 세례 요한이 얼마나 두렵고 떨렸겠습니까? 그래서 그는 어찌할 바를 모르고, **"내가 당신에게 세례를 받아야 할 터인데 당신이 내게로 오시나이까"**(마 3:14) 하고 머뭇거렸습니다.

그러자 예수님께서는, **"이제 허락하라 우리가 이와 같이 하여 모든 의를 이루는 것이 합당하니라"**(마 3:15) 하고 준엄하게 명령하셨습니다. **"(우리가) 이와 같이 하여"**라고 번역된 부분은 헬라어 성경 원문에, "οὕτως γὰρ" (hutos gar)라고 표기되어 있는데, 여기서 οὕτως (hutos)라는 단어는 **"이 방법이 아니면 아닌"** 또는 **"오직 이 방법으로만"**이라는 뜻입니다. 그러므로 예수님께서 **"우리가 이와 같이 하여"**라고 세례 요한에게 하신 말씀은, **"세례**

요한아, 너는 내 머리에 안수를 해서 이 세상의 죄를 다 내게 넘기지 않으면 안 된다"는 뜻입니다.

　세례 요한은 **안수의 형식으로** 예수님에게 **세례**를 베풀었습니다. 세례는 머리에 안수를 한 상태로 피세례자를 물에 푹 담갔다가 일으키는 예식입니다. 그런 세례를 침수례(浸水禮 : baptism by immersion)라고 합니다. 기독교 안에는 바가지로 물을 머리에 붓는 세례식도 있고, 물을 뿌리는 세례 예식도 있지만, 예수님께서 받으신 침수례의 세례가 세례의 원형이며 전형(典型)입니다. 예수님께서 받으신 세례 안에는 예수님께서 이루신 **"이같이 큰 구원"**의 사역이 다 함축되어 있습니다. 예수님께서 받으신 **안수로 세상의 모든 죄가 예수님에게 다 넘어갔습니다**. 그리고 **예수님이 물에 잠겼던 것**은 장차 **십자가의 죽음**을 계시하고, **물에서 다시 나오신 것**은 **주님의 부활**을 계시합니다. 그래서 예수님의 세례 안에는 **"이같이 큰 구원"**을 완성하신 주님의 공생애 전체가 다 함축되어 있습니다.

　예수님은 **인류의 대표자이고**(마 11:11) 대제사장 **아론의 후손인**(눅 1:5) 세례 요한에게 안수를 받으심으로 인류의 모든 죄를 단번에 다 넘겨받았습니다. **"우리가 이와 같이 하여 모든 의를 이루는 것이 합당하니라"**(마 3:15)고 말씀하신 뜻이 바로 예수님이 안수의 형식으로 받은 세례로 인류의 모든 죄가 예수님에게 다 넘어갔다는 뜻입니다. 구약시대에 속죄제사를 드리려면, 죄인이 희생제물, 즉 흠 없는 양이나 염소의 머리에 **안수해서 자기의 죄를 넘겼습니다.** 안수(按手)는 제물에게 죄인의 죄를 넘기는 하나님의 공의한 법이었습니다.

　그러므로 하나님이 정하신 공의한 법대로, 인류의 대표자인

"이같이 큰 구원"을 등한히 여기지 말라   73

세례 요한의 안수로 우리의 모든 죄는 예수님에게 다 넘어갔습니다. 그래서 **"이와 같이 하여"** 즉 인류의 대표자가 안수의 방법으로 세상 죄를 예수님에게 넘겼기 때문에, 이 세상에는 하나님의 **"모든 의"**가 이루어진 것입니다. **의는 죄의 반대말**입니다. 이 세상의 모든 죄가 없어짐으로 **"모든 의"**가 이루어진 것입니다. 예수님께서 받으신 세례로 우리의 모든 죄가 예수님에게 다 넘어갔고 3년 후에 주님께서 그 모든 죗값을 십자가에서 지불하여 다 없애 주셨기 때문에, **하나님의 모든 의가** 완성된 것입니다.

세례 요한은 **"이제 허락하라"**는 주님의 준엄한 명령을 듣고서, 안수의 형식으로 예수님께 세례를 베풀었습니다. 예수님께서는 안수를 받으신 채로 물에 잠기셨다가 물에서 일어나셨습니다. 그 순간 하늘이 쫙 열렸습니다. 그리고 성령이 비둘기처럼 예수님 위에 내리면서 하늘로부터 **"이는 내 사랑하는 아들이요 내 기뻐하는 자라"**(마 3:17)는 하나님 아버지의 말씀이 들렸습니다. 이 말씀은 "이 예수가 바로 내 아들이며 그는 하나님이다. 너희를 죄에서 구원하기 위해서 하나님인 내 아들이 육신을 입고 흠 없는 어린양으로 너희에게 가서, 너희들의 모든 죄를 공의한 법대로, 즉 안수로 다 넘겨받고 장차 그가 대신 심판을 받아 주어서 너희들을 죄에서 온전히 구원할 것이다"라고 하나님 아버지께서 증거해 주신 말씀입니다.

예수님은 세례를 받으신 후에 바로 **"이같이 큰 구원"**의 복음을 전파하기 시작했습니다. 마가복음 1장은 **"하나님의 아들 예수 그리스도 복음의 시작이라"**(막 1:1)고 선포하시면서, 제일 먼저 세례 요한의 등장을 소개하고 바로 예수님이 세례 요한에게 세례를 받으신 사실을 기록함으로써, **예수님이 받으신 세례가 복음의 시작**이라고 선포하고 있습니다.

　세상 죄를 단번에 담당한 세례를 받으신 후에, 예수님은 광야에서 40주야를 금식하시며 사단 마귀에게 시험을 당하셨지만, 주님은 하나님의 말씀으로 사단의 모든 공격을 물리치셨습니다. 그리고 주님은 바로 갈릴리에서부터 복음전도의 사역을 시작하셨습니다: "수일 후에 예수께서 다시 가버나움에 들어가시니 집에 계신 소문이 들린지라 많은 사람이 모여서 문 앞에라도 용신할 수 없게 되었는데 예수께서 저희에게 도를 말씀하시더니"(막 2:1-2).

　여기에 기록된 도(道)는 진리(眞理) 곧 하나님의 구원의 도를 의미합니다. 다시 말하자면, 도(道)는 "이같이 큰 구원"의 진리를 의미합니다. 주님께서는 요단강에서 세례 요한에게 세례를 받으신 후로 줄곧 "이같이 큰 구원"의 도(道)를 전파하셨습니다. 그래서 히브리서에서도 "이 구원은 처음에 주로 말씀하신 바요"(히 2:3)라고 기록된 것입니다. 주님은 세례를 받으신 후 3년 동안 계속해서 전파하시기를, "내가 너희들의 죄를 세례로 다 담당했다. 그리고 장차 내가 십자가에 달려 죽음으로 그 죄를 다 갚을 것이다"라는 **"이같이 큰 구원"**의 진리를 전파하셨습니다.

이적과 표적을 베푸시는 목적

　주님께서 **기적과 표적을 베푸신 목적**이 무엇입니까? 어떤 이는 "그런데 주님이 소경의 눈을 뜨게 하고 문둥이도 낫게 하고 심지어는 죽은 자도 살리지 않았습니까? 도를 전파하셨다는 말씀보다 이적과 표적을 베푸신 기록이 성경에 더 많지 않습니까?"라고 반문할 것입니다. 그렇습니다. 주님은 정말 많은 이적과 표적을 베푸셨습니다. 그래서 사도 요한은 주님께서 행하신 일을 다 기록한다면 그 기록물이 온 하늘과 땅을 다 채우고도 남을 것이라고 말씀하기도 했습니다(요 21:25).

그런데 주님이 **이적과 표적을 행하신 목적은 당신이 전하신 "이같이 큰 구원"의 복음이 참되다는 것을 증거하시기 위함**이었습니다. 예를 들어서, 요한복음 6장에 보면, 주님은 보리떡 다섯 개와 물고기 두 마리로 기적을 베푸셔서, 오천 명을 먹이고도 남은 부스러기를 모았더니 열두 광주리나 되었습니다. 그런 엄청난 이적을 베푸셨기 때문에 사람들이 예수님을 높이며 결사적으로 따라다녔습니다.

그런데 주님께서는 오천 명을 배불리 먹이신 기적을 베푼 그날 밤에 홀연히 그 자리를 떠나 호수 건너편으로 가버리셨습니다. 그 다음날 사람들은 눈이 휘둥그래서 예수님을 찾아 헤매다가 어떻게 수소문을 해서 예수님이 계시는 호수 건너편으로 쫓아왔습니다. 그러자 이제부터 예수님은 그들에게 영적인 교훈, 즉 **"이같이 큰 구원"**의 도(道)를 들려주셨습니다. "너희들이 나를 찾는 것은 이적을 본 까닭이 아니고 배불리 먹은 까닭이다. 그러나 너희는 이것을 알라. 내가 하늘로서 내려온 산 떡이다, **내 살(세례)**을 먹고 **내 피(십자가)**를 마시는 자는 영생을 얻는다" 하시면서 주님은 **"이같이 큰 구원"**에 대해서 말씀하셨습니다.

자, 그러면 이제 우리가 분명히 알 것은 무엇입니까? 소경을 눈 뜨게 해 주시거나 문둥병자나 중풍병자를 낫게 해 주신 이적들을 베푸신 후에, 주님은 반드시 **"소자야 네 죄 사함을 받았느니라"**고

하시며 "이같이 큰 구원"에 대해서 말씀하셨습니다. 이처럼 주님께서 우리에게 주시고자 한 것은 "이같이 큰 구원"의 말씀이었습니다. 그리고 주님이 부활 승천하신 후에, 사도들과 모든 제자들도 흩어져 나가서 "이같이 큰 구원"을 전파했습니다. 주님께서 베푸신 기적과 이적은 "이같이 큰 구원"이 참된 진리임을 증거하기 위해서 허락하신 것입니다.

마가복음 16장 15절부터 20절까지의 말씀입니다.

"또 가라사대 너희는 온 천하에 다니며 만민에게 복음을 전파하라

믿고 세례를 받는 사람은 구원을 얻을 것이요 믿지 않는 사람은 정죄를 받으리라

믿는 자들에게는 이런 표적이 따르리니 곧 저희가 내 이름으로 귀신을 쫓아내며 새 방언을 말하며 뱀을 집으며 무슨 독을 마실찌라도 해를 받지 아니하며 병든 사람에게 손을 얹은즉 나으리라 하시더라

주 예수께서 말씀을 마치신 후에 하늘로 올리우사 하나님 우편에 앉으시니라

제자들이 나가 두루 전파할쌔 주께서 함께 역사하사 그 따르는 표적으로 말씀을 확실히 증거하시니라"(막 16:15-20)

우리 주님께서는 "이같이 큰 구원"을 이루셨고 또 "이같이 큰 구원"의 도를 전파하셨습니다. 주님의 제자들도 주님의 명령을 따라 "이같이 큰 구원"의 복음을 전파했습니다. 그것이 바로 제자들에게 주신 대사명(大使命: the Great Commission)입니다. 제자들이 주님의 명령에 순종해서 복음을 전파할 때에, 제자들에게도 표적과 기사가 많이 나타났습니다. 사도들이 병든

자에게 손을 얹으면 병이 낫고, 뱀을 손으로 잡고 무슨 독을 마시더라도 해를 입지 않았습니다.

초대교회 때에는 이런 이적과 표적이 아주 흔한 일이었습니다. 사도행전 5장에, **"심지어 병든 사람을 메고 거리에 나가 침대와 요 위에 뉘이고 베드로가 지날 때에 혹 그 그림자라도 뉘게 덮일까 바라고"**(행 5:15)라는 말씀이 있습니다. 사도행전에는 사도 베드로나 사도 바울의 행적들이 많이 나오는데, 그들을 통해서 기적이 많이 일어났습니다. 많은 선행을 행했던 도르가라는 여신도가 죽어서 다락에 뉘어 놓았는데, 베드로가 다락에 올라가서 기도했더니 죽었던 그녀가 다시 살아났습니다. 베드로와 요한이 성전에 기도하러 올라가다가 성전의 미문(美門) 곁에 앉아 있던 앉은뱅이를 보고, **"은과 금은 내게 없거니와 내게 있는 것으로 네게 주노니 나사렛 예수의 이름으로 일어나 걸으라"**(행 3:6) 하고 그를 믿음으로 일으켰습니다.

사도들이 예수님의 이름으로 놀라운 기적과 표적을 일으키자 사람들은 사도들을 신으로 높이려고까지 했습니다(행 28:6). 그러나 사도들과 하나님의 종들은 이러한 이적과 표적이 자신들이 전하는 **"이같이 큰 구원"**의 복음이 참되다고 증거하기 위해서 하나님께서 허락하신 것임을 잊지 않았습니다.

그런데 오늘날의 기독교는 **은사주의**와 **신비주의**의 오류에 빠져서, 하나님의 뜻이 무엇인지 분별하지 못하고 있습니다. 그래서 어떤 교회들은 방언과 예언의 은사와 같은 신비한 현상에 올인(All-in)을 합니다. 거짓 선지자들은 방언이나 치유 기적 같은 것들을 무슨 대단한 이적으로 여기면서 영혼들을 미혹합니다. 그러나 오늘의 본문에도 분명하게, "이 구원은 **처음에 주로**

말씀하신 바요 들은 자들이 우리에게 확증한 바니 하나님도 표적들과 기사들과 여러 가지 능력과 및 자기 뜻을 따라 성령의 나눠주신 것으로써 저희와 함께 증거하셨느니라"(히 2:3-4)고 말씀하셨습니다. 이적과 표적, 예언이나 방언 같은 은사들은 초대교회 때에 "이같이 큰 구원"의 도를 증거하기 위해서 하나님께서 한시적(限時的)으로 허락하신 것입니다.

"그러면, 지금은 그런 이적이 일어나지 않는다는 말이냐? 하나님은 어제나 오늘이나 동일하다고 하셨는데, 지금도 예수님을 믿는 자들에게 방언과 예언과 기적과 은사가 일어나지 않느냐?" 이렇게 주장하는 대표적인 자들이 바로 오순절 계통의 기독교인들입니다. 그들은 온갖 악기를 동원해서 요란한 집회를 열면서 방언이나 예언을 하고 안수기도를 하면 병이 낫는다고 난리법석을 떱니다. 심지어는 미국의 어떤 희한한 교단은 **"뱀을 집으며 무슨 독을 마실지라도 해를 입지 않는다"** 는 말씀을 문자 그대로 믿고 실제로 뱀의 독을 마셨습니다. 그런데 어떻게 되었을까요? 많은 사람이 죽었습니다. 그런 자들은 정신병자들입니다. 그런 자들 때문에 **"이같이 큰 구원"** 의 도가 조롱과 멸시를 받습니다.

우리는 하나님의 말씀을 겸비하게 받아야 하고, 주님께서 말씀하시는 뜻을 분명하게 알고 믿어야 합니다. 이적이나 표적이나 예언이나 방언의 은사-이런 것들은 **온전한 것이 올 때까지**(고전 13:10) 한시적(限時的)으로 허락하신 것입니다. 그런 것들을 잠시 허락하신 목적도, 복음을 들은 사람들에게 **"이같이 큰 구원"** 의 복음이 참되다는 것을 확증시켜 주기 위한 것이었습니다. 사도들이 복음을 전할 때에, 사도들로 말미암아 하나님의 능력이 나타나는 것을 보고 사도들이 전했던 **물과 성령의 복음**이 참된 진리임을 믿게 하기 위해서 하나님께서 잠시 동안 허락한 것들이 기적과 표적이며 각양 은사들이었습니다.

왜 하나님께서 초대교회 시대에 한시적으로 그런 놀라운 표적들을 허락하셨습니까? 왜냐하면 그 당시에는 아직 **"온전한 것"**이 완성되지 않았습니다. **"온전한 것"**이 무엇입니까? 그것은 신·구약 성경 66권으로 완성된 하나님의 말씀입니다. 이 신·구약 성경 66권으로 완성된 **"온전한 것"**이 오기까지는 하나님께서 이런 표적이나 기사들을 하나님의 종들에게 허락해서 그들이 복음을 증거할 때에 그 복음이 참되다고 확증되게 하셨습니다.

"사랑은 언제까지든지 떨어지지 아니하나 예언도 폐하고 방언도 그치고 지식도 폐하리라 **우리가 부분적으로 알고 부분적으로 예언하니** 온전한 것이 올 때에는 부분적으로 하던 것이 폐하리라"(고전 13:8-10)고 말씀하셨습니다.

고린도 교회의 교인들은 베뢰아의 성도들처럼 순수하게 신사적으로 말씀을 믿는 믿음이 아니었습니다. 그들은 육신적이고 교만해서 서로 잘났다고 시기하는가 하면, 당(黨)을 지어 다투는 일도 많았습니다. 그들은 성경 지식을 자기를 자랑하는 수단으로 추구했습니다. 예배 때에도 난장판이었습니다. 성찬의 나눔을 위해서 준비해 온 포도주와 떡을 먼저 먹고 취해서 한쪽에서 잠을 자지 않나, 예배 중에 서로 먼저 방언이나 예언을 하겠다고 나대서 그 무질서가 극에 달했습니다.

그래서 사도 바울은 그들에게 하나님은 질서의 하나님이라고 가르쳤습니다. 그리고 방언은 혼자 기도할 때에나 하고, 예언은 해석할 사람이 있거든 각각 순서에 따라서 하되 그것도 많아야 두세 사람 정도만 하고 해석할 사람이 없으면 아예 예언을 하지 말라고 권면했습니다. 사도 바울은 그런 권면의 말씀을 하고 나서 장차 **"예언도 폐하고 방언도 그치고 지식도 폐하리라"**고 말씀한 것입니다. 신·구약 성경 66권으로 완성된 **"온전한 것이 올 때에는"** 부분적으로 하던 것들(예언이나 방언)은 폐해진다는 말씀입니다.

온전한 말씀을 믿는 신사적인 믿음

사도 바울과 같은 하나님의 종들이 복음을 전했던 사도시대 동안에 **"온전한 것"**이 완성됩니다. 27권의 신약 성경이 모두 기록되어 구약 성경의 말씀들과 함께 **"온전한 것"**으로 우리에게 주어졌기 때문에 **"이같이 큰 구원"**의 복음도 온전한 성경 말씀으로 다 증거하고 확증할 수 있게 되었습니다. "너희는 여호와의 책을 자세히 읽어보라 이것들이 하나도 빠진 것이 없고 하나도 그 짝이 없는 것이 없으리니 **이는 여호와의 입이 이를 명하셨고 그의 신이 이것들을 모으셨음이라**"(사 34:16) 하셨습니다.

고린도전후서가 기록될 무렵에는 아직 복음서조차 쓰여지지 않았습니다. 초대교회 시대에는 아직 신약 성경이 모두 기록되어 우리에게 주어지지 않았었습니다. 그래서 기록된 말씀만으로는 복음을 충분히 변증할 수 없었습니다. 그렇기에 하나님이 역사하셔서 **"그 따르는 표적으로 말씀을 확실히 증거"**(막 16:20)하실 필요가 있었습니다.

그러나 사도시대 후반에 이르러 신·구약 66권의 말씀이 완성되어 **"온전한 것"**으로 우리에게 주어졌습니다. 이제는 하나님이 **물과 성령의 복음**으로 우리를 온전히 구원했다는 **"이같이 큰 구원"**의 복음도 기록된 말씀으로 풀어 주기만 하면 온전히 확증되어 누구든지 믿을 수 있습니다. 기록된 하나님의 말씀은 모든 변론의 최후 확증입니다. 그러므로 **"이 구원은 처음에 주로 말씀하신 바요 들은 자들이 우리에게 확증한 바니 하나님도** 표적들과 기사들과 여러 가지 능력과 및 자기 뜻을 따라 성령의 나눠주신 것으로써 저희와 함께 증거**하셨느니라"**(히 2:3-4) 하신 말씀을 우리는 제대로 이해해야 합니다.

사실 첫 번째 **방언(the other tongues)의 이적**은 성령의 충만을 받은 사도들과 제자들이 오순절을 맞아서 여러 나라에서 예루살렘에 모여든 유대인들에게 각기 그들의 언어로 **"하나님의 큰 일 말함"**(행 2:11)을 들려주신 사건입니다. 다시 말하자면, 첫 방언의 역사는 **"이같이 큰 구원"**을 속히 전파하려는 하나님의 계획에 따라 **각 나라의 언어로 복음을 들려준 이적**이지, 지금의 사기꾼 목사들이 지껄이는 방언처럼 전혀 알아들을 수 없는 괴상한 소리들이 아니었습니다.

그러므로 이 시대의 기독교인들이 이적이나 표적을 구하는 것은 옳지 않습니다. 그런데 아직도 하나님의 말씀을 잘못 이해해서 이적이나 표적을 구하고 방언의 은사를 자랑하는 그런 미신적 기독교인들이 많습니다. 이런 은사주의(恩賜主義)나 신비주의(神祕主義)의 믿음은 하나님 앞에서 신사적인 믿음도 아니고 바른 믿음도 아닙니다. 베뢰아 성도들은 신사적인 믿음을 가졌었는데, 신사적인 믿음은 말씀을 경외함으로 받고 말씀을 상고함으로 하나님의 뜻을 좇아가는 믿음입니다. **"베뢰아 사람은**

데살로니가에 있는 사람보다 더 신사적이어서 간절한 마음으로 말씀을 받고 이것이 그러한가 하여 날마다 성경을 상고하므로 그중에 믿는 사람이 많고"(행 17:11-12)라고 말씀합니다. 베뢰아 교회의 성도들과 같이, 말씀에 기반을 두고 믿는 믿음이 신사적인 믿음이고 하나님께서 기뻐하시는 믿음입니다.

    우리는 이제 **"온전한 것"**이 주어진 축복된 시대에 살고 있습니다. 우리 모두는 온전하게 기록해 주신 하나님의 말씀으로, 하나님께서 우리에게 전해 주신 **"이같이 큰 구원"의 복음**을 확증하고 그 말씀을 마음에 견고히 믿어야 합니다. 그래서 여러분 모두가 세상의 조류에 휩쓸려 떠내려가지 않는 믿음의 사람들이 되기를 바랍니다.

    말씀을 마쳤습니다.

(2014년 2월 16일 주일예배 말씀)

자비하고 충성된 하늘의 대제사장, 예수 그리스도

"하나님이 우리의 말한바 장차 오는 세상을 천사들에게는 복종케 하심이 아니라

오직 누가 어디 증거하여 가로되 사람이 무엇이관대 주께서 저를 생각하시며 인자가 무엇이관대 주께서 저를 권고하시나이까

저를 잠간 동안 천사보다 못하게 하시며 영광과 존귀로 관 씌우시며

만물을 그 발 아래 복종케 하셨느니라 하였으니 만물로 저에게 복종케 하셨은즉 복종치 않은 것이 하나도 없으나 지금 우리가 만물이 아직 저에게 복종한 것을 보지 못하고

오직 우리가 천사들보다 잠간 동안 못하게 하심을 입은 자 곧 죽음의 고난 받으심을 인하여 영광과 존귀로 관 쓰신 예수를 보니 이를 행하심은 하나님의 은혜로 말미암아 모든 사람을 위하여 죽음을 맛보려 하심이라

만물이 인하고 만물이 말미암은 자에게는 많은 아들을 이끌어 영광에 들어가게 하시는 일에 저희 구원의 주를 고난으로 말미암아 온전케 하심이 합당하도다

거룩하게 하시는 자와 거룩하게 함을 입은 자들이 다 하나에서 난지라 그러므로 형제라 부르시기를 부끄러워 아니하시고

이르시되 내가 주의 이름을 내 형제들에게 선포하고 내가 주를 교회 중에서 찬송하리라 하셨으며

또 다시 내가 그를 의지하리라 하시고 또 다시 볼찌어다 나와

및 하나님께서 내게 주신 자녀라 하셨으니

자녀들은 혈육에 함께 속하였으매 그도 또한 한 모양으로 혈육에 함께 속하심은 사망으로 말미암아 사망의 세력을 잡은 자 곧 마귀를 없이 하시며

또 죽기를 무서워하므로 일생에 매여 종노릇하는 모든 자들을 놓아 주려 하심이니 이는 실로 천사들을 붙들어 주려 하심이 아니요 오직 아브라함의 자손을 붙들어 주려 하심이라

그러므로 저가 범사에 형제들과 같이 되심이 마땅하도다 이는 하나님의 일에 자비하고 충성된 대제사장이 되어 백성의 죄를 구속하려 하심이라

자기가 시험을 받아 고난을 당하셨은즉 시험 받는 자들을 능히 도우시느니라"(히 2:5-18)

「성경전서 개역한글판」의 탁월함

우리가 읽는 성경은 「성경전서 개역한글판」(1952년 간행)입니다. 이 성경은 한국어 성경 중에서 제일 먼저 번역 출간된 「셩경젼셔」(1911년 간행)를 두어 차례 수정해서 출간한 권위 있는 성경입니다. 그러니까 첫 번역본까지 거슬러 올라가면 백 년이 더 된 번역본 성경이기 때문에, 이 시대의 기독교인들에게는 단어나 문체가 낯설고 어려운 부분도 있습니다. 이 성경은 약칭 「흠정역 성경」이라고 부르는 영어번역본 성경, "King James Version"의 중국어 번역본을 다시 우리말로 번역한 성경입니다.

「흠정역(欽定譯)」이라는 단어에서 "흠"자는 공경할

"흠(欽)"자입니다. 따라서 흠정역(欽定譯)이란 "왕이 친히 제정한 번역본"이란 뜻입니다. 영국의 국왕 제임스 1세 (King James I)가 영국 성공회의 예배에 사용할 수 있는 표준 성경을 번역하라는 명령을 내렸는데, 그 명령에 따라 영국의 국교(the Church of England, 성공회)에 속한 47명의 학자들이 1604년에 번역을 시작하여 1611년에 마친 기독교 성경의 영어 번역본이 바로 「흠정역 성경」입니다. 이 성경은 고대 히브리어와 그리스어로 기록된 원전(原典) 성경에 가장 충실하게 번역된 성경으로 정평이 나 있으며 지금까지 가장 권위 있는 영어 성경으로 평가되고 있습니다.

따라서, 「흠정역 성경」(King James Version)을 모체로 번역된 우리의 성경, 「성경전서 개역한글판」은 참 좋은 성경입니다. 비록 이 성경의 옛날 문체가 낯설고 생경한 단어나 한자어도 많아서 이해가 잘 안 되는 부분도 있지만, 모르는 단어들의 뜻을 알고 대하면, 이 성경은 하나님의 말씀을 깊이 있고 정확하게 전달해 주는 능력의 말씀인 것을 깨닫게 됩니다.

저는 개신교와 천주교가 함께 번역한 「공동번역 성경」을 읽어 보았고, 개신교 쪽에서 간행한 「새번역 성경」이나 「현대인의 성경」 등도 읽어 보았습니다. 그것들은 문체나 단어가 읽기는 쉬웠지만, "술에 물 탄 것 같다"라는 속담처럼 밋밋한 느낌을 떨칠 수 없었습니다. 하나님의 말씀은 "궁창 위의 물"(창 1:7)입니다. 사람들이 이해하기 쉽도록, 또는 현대인의 입맛에 맞도록 가필된 성경은 이미 그 말씀의 순수한 의미와 생명의 능력을 잃어버려서 그런 부류의 번역본으로는 죄인들이 거듭날 수도 없고, 하나님께서 기뻐하시는 믿음의 삶을 살 수도 없습니다.

제 말의 이해를 돕기 위해서, 예수님이 우리의 모든 죄를 담당하시기 위해서 세례 요한에게 세례를 받으신 마태복음 3:13-15절의 말씀이 「성경전서 개역한글판」과 「공동번역 성경」에서 어떻게 달리 번역되었는지를 비교해 보겠습니다. 그리고 「새번역 성경」은 「공동번역 성경」과 크게 다르지 않습니다.

"이 때에 예수께서 갈릴리로서 요단강에 이르러 요한에게 세례를 받으려 하신대 요한이 말려 가로되 내가 당신에게 세례를 받아야 할 터인데 당신이 내게로 오시나이까 예수께서 대답하여 가라사대 이제 허락하라 우리가 이와 같이 하여 <u>모든 의를 이루는 것이 합당하니라</u> 하신대 이에 요한이 허락하는지라" (성경전서 개역한글판)

"그 즈음에 예수께서 세례를 받으시려고 갈릴래아를 떠나 요르단 강으로 요한을 찾아오셨다. 그러나 요한은 '제가 선생님께 세례를 받아야 할 터인데 어떻게 선생님께서 제게 오십니까?' 하며 굳이 사양하였다. 예수께서 요한에게 '지금은 내가 하자는 대로 하여라. 우리가 이렇게 해야 <u>하느님께서 원하시는 모든 일이 이루어진다.</u>' 하고 대답하셨다. 그제야 요한은 예수께서 하자 하시는 대로 하였다" (공동번역 성서)

"모든 의를 이루는 것이 합당하니라" (성경전서 개역한글판)는 구절과 "하느님께서 원하시는 모든 일이 이루어진다"(공동번역 성서)라는 번역은 달라도 너무나 다른 의미입니다. "**모든 의**"라는 것은 우리의 모든 죄가 다 없어진 상태입니다. 우리를 모든 죄에서 구원해서 **의인**으로 만들어 주어서 천국에 넉넉하게 들어가게 하는 **하나님의 의**가 이루어지는 역사가 예수님이 받은 세례로 이루어졌습니다. 그래서 예수님께서, "이제 허락하라 우리가 이와 같이 하여 모든 의를 이루는 것이 합당하니라"고 세례 요한에게 명령하셨습니다.

그런데 이 부분을 「공동번역 성경」은, "지금은 내가 하자는 대로 하여라. 우리가 이렇게 해야 하느님께서 원하시는 모든 일이 이루어진다"라고 번역했습니다. 그것은 전혀 다른 뜻을 담고 있는 두리뭉실한 표현입니다. 그래서 "그렇다면 하나님이 원하시는 모든 일이란 도대체 무엇인가?" 하는 의구심이 우리 마음에 일어납니다. 마태복음 3장 15절은 죄인들이 거듭남으로 구원을 받는데 있어서 아주 중요한 성경 구절입니다. 이렇게 진리의 복음을 구성하는 결정적인 성경 구절이 왜곡되어 있다면 절대로 **믿음으로 말미암는 죄 사함**을 얻을 수 없게 됩니다.

나는 이러한 **번역상의 오류**가 결코 우연한 일이 아니라 사단 마귀가 자기의 종들을 통해서 꾸민 간교한 계략의 결과라고 감히 단언합니다. 하나님의 말씀은 우리를 천국으로 인도하는 **이정표**입니다. 그런데 누군가가 이정표의 방향을 살짝 바꿔 놓았다던지 목적지의 지명을 고쳐 놓았다면, 그런 이정표를 믿고 따라간 자들은 결코 목적지에 도달할 수 없게 됩니다. 하나님은 모든 사람이 다 죄 사함을 받고 천국 영생에 들어가기를 원하지만, 사단 마귀는 하나님과는 정반대로 모든 사람을 다 지옥에 끌고 가려고 안간힘을 씁니다. 그렇다면 사단 마귀의 종들이 **살짝 손 본 이정표**를 진짜 이정표라고 믿게만 하면, 사단 마귀는 손쉽게 자기의 목적을 달성할 수 있다는 말입니다.

참고로 「흠정역 성경」(King James Version)에는 마태복음 3장 15절의 말씀이 다음과 같이 번역되어 있습니다.

"And Jesus answering said unto him, Suffer it to be so now: for thus it becometh us to fulfill all righteousness. Then he suffered him." (Matthew 3:15, KJV) 이와 같이 「흠정역 성경」에도 예수님께서 세례를 받으심으로 **"모든 의"가 이루어졌다**(to fulfill all righteousness)라고 분명히 말씀합니다. 예수님께서 안수의 형식으로 받으신 세례로 우리의 모든 죄를 당신의 육체에 온전히 넘겨받았기 때문에 이 세상에는 **하나님의 모든 의가** 이루어졌음을 성경은 분명히 증거하고 있습니다.

예를 한 가지 더 들어 보겠습니다. 「**성경전서 개역한글판**」에는 "의인"이라는 단어가 많이 나옵니다. 개역한글판 성경에서 의인(義人)이라는 단어는 「**흠정역 성경**」(King James Version)의 "the righteous"를 번역한 표현입니다. 즉, "의인"은 **마음에 죄 사함을 받아서 죄가 없는 거룩한 자들**을 지칭하는 말입니다.

그런데 공동번역 성경은 이 "의인"이라는 단어를 "**옳은 사람**"이라고 번역을 했습니다. 혹자는 "의인(義人)에서 '의'자가 옳을 의(義)자이니 "의인"이나 "**옳은 사람**"이나 같은 뜻이 아니냐?" 하고 반론하지만, 이 두 번역은 매우 다른 뜻을 갖습니다.

"**옳은 사람**"은 "행실이 바른 사람"이란 뜻입니다. 즉, "**옳은 사람**"이란 인간의 윤리와 도덕의 기준으로 볼 때, "품행이 방정(方正)하고 올곧은 사람"을 지칭하는 말입니다. 저의 학창시절이었던 1950-60년대에는, 우등상장에 "위 학생은 품행이 방정하고 학업 성적이 우수하여 타에 모범이 되므로 이 상장을 수여합니다"라고 쓰여 있었습니다. "방정(方正)하다"라는 말은 "행실이 아주 반듯하고 바르다"라는 뜻입니다. 따라서 공동번역 성경에 기록된 **"옳은 사람"**은 품행이 방정한 사람을 말합니다. 품성이 근본 선량해서 주변 사람들이 보기에도 죄를 별로 짓지 않고 남을 위해 자기를 희생하는 사람을 가리켜서 **"옳은 사람"**이라고 합니다.

그런데 **"의인"**은 그런 자를 지칭하지 않습니다. **"의인"**이란 하나님이 "죄 덩어리"인 인간을 사랑하셔서 인류를 모든 죄에서 구원해 주셨다는 **복음의 말씀을 믿어서 마음의 죄가 깨끗이 씻긴 사람**을 지칭하는 말입니다. 즉 **죄인**의 상대어가 **"의인"**입니다. 모든 사람은 죄인으로 태어나서 평생에 죄만 짓다가 지옥에 가야 할 존재입니다. 그런데, 하나님께서 이런 죄인들을 불쌍히 여기셔서 친히 육신을 입고 이 땅에 오셔서 받으신 **세례와 십자가의 피**로 인류의 모든 죄를 없애 주셨습니다. 그리고 그 구원의 복음을 믿음으로 **죄 사함을 받은 자**가 바로 **"의인"**입니다. 모든 **죄인**은 진리의 복음을 믿음으로 **죄 사함을 받고 거듭나면 의인이 되어** 영생의 천국에 들어갑니다.

따라서 「성경전서 개역한글판」의 **"의인"**과 「공동번역 성경」의 **"옳은 사람"**은 전혀 다른 의미를 갖습니다. 그렇기 때문에 잘못 번역된 성경본의 말씀을 통해서는 아무도 구원을 받을 수 없습니다. **"의인"**을 **"옳은 사람"**이라고 번역한 성경을 읽고는 절대로 죄 사함을 받지 못한다는 점을 우리는 명심해야 합니다.

물론 「성경전서 개역한글판」의 모체인 「셩경젼셔」(1911년 간행)는 번역된 지 백 년도 더 되었고, 그것을 수정한 「성경전서 개역한글판」이 출간된 지도 60년이 넘었으니, 이 성경 번역본에는 옛 단어들과 고풍스러운 문체가 많습니다. 그래서 지금의 젊은 세대에게는 이 성경이 어렵습니다. 그렇지만 모르는 단어들을 배우면서 차근차근 풀어 보면 「**성경전서 개역한글판**」은 깊은 맛이 있습니다. 음식도 옛날 음식이 깊은 맛이 있지 않습니까? 요즘 젊은 세대는 패스트푸드(fast food)인 햄버거나 피자를 좋아하지만, 나이 든 사람들에게는 어머니 손으로 만든 옛날 음식이 더 깊은 맛이 있습니다. 묵은지 찌개, 시래깃국, 된장찌개, 산나물 무침 등등의 깊은 맛을 패스트푸드가 어떻게 흉내인들 낼 수 있겠습니까?

우리가 함께 읽는 「**성경전서 개역한글판**」이 이해하기에는 조금 어렵지만 아주 좋은 성경입니다. 이 성경 번역본은 읽으면 읽을수록 깊은 맛이 우러나는 하나님의 말씀입니다. 곰탕을 끓일 때, 오래 끓이면 끓일수록 깊은 맛이 우러나듯이, 「**성경전서 개역한글판**」은 그렇게 깊은 맛이 우러나는 성경인 줄 아시고 이 성경의 생소한 단어들을 차근차근 배우시기 바랍니다.

육신을 입고 오신 하나님

오늘 읽은 본문은, "**예수 그리스도는 우리를 모든 죄와 사망에서 온전하게 구원해 주기 위해서 스스로 우리와 같이 혈육에 속하신 하나님이다**"라고 말씀하십니다. 혈육(血肉)이란 "**피와 살**"이란 뜻입니다. 인간의 육체가 혈과 육으로 이루어졌으므로, "**예수님이 혈육에 속했다**"는 말씀은 "**예수님이 육신을 입고 오셨다**"는 뜻입니다. "**예수님은 자원해서 우리와 같은 육체를 입고 이 땅에 오셔서 죄 때문에 지옥 갈 것을 두려워하는 우리들을 모든 죄와 사망에서 온전히 해방시켜 주신**

하나님이다"-이것이 오늘 읽은 하나님의 말씀의 요지(要旨)입니다.

하나님의 말씀은 지식의 대상이 아닙니다

성경 말씀을 나를 향한 하나님의 사랑의 메시지로 듣지 않고, 성경 지식을 쌓기 위해서 말씀을 듣는 것은 아무 유익이 없습니다. 우리가 지금 히브리서 2장 5절부터 18절까지 읽었는데, "아, 이게 그런 뜻이구나! 이 본문을 나누면, 대지(大旨)는 이렇고 소지(小旨)는 이렇구나!" 하고 세상의 지식을 배우는 것처럼 성경을 듣는 것은 아무 유익이 없습니다.

대략 25년 전에, 저는 배ㅇㅇ라는 목사님을 따라다닌 적이 있습니다. 그때는 저도 **물과 성령의 복음**을 만나기 전이었습니다. 그 배ㅇㅇ 목사님은 20권으로 구성된 유명한 성경주석서를 번역했으며, 기도와 금식으로 깡마른 분이었습니다. 그분은 소위 금욕적 경건주의를 지향하는 어떤 장로교단의 목사님이었는데, 그래서 제법 많은 목사님들이 그분의 이름을 알고 존경했었습니다.

그런데 제가 어떤 계기로 그분하고 친해져서, 제가 살던 지방 도시로 매주 한 번씩 그분을 강사로 모셔서 그 지역 목회자들을 대상으로 마태복음을 강해하는 집회를 저희 집 인근 장로교회에서 열었었습니다. 매주 한 번씩 비행기편으로 그 목사님을 모셔 와서 저녁 집회를 갖고, 그분은 제 집에서 하룻밤 주무시고 다음날 서울로 돌아가곤 하였습니다.

그분은 성경 말씀을 내용 중심으로 쪼개서 "대지(大旨)는 이렇고 소지(小旨)는 이렇다"고 체계를 잡은 후에 설명을 해나가는 방식으로 강해 설교를 했습니다. 한두 시간 그런 강해를 듣고 나면 무언가 성경 말씀을 조금 알게 된 것 같고, 준행하기에 힘든 성경 말씀이 만만하게 느껴지기도 했습니다. 그런데 하룻밤만 자고 나면 마음에는 말씀이 하나도 남아 있지 않았습니다. 어제 무언가 배운 것이 많은 것 같았는데, 제 영은 다시 메마르고 황량해지곤 했습니다. 그 이유는 하나님의 말씀은 **"영이요 생명"**(요 6:63)인데, 가르치는 자나 듣는 자가 다 성경을 지식의 대상으로 삼았기 때문입니다.

사실 거듭나지 못한 사람들에게는 성경이 어려울 수밖에 없습니다. **"그러므로 내가 저희에게 비유로 말하기는 저희가 보아도 보지 못하며 들어도 듣지 못하며 깨닫지 못함이니라"**(마 13:13)고 주님이 말씀하셨듯이, 거듭나지 못한 자들에게는 성경이 어렵습니다. 거듭나지 못한 이들의 마음에는 성령이 없기 때문에 하나님의 말씀인 성경을 인간의 지식으로는 깨달을 수 없다는 말입니다. 그런 사람에게 성경책의 **까만 건 글씨이고 하얀 건 종이**입니다. 성경의 어느 부분은 좀 이해가 되는 것 같지만 다른 부분을 읽다 보면, 이해가 잘 되었던 말씀과 모순되는 것 같아서 그나마 조금 알았다고 생각했던 것마저 헷갈립니다. 그러니 **"소경이 코끼리 만지듯 한다"**라는 속담대로 성경을 해석하는 자마다 각양각색의 주장을 하게 되어서 거듭나지 못한 죄인들에게는 성경 말씀이 더욱더 어렵게만 여겨지는 것입니다.

그러던 중에 성경 말씀을 딱딱 쪼개서 "이 말씀의 대지(大旨)는 이렇고 소지(小旨)는 이렇다"고 가르치는 사람의 얘기를 들으면, 그 당시에는 대단한 것을 배운 것만 같고 이제는 성경을 좀 알게 된 것 같은 느낌이 듭니다. 그래서 "야, 그분 참 시원하게 말씀을 가르치네!" 하고 감탄하지만, 사실은 집회를 마치고 뒤돌아서면 아무것도 남는 것이 없습니다. 그리고 마음만 교만해집니다.

"지식은 교만하게 하며 사랑은 덕을 세우나니"(고전 8:1)라고 말씀하셨습니다. 성경을 이렇게 쪼개고 분석하는 사람은 **성경을 지식의 대상으로 삼는 사람**입니다. 사람에게는 많은 육신의 욕망이 있는데, 지식욕(知識慾)도 무시 못할 큰 욕망입니다. 그래서 어떤 이는 배우지 못한 것이 한(恨)이 되고, 지식인들은 고개를 꼿꼿이 쳐들고 자긍하며 고고한 척하는 것입니다.

사도 바울은 영적인 아들 디모데에게, 마지막 때에는 죄 사함의 능력은 맛보지 못하고 외모로만 신앙생활을 하는 자들이 많이 생겨날 터인데, 그런 자들과 함께 하지 말라고 권면하시면서 (딤후 3:5), "**저희 중에 남의 집에 가만히 들어가 어리석은 여자를 유인하는 자들이 있으니 그 여자는 죄를 중히 지고 여러 가지 욕심에 끌린바 되어** 항상 배우나 마침내 진리의 지식에 이를 수 없느니라"(딤후 3:6-7)고 말씀하셨습니다.

오늘날의 기독교인들도 **항상 배우러** 다닙니다. 성경을 배우는 프로그램이나 세미나들이 기독교 안에 즐비합니다. 그러나 그들이 항상 배우지만 자신을 모든 죄에서 깨끗이 씻어 주는 진리의 복음은 찾지 않습니다. 온전한 진리의 복음을 전해 주어도 그들은 깨닫지 못합니다. 거듭나지 못한 인도자는 영적 소경이며, 소경인 인도자에게서는 진리의 말씀을 배울 수 없습니다. 소경이 소경을 인도하면 둘 다 구덩이에 빠져 멸망할 뿐입니다.

하나님의 말씀인 성경을 자기의 지식욕을 충족시키기 위해서 배우는 것은 자기 영혼에게 아무 유익이 없습니다. 우리는 하나님 말씀에서 주님의 음성을 들어야 합니다. 주님께서 이 생명의 말씀을 통해서 우리에게 간절히 권면하시는 바가 무엇인지를 귀

기울여 듣는 것이 유익하고도 아름다운 일입니다. 주님께서는 성경 말씀을 통해서 "내가 너를 이처럼 사랑한다"고 말씀하시는데, 우리는 그 사랑의 음성을 들어야 합니다. 그래서 **"지식은 교만하게 하며 사랑은 덕을 세우나니"**라고 하나님께서 우리에게 말씀하시는 것입니다.

저는 히브리서 1장의 말씀을 나누면서, **"초대교회의 교인들이 천사숭배의 오류에 빠진 자들이 많았다"**라는 말씀을 드렸습니다. 오늘의 본문에서는, **"예수 그리스도는** 천사들이 감히 범접할 수도 없이 크고 존귀하신 하나님인데, 우리 인생들을 너무나 사랑하셔서 **우리를 모든 죄에서 구원하시려고 우리와 똑같은 육체를 입고 오셨다"**고 말씀하십니다.

히브리서 2장에 등장하는 인격체는, 예수 그리스도와 천사들과 우리 구원받은 하나님의 자녀들입니다. 하나님께서는 우주와 천지를 창조하시고 하나님 형상을 따라서 우리 인류도 창조하셨습니다. 물론 천사도 하나님께서 만드신 영적 피조물입니다. 그리고 하나님은 당신의 계획에 따라서 모든 것을 운행하시고 주관하십니다.

그런데 하나님 아버지와 그 아들 예수 그리스도와 성령께서, 즉 성삼위 하나님께서 온 우주와 그 안에 있는 것들을 창조하시고 전개하시는 모든 역사(役事)는 천사들을 위하심이 아니라, 하나님의 형상을 따라 창조하신 인간들, 즉 우리를 위한 것이라는 말씀입니다. 하나님이 가장 관심을 두는 것은 천사가 아닙니다. 천사는 하나님의 자녀가 된 우리를 섬기라고 하나님께서 보내 주신 영적 존재입니다. 하나님이 가장 사랑하는 피조물은 **우리 인류이고 나입니다.** 하나님의 지극한 사랑과 관심의 초점이 전적으로 우리들 각자에게 맞춰져 있다고 오늘의 본문은 말씀합니다.

"**하나님이 우리의 말한바 장차 오는 세상을** 천사들에게는 복종케 하심이 아니라"(히 2:5)고 하셨습니다. **장차 오는 세상**은 이 세상이 끝나면 도래할 **천년왕국**과 **영원한 천국**을 말씀합니다. 우리는 그날과 그 세상이 속히 오기를 고대합니다. 하나님 아버지께서 **장차 오는 세상**을 누구에게 복종시키셨습니까? 예수 그리스도에게 복종시켰습니다. 예수님이 장차 오는 세상의 왕이시고 주인입니다. 하나님은 장차 오는 세상을 천사들의 권세 아래 두지 않겠다는 말씀입니다.

"장차 오는 세상"

이 세상은 금방 끝납니다. 이 세상은 장차 망해서 없어질 세상이기에, 이 세상을 **장망성(將亡城)**이라고 부릅니다. 그리고 주님의 재림은 도적같이 임한다고 하셨습니다. 주님께서 이 땅을 심판하러 다시 오실 때에는, 천사장의 일곱 번째 나팔 소리와 함께 먼저 공중에 임하십니다. 그때에 **의인들의 부활**(첫째 부활, 계 20:6)과 **휴거**가 일어납니다. 하나님의 백성들이 다 휴거(**攜擧**)되어 공중으로 들어 올려지고 나면, 이 땅에는 하나님을 대적한 모든 죄인들만 남게 되는데, 그들 위에 일곱 대접의 긍휼 없는 진노가 부어집니다.

그리고 하나님의 진노의 심판으로 초토화된 이 세상과 만물을 주님이 새롭게 하신 후에, 주님께서는 공중 혼인잔치에 참여했던 의인들과 함께 지상으로 내려오십니다. 그리고 주님은 만왕의 왕으로서 의인들과 함께 새롭게 된 이 땅을 천 년 동안 다스릴 것입니다. 이 기간은 주님이 의인들에게 보상을 베푸는 기간입니다. 의인들은 각기 열 고을 다스리는 권세, 다섯 고을 다스리는 권세, 한 고을 다스리는 권세를 얻을 것입니다. 그러나 어떤 자는 겨우 구원을 얻어서 **"불 가운데서 (구원을) 얻은 것"**(고전 3:15) 같이 부끄러운 모습으로 천 년을 지내게 될 것입니다.

천 년이 차면, 거듭나지 못한 죄인들의 부활이 있습니다. 이 **"둘째 부활"**(계 20:13)에 참여한 자들은 최후의 심판을 받고 영원히 꺼지지 않는 불 못에 던져질 것입니다(계 20:14-15). 그리고 **천년왕국**의 세상도 마치 한 장의 종이가 불에 타서 사라지듯 없어지고, 예수님은 우리를 인도해서 위로부터 내려오는 새 예루살렘 성, 즉 영원한 천국 낙원으로 우리와 함께 들어가실 것입니다. 그러면 우리 의인들은 생명수 강이 흐르고 열두 종류의 과실이 시절을 좇아 풍성하게 맺히는 천국에서 하나님의 자녀가 되어 천사들을 부리면서 영원한 복락을 누릴 것입니다.

이렇게 **장차 오는 세상**이 펼쳐질 것인데, 그 세상을 하나님 아버지는 예수 그리스도의 권세 아래 둘 것입니다. 예수 그리스도가 장차 오는 세상과 그 안의 모든 것들을 주관하고 다스릴 것입니다. 그래서 하나님 아버지께서는 장차 오는 세상을 주님의 영광과 권세 아래 두시겠다고 약속하신 것입니다.

**"오직 누가 어디 증거하여 가로되 사람이 무엇이관대 주께서 저를 생각하시며 인자가 무엇이관대 주께서 저를 권고하시나이까

저를 잠간 동안 천사보다 못하게 하시며 영광과 존귀로 관 씌우시며

만물을 그 발 아래 복종케 하셨느니라 하였으니** 만물로 저에게

복종케 하셨은즉 복종치 않은 것이 하나도 없으나 지금 우리가 만물이 아직 저에게 복종한 것을 보지 못하고

오직 우리가 천사들보다 잠간 동안 못하게 하심을 입은 자 곧 죽음의 고난 받으심을 인하여 영광과 존귀로 관 쓰신 예수를 보니 이를 행하심은 하나님의 은혜로 말미암아 모든 사람을 위하여 죽음을 맛보려 하심이라"(히 2:6-9)

여기 인용한 말씀은 시편 8편에 있는 말씀입니다.

"사람이 무엇이관대 주께서 저를 생각하시며" 하신 부분에서 "저"는 "그"의 옛말인데, 그렇다면 "저"는 누구를 지칭합니까? 예수님입니다. 성경의 주인공이 예수님이듯이, 시편 8편에서도 주인공인 "저"는 예수님입니다. 하나님 아버지는 예수님을 잠깐 동안 천사보다 못하게 하셨습니다. "예수님을 잠시 천사보다 못하게 하셨다"는 말씀은 예수님이 육체를 입고 오셔서 연약한 존재가 되셨다는 뜻입니다. 천사는 눈에 보이지 않는 영물(靈物)이고 영적 존재입니다. 천사에게는 대단한 능력이 있습니다.

최근에 "별에서 온 그대"라는 TV 드라마가 인기를 끌었는데, 이 드라마는 중국에도 수출되어 선풍적인 인기를 끌었답니다. 이 드라마에는 다른 별에서 온 초능력의 청년이 주인공으로 등장하는데, 그는 시간도 멈추고 순간 이동도 잘 합니다. 주인공이 순식간에 사라지니 다른 이들의 눈에는 그가 보이지 않습니다. 눈앞에 있던 사람이 금새 자기의 뒤에 서 있습니다. 사람이 투명인간같이 눈에 보이지 않는다면 얼마나 대단합니까? 그런 자를 감히 이길 수 있겠습니까?

영물(靈物)인 천사는 우리의 눈에는 보이지 않지만 분명히

존재합니다. 성경 말씀이 천사가 있다고 하니 천사는 분명히 있습니다. 우리가 그 존재를 인식하지 못해서 그렇지 성경의 말씀대로 천사는 분명히 존재합니다. 하나님께서 왜 우리에게 천사들을 보내 주셨다고 말씀하십니까? 히브리서 1장 마지막 절에, **"모든 천사들은 부리는 영으로서 구원 얻을 후사들을 위하여 섬기라고 보내심이 아니뇨"**라고 기록되어 있습니다. 하나님께서는 구원 얻은 자들, 즉 하나님 백성들을 보호하고 인도하도록 천사들을 보내 주셨습니다.

저는 어제 아침에 종합검진을 받으러 내과에 갔었습니다. 먼저 혈액검사를 해야 하기 때문에 아침도 굶었습니다. 아무튼 검사를 다 마치고 병원 주차장에서 나와서 큰 길로 들어가려고 습관적으로 왼쪽을 한번 슬쩍 보고 내가 진행하려는 방향, 즉 오른쪽만 보면서 큰 길로 들어서고 있었습니다. 그런데 나도 모르게 브레이크를 급히 밟았습니다. 그 순간에 빵~하는 클랙슨 소리와 함께 엄청 큰 덤프트럭이 전속력으로 내 앞을 휙 지나갔습니다. 몇십 톤짜리 덤프트럭이었는데, 그 차에 받혔으면 저는 그 자리에서 하늘나라로 갔을 것입니다. 내가 브레이크를 꽉 밟는 순간에 그 트럭이 앞으로 휙 지나가면서 "빵~"하고 클랙슨을 눌렀는데 저는 혼비백산할 정도로 놀라서 온몸에 진땀이 확 쏟아지고 아찔했습니다.

저는 그 덤프트럭을 미처 보지도 못했습니다. 내가 부주의했으니 그 자리에서 죽었어도 아무 할 말이 없는 아찔한 순간이었습니다. 0.01초 차이로 생사가 갈리는 순간이 있습니다. 나는 마음을 가라앉히느라고 브레이크에서 발을 떼지 못하고 한참을 그 자리에 머물러 있었습니다. 그리고는 "하나님이 구원 얻은 성도들을 섬기라고 보낸 천사가 나를 보호해 주었구나!"하는 생각이 들었습니다. "하나님이 구원 얻을 하나님의 백성들을 섬기도록 천사들을 보내 주셨다"고 성경은 분명히 말씀합니다(히 1:14). 그래서 천사들은 우리의 눈에는 보이지 않을지라도 하나님의 명하신 일들을 충성되게 수행하고 있습니다. 다만 우리에게는 천사보다 더 큰 분이 계시기 때문에, 우리는 천사들의 존재와 사역을 무시하고 사는 것뿐입니다. 그래도 천사라는 영물은 대단한 존재입니다.

그런데 창조주 하나님이신 예수님이 우리와 같은 혈육을 입고 오심으로 잠시 동안 당신이 만든 천사들보다 더 낮은 신분이 되셨습니다. 천사는 죽지 않는 영원한 존재인데, 예수님이 혈육을 입었다는 것은 죽음을 맛보아야 하는 존재라는 말입니다. 예수님이 우리와 똑같이 혈육(血肉), 즉 피와 살이 있는 분으로 이 땅에 오셨습니다 그러니 죽음을 맛볼 수밖에 없는 연약한 존재, 즉 잠시 동안이지만 천사보다 못한 존재가 되셨습니다.

예수님이 혈육에 속한 이유

예수님께서 왜 그렇게 육신을 입고 이 땅에 오셨을까요? 예수님은 하나님입니다. 예수님은 하나님 아버지의 독생자(獨生子)이고, 말씀으로 온 우주를 창조하신 전능한 하나님인데, 왜 잠시 동안이라도 천사보다도 못한 지위를 취하셨을까요? 왜 연약한 혈육을 입고 오셔서 죽기를 무서워하는 우리 인생들과 같이 되셨을까요?

예수님께서 이렇게 혈육에 속하신 것은 같이 혈육에 속한 자들을 온전히 구원하시기 위함이었습니다.

예수님은 전지전능(全知全能)하고 무소부재(無所不在)하신 하나님입니다. 무소부재(無所不在)라는 말은 "안 계신 곳이 없다" 즉 "항상 어디에나 계시다"라는 뜻입니다. 예수님은 본래 거룩한 영의 하나님입니다. 그분은 연약한 육체에 갇혀 계실 필요가 없는 하나님입니다. 예수님은 창조주 하나님입니다. 말씀 한마디로 온 우주를 만드셨고 그의 능력의 말씀으로 지금도 온 우주를 붙들고 계십니다.

장차 오는 세상에서는 온 우주를 발 아래 두실 어마어마한 하나님이 예수님인데, 그 예수님이 하나님 아버지의 뜻을 좇아 천사보다도 못한 우리와 같은 혈육을 입고 우리에게 오셨습니다. **예수님이 혈육을 입었다는 것**은 주님이 스스로 연약한 존재가 되었다는 뜻입니다. 혈육이 얼마나 연약합니까? 조금만 추워도 "추워 죽겠다", 조금만 더워도 "더워 죽겠다", 조금만 힘들어도 "힘들어 죽겠다"고 고통스러워 하는 자들이 우리가 아닙니까? 조금만 심하게 밀어붙이면 숨이 끊어지는 존재가 혈육에 속한 우리 인간입니다.

차가 달려와서 받으면 그 자리에서 즉사하는 존재가 우리 인생들입니다. 얼마 전에 경주의 한 리조트에서 어느 대학의 신입생 오리엔테이션을 하던 중, 체육관 지붕이 눈의 무게를 이기지 못하고 내려앉으면서 혈기왕성한 젊은이들이 열 명이나 목숨을 잃는 큰 사고가 난 것을 여러분도 잘 알 것입니다. 그 나이는 "쇳덩어리를 먹어도 소화시킨다"는 정도로 젊음의 힘이 넘치는 때입니다. 그런데 어떻게 되었습니까? 눈이 너무 많이 내려서 그 무게를 견디지 못하고 조립식 체육관 지붕이 순식간에 무너져 내리자, 그 안에서 신입생 환영회를 하던 젊은이들 10명이 죽고 수많은 젊은이들이 중경상을 입었습니다. 우리가 혈육(血肉)에 속했다는 말은 "우리는 이처럼 연약한 존재다"라는 말입니다. 지금 내가 살아 있고 힘이 좀 있으니까 스스로를 대단한 줄 알지만, 사실 누구든지 자신이 얼마나 연약한 자인 줄 알고 시인해야만 하나님 앞에서 은혜를 입습니다.

혈육에 속한 존재는 연약하기 짝이 없습니다. 눈에 보이지도 않는 바이러스만 들어와도 그 병균에게 져서 죽는 것이 우리 인간입니다. 혈육이란 이렇게 연약한 존재이기에 **죽기를 무서워합니다**. 연약한 혈육에 속해 있는 자들은 죽는 것이 제일 무섭습니다. 그렇지 않습니까? 모든 사람이 죽기를 무서워하기 때문에 "죽인다"고 겁을 주는 사단 마귀에게 모두들 종노릇을 하고 있는 것입니다.

이 세상에는 조직 폭력배가 있습니다. 심지어 중·고등학교에도 일진회(一進會)라는 폭력 조직이 파고 들어가서 학교마다 골머리를 앓고 있습니다. 조직 폭력배들은 회칼을 가지고 다니면서 마음에 안 들면 죽인다고 사람들에게 겁을 줍니다. 실제로 그들은 사람들을 죽이거나 상하게 합니다. 그들이 하는 짓을 보면 너무너무 끔찍합니다. 드럼통에다 사람을 넣고 얼굴만 내밀게 한 후 시멘트 몰탈을 부어서 굳힙니다. 사람은 살아 있는데 몸은 시멘트 속에서 꼼짝도 하지 못하니 얼마나 겁에 질리겠습니까? 그렇게 사람을 드럼통에 넣고 굳힌 다음에 그대로 트럭에 싣고 가서 바닷속에 굴려 넣는답니다. 그러니 그런 조직 폭력배들에게 잘못 걸리면 그들의 지배를 받게 됩니다.

우리가 **혈육에 속했다**는 것은 우리는 연약하고 죽을 수밖에 없는 운명이라는 말입니다. 그리고 사람은 죽기를 제일 무서워합니다. 그래서 사단 마귀는 그런 약점을 이용해서 사람들을 조종하고 지배합니다. 우리 인생들은 이렇게 죽기를 두려워하기 때문에 평생에 마귀의 종노릇을 할 수밖에 없는 자들입니다. 그런데, 주님은 스스로 연약한 육신을 입고 오셔서, 우리와 같이 잠시 잠깐 동안 천사들보다 못하게 되셨다고 성경은 반복적으로 말씀합니다.

"**오직 우리가 천사들보다 잠깐 동안 못하게 하심을 입은 자 곧 죽음의 고난 받으심을 인하여 영광과 존귀로 관 쓰신 예수를 보니 이를 행하심은 하나님의 은혜로 말미암아 모든 사람을 위하여 죽음을 맛보려 하심이라**"(히 2:9).

히브리서 2장 7절뿐만 아니라 여기 2장 9절에도, 예수님을 "**천사들보다 잠깐 동안 못하게 하심을 입은 자**"라고 말씀하십니다. 예수님께서는 처녀 마리아의 몸에 성령으로 잉태되어서 사람의 육신을 입고 오셨습니다. 그래서 "**천사들보다 잠깐 동안 못하게 하심을 입은 자**"가 되셨습니다. 그리고 갈릴리 지방의 나사렛이란 시골 마을에서 30년 동안 양부모인 마리아와 요셉과 육신의 형제들을 섬기며 사셨습니다.

예수님은 30세가 되자 요단강에서 세례 요한에게 세례를 받았습니다. 30세는 구약시대의 대제사장이 기름부음을 받음으로 대제사장으로 위임을 받는 나이입니다. 예수님이 육신을 입고 오신 이유는 주님이 인류의 대표자인 세례 요한에게 요단강에서 **안수의 형식으로 세례를 받기 위함**이었고, "**이와 같이 하여**"(마 3:15) 즉 안수의 세례를 통해서 똑같이 혈육에 속한 우리 모두의 죄를 주님께서 단번에 다 짊어지기 위함이었습니다. 예수님이 그렇게 혈육을 입고 우리 가운데 오셔서 인류의 죄를 담당하는 세례를 받으시고 십자가에서 그 죗값을 치르신 대속의 죽음을 죽어 주신 것은 동일하게 연약한 혈육에 속한 우리들을 죄와 사망에서 온전하게 해방시켜 주시기 위함이었습니다.

그래서 히브리서 2장 9절, **"이를 행하심은"**이라고 하신 말씀은 "예수님이 육체를 입고 오신 목적"을 분명히 밝히고 있습니다. 즉 예수님께서 잠시 동안이라도 천사보다 못한 혈육에 속한 존재로 우리에게 오신 목적은 "모든 사람을 위하여 죽음을 맛보려 하심"입니다.

"죄의 삯은 사망"(롬 6:23)입니다. 예수님은 거룩한 하나님이기에 죄가 있을 수 없는 분입니다. 그러므로 예수님 자신은 죽음을 맛보실 이유가 없습니다. 그런 예수님이 죽음을 맛본 이유는, 주님이 대제사장 아론의 후손이고 인류의 대표자인 세례 요한에게 세례를 받아서 인류의 모든 죄를 당신의 육체에 넘겨받았기 때문입니다. 전 인류를 위한 대속(代贖)의 제물이 되기 위하여 주님께서는 육체를 입고 오셨고, 주님은 안수의 형식으로 세례를 받음으로 당신의 육체에 세상 죄를 다 넘겨받으셨습니다. 그 결과로 주님께서는 인류의 모든 죄에 대한 심판을 대신해서 죽음을 맛보신 것입니다. 그러므로 "이를 행하심은 **하나님의 은혜로 말미암아** 모든 사람을 위하여 죽음을 맛보려 하심이라"고 하신 말씀은, 우리 모든 인류를 죄로 말미암는 죽음에서 구원하시려고 혈육을 입고 우리에게 오신 주님이 **우리를 대신해서 대속의 죽음을 맛보셨**다는 뜻입니다.

"만물이 인하고 만물이 말미암은 자에게는 많은 아들을 이끌어 영광에 들어가게 하시는 일에 저희 구원의 주를 고난으로

말미암아 온전케 하심이 **합당하도다**"(히 2:10)

"**만물이 인하고 만물이 말미암은 자**"는 창조주 하나님입니다. 하나님 아버지께서 예수 그리스도를 고난받게 하시고 다시 부활 승천하게 하셔서 하나님의 보좌 우편에 앉히심으로 우리를 구원하시는 일을 온전하고 합당하게 이루셨습니다. 여기에서 "**많은 아들**"이란 복음의 진리를 믿어 죄 사함 받은 우리들, 즉 하나님의 자녀들을 말합니다. 우리들을 이끌어서 영원한 천국의 영광에 들어가게 하시는 일을 이루려면, 반드시 주님은 육체를 입고 오셔서 고난을 받아야 했습니다. 우리가 당해야 할 죽음의 심판을 예수님께서 대신 받으셔야만 했습니다.

"**거룩하게 하시는 자와 거룩하게 함을 입은 자들이 다 하나에서 난지라 그러므로 형제라 부르시기를 부끄러워 아니하시고**"(히 2:11)

"**거룩하게 하시는 자**"는 예수님이고 "**거룩하게 함을 입은 자들**"은 우리 의인들입니다. 즉 "예수님과 우리들이 한 아버지에게서 태어났다"는 말씀입니다. 예수님도 하나님 아버지께로부터 난 분입니다. 그렇지만 예수님은 태초부터 계신 분입니다. 그 예수님이 태어난 비밀은 우리가 측량할 길이 없습니다. 그러나 하나님 아버지께서 예수님을 가리켜, "**네가 내 아들이라 오늘날 내가 너를 낳았다**"(히 1:5)라고 말씀하셨으니, 태초 이전에 하나님께서 예수님을 맏아들로 낳으신 것이 확실합니다. 예수님은 하나님 아버지의 외아들인 하나님입니다. 하나님 아버지의 외아들이시고 맏아들이신 그 예수님이 우리를 거룩하게 한 분입니다. 예수님은 우리를 죄와 상관없게 만들어 주신 하나님입니다.

우리의 죄를 없애 주신 예수님과 그 예수님으로 말미암아 거룩함을 입은 우리들이 다 한 분, 즉 하나님 아버지께로부터 났습니다. 우리는 근본 죄 덩어리로 태어났지만 하나님이 우리에게 주신 **물과 성령의 복음을 믿음으로 죄 사함을 받아서** 우리의 영혼이 하나님께로부터 다시 태어났습니다. 이 은혜를 **"거듭났다"**고 말합니다. 본래 우리는 죄 덩어리였고 지옥에 갈 수밖에 없는 자들이었는데, 우리가 물과 성령의 복음을 마음에 진정으로 믿을 때, 죄 사함을 받고 새롭게 되어 하나님의 자녀로 다시 한번 태어나게 되었습니다. 그래서 예수님과 우리가 다 하나님께로부터 났기 때문에 예수님은 우리를 형제라고 부르기를 부끄러워하지 않았습니다.

이 얼마나 황감(惶感)한 말씀입니까? 하나님이신 예수님이 기꺼이 우리를 당신의 형제라고 불러 주십니다. 한 부모에게서 태어난 자들은 서로를 형제라고 부릅니다. 우리는 예수님과 함께 한 분 하나님 아버지께로부터 난 자들입니다. 그러나 예수님은 태초부터 계신 하나님입니다. 그 예수님께서 육신을 입고 오셔서 우리가 모든 죄에서 깨끗이 씻김 받을 수 있도록 **안수의 형식으로 세례**를 받아 주시고, 우리를 대신해서 **십자가에서 죽음**의 고난을 받아 주셨습니다. 예수님께서 우리에게 베풀어 주신 구원의 은혜로 말미암아 우리가 죄 사함을 받아서 거룩하게 되었고, 하나님의 자녀로 거듭날 수 있었습니다. 그리고 하나님이신 예수님이 피조물인 우리들을 "형제"라고 부르시기를 부끄러워하지 않으신다는 말씀은 우리를 차별하지 않고 당신과 같은 신분으로 높여 주신다는 말씀입니다. 그러니 주님 앞에서 우리가 어찌 황감(惶感)하지 않겠습니까?

"자녀들은 혈육에 함께 속하였으매 그도 또한 한 모양으로 혈육에 함께 속하심은 사망으로 말미암아 사망의 세력을 잡은 자 곧 마귀를 없이 하시며 또 죽기를 무서워하므로 일생에 매여 종노릇하는 모든 자들을 놓아 주려 하심이니 이는 실로 천사들을 붙들어 주려 하심이 아니요 오직 아브라함의 자손을 붙들어 주려 하심이라"(히 2:14-16)

우리 주님께서 우리와 같이 혈육에 속하여 모든 고난을 대신 받아 주신 것은, 혈육에 속해서 죽기를 두려워함으로 사단에게 종노릇하던 우리를 죄와 사망에서 온전히 구원해 주시기 위함이었습니다. 예수님께서 우리와 같이 연약한 혈육에 속하심은 "죽이겠다"고 우리를 겁주고 유린했던 마귀의 권세를 깨뜨려 버리기 위함이었습니다.

우리가 "혈육에 속했다"는 것은 무슨 뜻입니까? 우리가 연약한 육체를 입고 있기 때문에 우리는 끊임없이 죄를 지을 수밖에 없다는 말씀입니다. 첫 사람 아담이 범죄함으로 말미암아 우리는 그 죄의 잔여(殘餘) 독성을 우리의 육체 안에 유전 받았습니다. 그래서 우리가 **"혈육에 속했다"**는 말씀은, 우리 모두가 범죄한 아담으로부터 육체를 입고 태어났기 때문에 **"우리는 죽을 때까지 죄를 짓는 자다"**라는 뜻입니다.

사도 바울은 로마서 7장에서 우리의 근본 모습에 대해서 말씀하십니다: "내 속 곧 내 육신에 선한 것이 거하지 아니하는 줄을 아노니 **원함은 내게 있으나 선을 행하는 것은 없노라** 내가 원하는 바 선은 하지 아니하고 도리어 원치 아니하는 바 악은 행하는도다 만일 내가 원치 아니하는 그것을 하면 이를 행하는 자가 내가 아니요 내 속에 거하는 죄니라 그러므로 내가 한 법을 깨달았노니 곧 선을 행하기 원하는 나에게 악이 함께 있는 것이로다"(롬 7:18-21).

"우리에게는 선을 행하기 원하는 마음은 있으나 선을 행할 능력은 없다"고 성경은 말씀합니다. 우리는 거룩한 하나님의 형상대로 지어졌기 때문에, 우리에게 선을 추구하는 마음은 있습니다. 그런데 문제는 죄로 오염된 우리의 육체입니다. 마음이 원하는 바 선은 행하지 아니하고 원치 아니하는 바 악을 행하는 것이 우리의 육체입니다. 우리의 육체는 죽을 때까지 육신의 욕망만 따라가고 죄만 짓습니다.

그러므로 **"우리가 혈육에 속했다"**는 말씀은 우리의 육체는 죽을 때까지 죄를 짓는 죄 덩어리이고 그 모든 죄로 말미암아 영적 사망, 즉 지옥에 갈 수밖에 없는 자들이라는 뜻입니다. 연약한 육체로 말미암아 죽을 때까지 죄를 지을 수밖에 없는 우리는 영원한 지옥의 심판을 피할 수 없었던 자들입니다. 사단 마귀는 이미 자기가 죄로 오염시켜 놓은 우리 육체의 욕망을 부추기면서 자기 마음껏 우리를 끌고 다니며 죄를 짓도록 조종하고 있습니다. 모든 사람은 죽기를 두려워하기 때문에 사단 마귀는 그 "죽음의 공포"를 이용해서 우리들을 마음껏 유린하고 조종해 왔습니다. 마치 조직폭력배들이 연약한 자들의 약점을 잡아서 그들을 끌고 다니면서 마음껏 유린하고 조종하듯이 사단 마귀도 그렇게 하고 있습니다.

어떤 조직폭력배들은 여자를 납치해서 성폭행하고는 그 장면을 동영상으로 찍어서 그것을 빌미로 그 여자에게 성매매를 시킵니다. 그 여자는 연약하니까 그들의 폭력 앞에 어쩔 수 없이 유린을 당합니다. 우리도 연약하기 때문에 죽인다고 겁박하는 사단 마귀의 폭력 앞에 꼼짝없이 능욕을 당하고 끌려 다녔었는데, 예수님이 우리와 똑같이 연약한 육체를 입고 이 땅에 오셔서 당신의 육체로 영원한 대속의 제사를 드려 주심으로, 우리를 사단 마귀의 속박에서 완전히 해방시키시고 우리를 죽음의 두려움에서 건져 주셨습니다.

예수님은 우리를 구원하시려고 우리와 같이 혈육을 입고 오셨습니다. 예수님께서는 비록 우리와 같은 혈육에 잠시 동안 속하셨지만, 주님은 죄가 없는 분이시고 죄를 알지도 못하신 분입니다. 예수님이 육체로 임하신 것은 요단강에서 인류의 대표자 세례 요한에게 세례를 받으심으로 우리의 모든 죄와 허물을 단번에 당신의 육체에 짊어지기 위함이었습니다. 그래서 예수님은 세례를 받은 이튿날에 "**세상 죄를 지고 가는 하나님의 어린양**"(요 1:29)이라는 증거를 받으셨습니다. 그리고 3년간 복음을 전파하시다가 십자가에 오르셔서 우리가 죽어야 할 그 자리에서 우리 대신 모든 죄의 심판을 받아 주시고 피 흘려 돌아가셨습니다. 예수님께서 이렇게 행하심은 평생에 죽기를 무서워하므로 사단에게 매여 종노릇하는 우리들을 모든 죄와 사망에서 해방시켜 주기 위함이었습니다.

그래서 "**하나님이 죄를 알지도 못하신 자로 우리를 대신하여 죄를 삼으신 것은 우리로 하여금 저의 안에서 하나님의 의가 되게 하려 하심이니라**"(고후 5:21)고 성경은 기록하고 있습니다. 예수님께서는 우리를 모든 죄와 허물에서, 사망에서, 그리고 죽기까지 마귀의 종노릇을 해야 하는 절망의 속박에서 완전하게 해방시켜 주셨습니다.

"이는 실로 천사들을 붙들어 주려 하심이 아니요 오직

아브라함의 자손을 붙들어 주려 하심이라"(히 2:16).

하나님의 사랑과 관심의 초점은 절대로 천사가 아니고 우리들, 즉 아브라함의 자손들입니다. "아브라함의 자손"이 누구입니까? 모든 사람이 다 아브라함의 자손일까요? 아브라함은 믿음의 조상입니다. 그러므로 "아브라함의 자손"이란 아브라함과 같은 믿음으로 **거듭난 자들**을 지칭하는 말입니다. 하나님 아버지께서 독생자 예수님을 혈육에 속하게 하시고 고난을 받게 하신 것은 오직 **하나님의 말씀에 순종하는 자들**을 붙들어 주려 하심입니다.

하나님을 경외하지 않고 믿지 않는 자들은 하나님이 극한 방종에 치우치도록 내버려 두십니다. 하나님께서는 모든 사람이 다 구원받기를 원하시지만, 마음에 하나님 두기를 싫어하는 자들은 그 타락한 마음을 따라 마음껏 죄를 짓도록 그냥 내버려 두십니다(롬 1:28).

그러나 자기가 얼마나 부족하고 악한지를 깨닫고, 자신은 지옥에 가야 할 자라고 시인하는 자에게는, 하나님께서 긍휼과 은혜를 베푸십니다. 그런 자들이 바로 **아브라함의 자손**이고 하나님께서 불쌍히 여겨서 붙들어 주시고 은혜를 입혀 주시는 대상입니다. 우리 하나님은 그렇게 심령이 가난한 자들을 그 멸망의 자리에서 부축해서 일으켜 주십니다.

우리는 연약하고 부족합니다. 우리는 어그러진 다리로 말미암아 바른 길을 갈 수 없었던 자들이었지만, 하나님이 우리를 치료해서 우리의 저는 다리가 고침을 받게 되면 그 후로는 바른 길을 걷게 된다고 말씀합니다(히 12:13). 하나님께서는 우리를 붙들어 일으켜서 의의 길을 걸어가게 하십니다. 하나님께서는 우리를 붙들어 주셔서 우리가 하나님의 의를 믿음으로 죄 사함을 받고 의의 길을 갈 수 있도록 우리를 온전케 하셨습니다. 예수님이 혈육을 입고 우리에게 오신 목적은 당신이 받은 고난으로 우리를 온전케 해 주기 위함이었습니다.

자비하고 충성된 하늘의 대제사장

예수 그리스도는 **자비하고 충성된 하늘의 대제사장**입니다. "그러므로 저가 범사에 형제들과 같이 되심이 마땅하도다 이는 하나님의 일에 자비하고 충성된 대제사장이 **되어 백성의 죄를 구속하려 하심이라**"(히 2:17).

예수님이 범사에 우리와 같이 혈육을 입고 오신 것이 참으로 합당한 일입니다. 예수님이 육체를 입고 오시지 않았다면 주님이 어떻게 우리의 모든 죄와 허물을 담당할 수 있었겠습니까? 우리 주님이 육체를 입고 오셔서 그 육체에 **세례**를 받으심으로 우리의 모든 죄를 담당하시고 **십자가의 피**로 그 모든 죄를 단번에 없애 주신 하나님의 구원의 역사는 참으로 합당하고 완전한 것입니다.

"이는 하나님의 일에 자비하고 충성된 제사장이 되어"라는 말씀에서, "하나님의 일"은 **우리를 구원하시는 일**입니다. 하나님 아버지께서는 우리를 모든 죄에서 구원해서 하나님의 자녀의 영광에 들어가게 하기를 원하셨는데, 예수님께서는 그 "하나님의 일"을 완성시켜 주셨습니다. **대제사장**은 구약시대에 이스라엘 백성의 죄를 없애 주는 일을 했습니다. 땅의 대제사장들은 일 년에 한 차례씩, 즉 해마다 제 칠월 제 십일에 **대속죄일**(大贖罪日)의 제사를 드려서 백성들이 지난 일 년 동안 지은 모든 죄를 없애 주는 사역을 감당했습니다.

예수님께서는 하늘의 대제사장으로 우리에게 오셔서 **당신의 육체를 제물로 삼아 영원한 속죄의 제사**를 드려 주심으로 우리 인류의 모든 죄를 단번에 영원토록 없애 주셨습니다. 주님의 대제사장 직분 앞에는 "**자비하고 충성된 대제사장**"이라고 두 가지 수식어가 붙습니다. "**자비하다**"는 수식어는 "우리를 불쌍히 여기신다"는 말씀이고, "**충성되다**"는 말씀은 "하나님 아버지의 뜻을 충성되게 받들어서 우리 인류를 구원하는 사역을 완수하셨다"는 뜻입니다.

주님께서는 우리에게 대해서 **자비**하십니다. 예수님은 우리를 너무나 사랑하셔서 우리와 똑같이 연약한 혈육에 속하기를 마다하지 않았습니다. 예수님께서는 우리보다 더 낮은 모습으로, 아주 비천한 모습으로 우리 가운데 오셨습니다. 유대 땅 갈릴리 지방, 그것도 시골의 목수의 양아들로 오셨습니다. 우리만 해도 육신으로 오셨던 예수님보다 훨씬 더 잘 먹고 잘 삽니다. 예수님은 지금으로부터 이천 년 전에 갈릴리 지방의 나사렛이라는 시골 동네의 평범한 처녀 마리아의 몸에 성령으로 잉태되어 육신을 입고 오셨습니다.

성경은 "**그는 주 앞에서 자라나기를 연한 순 같고 마른 땅에서 나온 줄기 같아서 고운 모양도 없고 풍채도 없은즉 우리의 보기에 흠모할만한 아름다운 것이 없도다**"(사 53:2)라고 말씀하시는데, 이는 예수님이 우리보다도 더 비천한 모습으로 우리 가운데 오셨다는 뜻입니다. 우리를 향한 주님의 큰 사랑을 우리는 측량할 수 없습니다. 주님은 우리를 구원하기 위해서, 우리와 똑같은 육체를 입고, 우리보다 더 낮은 모습으로 오셔서 잠잠히 세례를 받아 주셨고 묵묵히 십자가의 길을 가셔서 죽음의 고난을 온전히 받아 주셨습니다.

그래서 성경은, "그가 곤욕을 당하여 괴로울 때에도 그 입을 열지 아니하였음이여 마치 도수장으로 끌려가는 어린 양과 털 깎는 자 앞에 잠잠한 양 같이 그 입을 열지 아니하였도다"(사 53:7)라고 말씀합니다.

주님은 우리의 죄 때문에 엄청난 곤욕을 당하면서도 아무 변명이나 항변도 하지 않았습니다. 주님이 그런 죽음의 고난을 잠잠히 당해 주어야만 우리를 모든 죄와 사망에서 구원하는 **하나님의 일이 충성되게 완수**되기 때문이었습니다. 우리를 모든 죄에서 구원하는 하나님의 일을 충성되게 완수하기 위해서, 예수님은 세례를 받으심으로 세상 죄를 지고 십자가로 가셨고, 십자가에 못 박혀서 당신의 마지막 피 한 방울까지도 다 흘리심으로 우리 모두의 죄의 빚을 깨끗이 갚아 주셨습니다. 이와 같이 하여 예수님께서는 하나님의 일을 완수하신 **"충성된 대제사장"**이 되셨습니다.

"가라사대 그가 자기 영혼의 수고한 것을 보고 만족히 여길 것이라 **나의 의로운 종이 자기 지식으로 많은 사람을 의롭게 하며 또 그들의 죄악을 친히 담당하리라**"(사 53:11).

하나님 아버지께서는 "그가 **자기 영혼의 수고한 것을 보고 만족히 여길 것이라**"고 선지자 이사야를 통해서 미리 예언해 주셨습니다. 예수님은 고난으로 온전하게 이루신 우리의 구원을 십자가 상에서 확증하시기 위해, 마지막으로 "다 이루었다"(요 19:30)고 크게 외치시고 숨을 거두셨습니다. 주님은 자기 영혼의 수고한 것으로 우리에게 구원의 선물을 주게 된 것을 보고 크게 만족하셨습니다. 그래서 마지막 숨을 모아서 **"다 이루었다!"**고 크게 외치시고 육신의 죽음을 맞이했습니다.

이 때에 성전의 지성소 앞에 드리워졌던 휘장이 위에서 아래까지 두 폭으로 쫙 찢어졌습니다(막 15:37-38). 성전의 지성소는 대제사장만이 대속죄일에 일 년에 단 한 번, 그것도 대속(代贖) 제물의 피를 들고서라야 들어갈 수 있었습니다. 그러나 이제 주님께서 인류의 모든 죄를 없애 주셨기 때문에 지성소를 가로막고 있던 휘장이 활짝 열리고 누구든지 하나님의 은혜의 보좌 앞에 담대히 믿음으로 나아갈 수 있게 되었습니다. 그러니 예수님이 우리에게 베푸신 그 **자비하고 충성된 대제사장**의 사역을 생각하면, 우리는 주님 앞에 무릎을 꿇지 않을 수 없습니다.

"자기가 시험을 받아 고난을 당하셨은즉 시험 받는 자들을 능히 도우시느니라"(히 2:18)

예수님은 우리와 같이 연약한 육체를 입고, 잠깐 동안 천사보다 못한 모습으로, 우리 가운데 오셨습니다. 그리고 예수님은 우리와 같이 혈육에 속하셨기에 사단 마귀에게 시험을 받기도 하고 추위와 더위와 배고픔도 겪으셨습니다. 그러나 주님께서 육신을 입고 우리에게 오셔서 행하신 가장 중요한 사역은 무엇입니까? 그것은 우리의 모든 죄를 세례로 다 담당하고 십자가에 오르셔서 대속의 죽음을 당해 주심으로, 죄로 말미암아 사망의 공포에 묶여 있었던 우리 모두를 죄와 사망에서 완전하게 해방시키신 일입니다. 그래서 우리는 우리에게 베푸신 하나님의 사랑이 얼마나 큰지를 "**예수님께서 우리와 같은 혈육에 속하셨다**"는 말씀 안에서 깨닫게 됩니다.

정말 주님께서는 우리를 이처럼 사랑해 주셨습니다. 그렇기 때문에 우리가 그 사랑을 절대로 무시해서는 안됩니다. 그래서 주님께서는 **"이같이 큰 구원을 절대로 등한히 여기지 말라"**고 히브리서 1장과 2장에서 말씀하십니다. 그러니 우리가 어찌 주님의 그 큰 구원을 등한히 여길 수 있겠습니까?

우리를 죄에서 온전히 구원해서 하나님의 영광에 들어가게 하려고 우리 주님께서는 우리와 같은 혈육에 속해 주셨습니다. 우리를 온전히 구원하기 위해서 주님께서는 천사보다도 못한 지위로, 심지어 우리보다도 못한 비천한 모습으로 우리를 찾아오셨습니다. 그렇지만 천사는 예수님과 비교할 상대가 못됩니다. 예수님은 전능한 하나님이고 구원의 주님입니다. 만물이 예수님으로 말미암아 창조되었고, 주님은 능력의 말씀으로 지금도 만물을 운행하고 계십니다. 그런 어마무시한 분이 우리들을 죄에서 구원해서 하나님의 영광에 넉넉하게 들어가게 하기 위해서 가장 비천한 모습으로 우리와 같은 혈육을 입고 우리 가운데 오셨다는 것은 우리를 향한 주님의 사랑이 얼마나 큰지를 말씀합니다.

우리는 오늘의 본문인 히브리서 2장의 말씀을 통해서, 우리 주님이 우리들에게 **자비하고 충성된 하늘의 대제사장**이 되려고 **우리와 같이 혈육을 입고 오셨다**는 것을 마음에 새겨야 합니다. 예수님이 부득이 혈육을 입고 오신 것이 아닙니다. 그것은 하나님 아버지의 일을 위해서 기쁨으로 자원하신 일입니다. 예수님께서는 연약한 육체 때문에 죽음을 맛보아야 하는 그런 존재로 오셨습니다. 이는 육체의 연약 때문에 평생에 죄를 짓고 평생 동안 사단 마귀의 덫에 걸려서 신음하고 고통을 겪다가 끝내 지옥에 갈 우리들을 불쌍히 여겨서 우리를 모든 죄에서 온전히 구원해 주기 위함이었습니다. 주님이 이렇게 육신을 입고 오셔서 행하신 그 온전하고 충성된 대속의 사역으로 말미암아, 우리는 하나님의 은혜로 값없이 천국의 낙원에 넉넉히 들어가게 되었습니다.

그래서 우리가 하나님께 감사를 드립니다. 여러분도 감사를 드립니까? (예!)

예, 정말 그렇습니다. 우리를 온전케 하시려고 자원함으로 혈육에 속해 주신 하나님이신 예수님의 사랑에 저는 무한한 감사와 찬양을 드립니다.

말씀을 마쳤습니다.

(2014년 3월 2일 주일예배 말씀)

예수를 깊이 생각하라

"그러므로 함께 하늘의 부르심을 입은 거룩한 형제들아 우리의 믿는 도리의 사도시며 대제사장이신 예수를 깊이 생각하라
저가 자기를 세우신 이에게 충성하시기를 모세가 하나님의 온 집에서 한 것과 같으니 저는 모세보다 더욱 영광을 받을만한 것이 마치 집 지은 자가 그 집보다 더욱 존귀함 같으니라
집마다 지은 이가 있으니 만물을 지으신 이는 하나님이시라
또한 모세는 장래에 말할 것을 증거하기 위하여 하나님의 온 집에서 사환으로 충성하였고 그리스도는 그의 집 맡은 아들로 충성하였으니 우리가 소망의 담대함과 자랑을 끝까지 견고히 잡으면 그의 집이라"(히 3:1-6)

오늘 아침 일찍부터 블로그에 올릴 설교자료를 수정하느라고 책상머리에 몇 시간 동안 앉아 있었더니 체력이 바닥나서 기진하려고 합니다. 그래도 오늘은 주일예배여서 좀 괜찮습니다만, 수요일이나 금요일 저녁예배 때에는 하루 종일 일하다가 돌아와서 바로 예배를 드리려면 기진맥진할 때가 많습니다. 찬양을 시작할 때부터 하품이 마구 쏟아지고 말이 어눌해지면서 양쪽 어깨에서부터 힘이 쫙 빠집니다. 그러면 정신이 혼미해지고 눈을 제대로 뜰 수가 없어서 저는 겨우겨우 설교를 마칠 때가 많습니다.
그래서 가끔 "이러다가 내가 주님의 일도 제대로 못하고 세상을 뜨는 것은 아닌가?" 하는 생각이 들면 가슴이 철렁하곤 합니다. 그러나 곧 제가 이렇게 연약한 것에 대해 하나님께 감사를

드립니다. 제가 젊었을 때에는 누구보다도 강건하고 힘이 넘쳐서 하나님 앞에 교만하기 그지 없었습니다. 그런데 영육간에 여러 가지 어려움도 겪고 또 이제는 나이도 먹어서 육신도 이렇게 한계점에 도달하니까 하나님 앞에서 저의 마음이 겸비해질 수밖에 없습니다.

저는 환갑, 진갑이 다 지났습니다. 그래서 "이제는 내게 복음을 섬길 날도 그리 많이 남아 있지 않구나!"라는 생각이 자주 듭니다. 그래서 할 수만 있으면 내게 허락하신 시간과 에너지를 허비하지 말고 다 모아서 미력하나마 진리의 복음을 전파하는데 더 많이 드려야겠다고 마음을 다지게 됩니다. 하나님의 종들은 자기의 연약이 드러날수록 더욱더 하나님의 일에 몰두합니다.

하나님의 종으로 부르심을 받은 자가 자기의 남은 날들이 많지 않다는 것을 알면서도 육신의 일만 한다면, 하나님 앞에 가서 너무 죄송스럽고 부끄럽지 않겠습니까? 지옥에 갈 수밖에 없는 자들이 하나님께로부터 값없이 큰 은혜를 입어서 천국 영생에 들어가게 되었는데, 남은 때에 조금이라도 주님의 은혜에 합당한 삶을 살다가 주님을 만나 뵙는 것이 올바른 것입니다. 그래서 나도 "이제는 육신이 쇠해서 이제 얼마 더 일을 못하겠구나"라는 사실을 느끼면 느낄수록, 육체의 남은 때에 더욱더 충성되게 주의 일을 해야겠다는 다짐을 합니다.

사람은 자기의 죽음을 자주 생각해야 합니다. 주님은, **"지혜자의 마음은 초상집에 있으되 우매자의 마음은 연락하는 집에 있느니라"**(전 7:4)고 말씀하십니다. **"초상집에 가는 것이 잔칫집에 가는 것보다 나으니 모든 사람의 결국이 이와 같이 됨이라 산 자가 이것에 유심하리로다"**(전 7:2)라고도 권면하십니다.

주인공이 시한부 인생으로 판정을 받아서 그때부터 인생을 정리하면서 겪는 애잔한 스토리의 TV 드라마를 우리는 가끔 봅니다. 물론 누구든지 병원에서 한 달밖에 못 산다는 시한부 선고를 받으면 처음에는 충격과 상심이 대단하겠죠! 그러나 며칠을 울고불고 난리를 떨고 나서 정신이 좀 들면, "나에게 남아 있는 이 한 달 동안 내가 무엇을 할까? 무엇을 하다 내 죽음을 맞이할까?" 이런 생각을 하게 됩니다. 그래서 그 한 달을 아주 소중하고 알차게 보내기 위해서 자기가 평소에 하고 싶었던 일들을 하나하나 적어서 그대로 하고자 합니다. 그렇게 적은 **〈죽기 전에 해야 할 일의 목록〉**을 **"버킷 리스트"**(bucket list)라고 합니다. 자기가 살아 있을 날들이 한 달밖에 남지 않았기 때문에, 시한부 인생을 선고받은 사람은 비로소 자기 인생에 대해서 참으로 진지해집니다.

그런데 다만 그 기한이 어느 정도인 줄을 모를 뿐이지 사실은 우리도 다 시한부 선고를 받은 자들입니다. **"한번 죽는 것은 사람에게 정하신 것"**(히 9:27)입니다. 어쩌면 우리의 남은 날이 한 달도 못될 수 있습니다. 죽을 병 걸려서 치료를 받고 있는 사람은 어느 정도 남은 날수가 예고될 수 있지만, 불의의 사고를 만나면 우리는 예고도 없이 죽습니다.

그렇기 때문에 **우리도 시한부 인생**이라는 사실을 언제든지 잊지 말고 살아야 합니다. 우리는 잠시 잠깐 후면 육신의 죽음을 맞이해야 한다는 사실을 전제하고 하루하루를 인생의 마지막 날처럼 알차게 살아야 합니다. 한 달 시한부 인생을 선고받은 사람이 남은 한 달 동안, 아주 소중하고 값진 일을 위해서 하루하루를 보내듯이, 우리도 하루하루를 가치 있는 일에 투자하면서 사는 것이 주님 앞에 가서도 후회 없는 삶의 비결입니다.

예수를 깊이 생각할 수 있는 자들은 누구인가?

"그러므로 함께 하늘의 부르심을 입은 거룩한 형제들아 우리의 믿는 도리의 사도시며 대제사장이신 예수를 깊이 생각하라"(히 3:1).

우리는 자주자주 예수님을 깊이 생각해야 합니다. 주님이 누구에게 이런 명령을 했습니까? 주님은 "**함께 하늘의 부르심을 입은 거룩한 형제들,**" 즉 하나님의 은혜를 입어서 **죄 사함 받은 의인들**에게 그렇게 명령했습니다. **거듭난 자들**만이 예수님을 깊이 생각할 수 있습니다. 거듭나지 못한 자들은 예수를 깊이 생각하려야 생각할 수가 없습니다. 그들은 예수님을 알지 못하기 때문입니다. 예수님에 대해서 뭘 알아야 깊이 생각하지, 예수님을 알지도 못하는 자가 어떻게 예수님에 대해서 깊이 생각할 수 있겠습니까?

성경에서 **"안다"**라는 말씀은 그냥 **피상적으로 아는 것**을 의미하는 말이 아닙니다. 예를 들자면, 현재 우리나라의 대통령은 박○○입니다. 우리는 그분이 대통령인 줄 압니다만 박대통령은 우리를 전혀 모릅니다. 또 우리가 박대통령을 안다고는 하지만, 우리가 아는 것은 언론을 통해서 간접적으로 접한 내용뿐이고 그분의 속마음은 전혀 모릅니다. 언론을 통해서 아는 그런 지식은 껍데기만 아는 것이고 수박 겉핥기 식으로 아는 것입니다. 우리 속담에, "열 길 물속은 알아도 한 길 사람 속은 모른다"는 말이 있지 않습니까?

그런데 성경에서 "**안다**"라는 말은 히브리어로 "**야다**"(yadah)인데, 이 말은 남편이 아내를 알고 아내가 남편을 알듯이 그렇게 부부가 서로를 속속들이 아는 것을 의미합니다. 거듭난 성도는 예수 그리스도의 신부입니다. 그래서 거듭난 의인들은 남편이신 예수님을 알고 주님도 당신의 신부 된 의인들을 아십니다. 히브리서를 읽어 내려가다 보면, "**또 각각 자기 나라 사람과 각각 자기 형제를 가르쳐 이르기를 주를 알라 하지 아니할 것은 저희가 작은 자로부터 큰 자까지 다 나를 앎이니라**"(히 8:11)는 말씀이 있습니다. 또 요한일서 2장에도, "**아이들아 내가 너희에게 쓴 것은 너희가 아버지를 알았음이요 아비들아 내가 너희에게 쓴 것은 너희가 태초부터 계신 이를 알았음이요 청년들아 내가 너희에게 쓴 것은 너희가 강하고 하나님의 말씀이 너희 속에 거하시고 너희가 흉악한 자를 이기었음이라**"(요일 2:14)고 말씀하십니다.

주님께서 받으신 **세례와 십자가**에서 흘리신 피로 흰 눈같이 깨끗하게 거룩해진 신부가 누구입니까? 바로 죄 사함 받은 우리 의인들입니다. 마치 결혼한 부부가 서로를 속속들이 아는 것같이, 거듭난 성도들은 예수님이 누구신지, 나를 얼마나 사랑하시는지, 그래서 나를 어떻게 모든 죄에서 구원하셨는지를 너무나도 잘 압니다. 의인들은 예수님을 물과 성령의 복음으로 만나서, 그의 사랑 안에서 그분의 신부가 되었기 때문에, 자기의 신랑이신 예수님을 잘 알고 있습니다. 그래서 거듭난 성도들은 예수님을 깊이 생각할 수 있습니다.

하늘의 부르심을 입은 거룩한 형제들은 의인(義人)들, 즉 죄 사함 받은 성도(聖徒)들입니다. 히브리서의 기자는 하나님은 진리의 복음 안에 부르심을 받고 죄 사함 받은 의인들에게 신랑되신 "예수님을 깊이 생각하라"고 권면합니다. 그런데 그 예수님을 어떤 분이라고 소개합니까? 히브리서의 기자는 예수님을 "**우리의 믿는 도리의 사도시며 대제사장**"(히 3:1)이라고 소개합니다. "**우리의 믿는 도리**"는 물과 성령의 복음입니다. 그리고 "**우리의 믿는 도리의 사도**"란 "**물과 성령의 복음을 전파해 주신 분**"이라는 뜻입니다. 그러므로 우리가 예수님을 어떻게 알고 깊이 생각해야 합니까? "주님은 물과 성령의 복음을 완성시켜서 우리에게 전해 주신 우리의 구원자이며, 우리의 모든 죄를 단번 만에 깨끗이 없애 주신 하늘의 대제사장이다"라는 진리 안에서 우리는 예수님을 깊이 생각해야 합니다.

거듭나지 못한 기독교인들은 예수님에 대해서 무엇을 먼저 생각합니까? 그들은 예수님께서 행하신 놀라운 이적들을 먼저 생각합니다. 예수님이 복음의 사도로 일하실 당시에도 예수님을 쫓았던 자들은 항상 예수님에게 **이적과 표적**을 보여 달라고 요구했습니다(마 12:38, 16:4). 그러나 "**우리의 믿는 도리의 사도시며 대제사장**"(히 3:1)이신 예수님은, "**악하고 음란한 세대가 표적을 구하나 선지자 요나의 표적밖에는 보일 표적이 없느니라**"(마 12:39)고 말씀하시며 그들의 요구를 거절하셨습니다. 요나가 큰 물고기 뱃속에서 사흘을 지내고 살아서 나왔듯이 주님도 세례로 짊어진 우리의 모든 죄를 대속하기 위해 죽음을 맛보시고 사흘 후에 부활하심으로 우리를 모든 죄와 허물에서 구원하신 역사가 **가장 큰 표적**입니다.

예수님을 모르는 기독교인들의 행태

지금의 기독교인들도 예수님께서 이 땅에 계셨던 당시의 사람들처럼 이적과 표적들을 봐야만 예수님을 믿으려고 합니다. 그들은 예수님을 생각할 때, 예수님께서 행하신 놀랍고 기이한 능력만을 깊이 생각하면서, 자기들도 그런 이적을 행하려고 난리를 떱니다. 그래서 그들은 방언이나 예언을 한다고 거짓말을 하고, 병자에게 손을 얹으면 병이 낫는다느니, 이적을 베푼다느니 하며 사기를 치고 있습니다. 지금의 기독교 안에는 무당 같은 자들이 넘쳐나는데, 그들은 차마 눈 뜨고 못 볼 유치한 짓거리들을 합니다. 그런 자들 때문에 주님의 이름이 이 세상 사람들에게 더 멸시를 당하고 있습니다.

거듭나지 못한 기독교인들은 왜 그렇게 예수님을 "마귀를 쫓아내고, 병자를 고치고, 이적과 표적을 베푸는 예수님"으로만 생각합니까? 그것은 그들이 예수님을 제대로 알지 못하기 때문입니다. 그들은 예수님이 "**물과 피로 임하신**"(요일 5:6) 하나님이시고, **물과 성령의 복음으로 우리 죄를 단번에 영원히 없애 주신 하늘의 대제사장**이심을 모르기 때문에, 오직 예수님이 행하신 이적들에만 관심이 많을 수밖에 없습니다. 소경을 눈 뜨게 하고, 앉은뱅이를 일으키시고, 죽은 자까지 살리신 예수님! 거듭나지 못한 기독교인들은 예수님이 누구신지 몰라서, 그들의 눈에는 주님께서 베푸신 이적들만 크게 보입니다.

그러나 거듭난 의인들은 예수님이 "**우리의 믿는 도리의 사도**"이심을 잘 압니다. 우리의 믿는 도리가 무엇입니까? (물과 성령의 복음입니다!) 방금 "물과 성령의 복음입니다"라고 즉각 대답한 이○○형제님이 제일 모범생입니다. 그렇게 어린아이처럼 대답하는 것을 하나님께서는 기뻐하십니다. 어른들은 답을 알아도 점잔을 빼며 대답을 잘 안 합니다. 그런 마음은 잘못된 마음입니다. 저에게 한번 물어보세요. 저는 아주 기쁜 마음으로 즉각 대답할 것입니다. 주님이 완성해 주신 **물과 성령의 복음**을 진정 감사하는 사람이라면 억만 번을 물어봐도 "**예! 우리의 믿는 도리는 물과 성령의 복음입니다!**" 하고 기뻐하며 대답할 수밖에 없습니다.

거듭난 의인들은 왜 그렇게 기뻐하며 즉각 대답합니까? 주님께서 구제불능인 자신을 사랑하셔서 세례를 받으심으로 자신의 모든 죄를 담당하시고 십자가에 오르셔서 "**다 이루었다**"(요 19:30)고 외치시기까지 구원의 사역을 다 완성시켜 주셨기 때문입니다. 그래서 "**함께 하늘의 부르심을 입은 거룩한 형제들**"에게는 우리의 믿는 도리인 **물과 성령의 복음**이 너무너무 감사합니다.

우리 주님은 "**우리의 믿는 도리의 사도**"이십니다. 사도(使徒; Apostle)라는 말은 **보내심을 받은** 자라는 뜻입니다. 즉, 우리가 믿는 도리인 **물과 성령의 복음**을 완성해서 우리에게 알리도록 하나님 아버지께서 우리에게 보내신 분이 예수님입니다. 성부(聖父) 하나님이 당신의 외아들이신 성자(聖子) 하나님을 우리에게 보내주셔서, 의의 복음을 완성하게 하시고 우리에게 **하나님의 의를** 선물로 주셨습니다. 우리 주님께서는 이 사명을 받고 오셔서, 하늘의 대제사장의 직분을 충성스럽게 수행해 주셨습니다. 그러므로 우리는, "**예수님은 하늘의 대제사장으로 이 땅에 오셔서 물과 성령의 복음을 우리에게 주신 하나님의 아들**"이심을 믿고 늘 깊이 생각해야 할 것입니다.

오늘 본문의 바로 앞의 말씀에도, "**그러므로 저가 범사에 형제들과 같이 되심이 마땅하도다 이는 하나님의 일**에 자비하고 충성된 대제사장이 **되어 백성의 죄를 구속하려 하심이라**"(히 2:17)고 기록되어 있습니다. 여기서 예수님을 "**자비하고 충성된 대제사장**"이라고 하셨습니다. 우리에게는 성경 말씀의 한 단어 한 구절을 경외함으로 주의 깊게 대하는 자세가 필요합니다. 하나님의 말씀을 경외하는 마음이 하나님을 경외하는 마음입니다.

그런데 만일 하나님의 말씀을 경외하는 마음이 우리에게 없으면, 성경을 읽으면서 "그냥 그런 얘기지 뭐" 하고 "처삼촌 묘지 벌초하듯이" 성경 말씀을 술술 읽고 맙니다. "처삼촌 묘지 벌초하듯이 한다"라는 속담을 아십니까? 처의 삼촌뻘이면 자기한테는 별로 관심이 없는 분입니다. 그래도 일 년에 두 번, 단오절 한식 때와 추석 명절에는 성묘와 벌초를 하긴 해야 하는데, 자기 부모나 조부모 묘지는 정성껏 벌초를 하지만, 처삼촌 묘지는 벌초를 할 마음이 별로 없기 때문에 형식적으로 큰 풀만 낫으로 대충대충 쳐내서 벌초를 하는 척하고 만다는 말입니다.

우리가 하나님 말씀을 읽을 때, 그런 자세로 읽어서는 안됩니다. "살아 계신 하나님이 지금 내게 말씀하신다"라는 마음 자세로 말씀을 대하면 하나님의 말씀이 살아서 역사하며 자기의 영혼을 물 댄 동산같이 아름답고 강건하게 하는 믿음의 양식이 됩니다.

하나님의 일

예수님은 "**하나님의 일**에 자비하고 충성된 대제사장이 되셨다"(히 2:17)고 말씀합니다. 예수님이 충성되게 준행하셨던

"하나님의 일", 즉 하나님 아버지께서 예수님을 보내셔서 하시고자 한 일이 무엇일까요? 그것은 인류의 모든 죄를 대속(代贖)해서 없애는 일이었습니다. 하나님께서 하시고자 한 일은 모든 사람들이 죄 사함을 받고 하나님의 자녀가 되게 하는 일입니다. 다시 말하자면, **"하나님의 일"**은 모든 사람들이 거듭나서 천국의 영생을 얻게 하는 일입니다.

하나님의 일이란 하나님이 당신의 권세를 세우시려고 엄청난 이적을 베풀어서 사람들이, "어이쿠, 하나님!"하고 놀라 자빠지게 하고 하나님 앞에서 두려워 떨게 하는 일이 아닙니다. 하나님께서 우리를 극진히 사랑하시기에, 우리를 모든 죄에서 구원하신 일이 **하나님의 일**입니다.

그런데 그런 **"하나님의 일"**에 대해서 예수님은 **"자비하고 충성된 대제사장"**이 되셨습니다. "자비하다"는 말씀은 예수님께서 우리에게 "자비하다"는 말씀이고, "충성되다"는 말씀은 예수님께서 하나님 아버지께 "충성하셨다"는 뜻입니다. 하나님 아버지께서 간절히 원하시는 "우리를 구원하시는 일"에 예수님은 자신의 생명을 드려서 충성되게 순종을 하셨다는 것입니다.

우리를 모든 죄에서 구원하는 **"하나님의 일"**은 **공의(公義)하게 이루어져야** 했습니다. 하나님이 정하신 죄 사함의 법대로, 사단 마귀도 트집 잡을 수 없는 그런 공정한 방식으로 우리를 구원하셔야 되었기에 예수님은 **"물과 피"**(요일 5:6)로 **임하셔서** 충성되게 그 일을 수행하셨습니다. 예수님은 인류의 대표자인 세례 요한에게 세례를 받으심으로, 또 십자가에서 보혈을 흘리심으로 하나님의 일을 충성되게 준행하셨습니다.

예수님은 요단강에서 세례 요한에게 세례를 받으실 때에,

요한에게 명령했습니다: "이제 허락하라 우리가 이와 같이 하여 **모든 의를 이루는 것이 합당하니라**" (마 3:15). "**이제 허락하라**"는 말씀은 "세례 요한아, 너는 이제 내 머리에 안수를 베풀어라"는 주님의 명령입니다. "**우리가 이와 같이 하여**"란, "너는 내 머리에 안수를 베풀고 나는 그 안수의 형식으로 세례를 받아서 세상 죄를 모두 넘겨받아야만 **하나님의** 모든 의가 합당하게 이루어진다"는 뜻입니다.

그래서 "**물과 피로 임하신**"(요일 5:6) 예수님은 "**하나님의 일에 자비하고 충성된 대제사장**"이 되어 주셨습니다. 하나님 아버지 앞에서 사단 마귀조차도 시비를 걸 수 없도록 흠잡을 데 없이 완전하고 영원한 속죄의 제사를 충성되게 드려 주셨기 때문에, 우리가 거룩함을 얻게 된 것입니다. 예수님은 육신을 입고 이 땅에 오셔서 세례를 받으심으로 우리의 모든 죄를 다 담당하시고 십자가에서 피 흘려서 죽으시기까지 우리의 죄를 완벽하게 없애 주셨습니다. 또 주님께서는 사흘 만에 죽은 자 가운데서 부활하셔서, 우리의 모든 죄가 완벽하게 사해졌음을 확증해 주셨습니다.

우리는 주님께서 준행하신 "**하나님의 일**"을 깊이 생각해야 합니다. 주님께서 되새김질하는 짐승을 **정결한 짐승**(레 11:26)으로 선포하신 것은, 하나님께서 주신 **물과 성령의 복음**을 믿음으로 죄 사함을 받은 의인들은 주님께서 우리를 어떻게 구원해 주셨는지를 자주자주 되새김질해야 한다는 뜻입니다. 그래서 하나님은 거듭난 의인들에게 "너희를 모든 죄에서 구원하신 **예수님을 깊이 생각하라**"고 말씀하십니다.

"저가 자기를 세우신 이에게 충성하시기를 모세가 하나님의 온

집에서 한 것과 같으니 저는 모세보다 더욱 영광을 받을만한 것이 마치 집 지은 자가 그 집보다 더욱 존귀함 같으니라"(히 3:2-3)

예수님은 모세와는 비교도 할 수 없이 탁월하신 분입니다. 하나님께서는 왜 이 부분에서 모세를 언급하셨습니까? 이스라엘 백성들은 아브라함, 모세, 엘리야 같은 믿음의 조상들을 굉장히 높이고 존경했습니다. 그들의 마음에는 하나님 정도는 아니지만, 하나님에 버금가는 그런 존재로 모세나 아브라함을 존경했습니다. 자기들이 아브라함의 후손이라는 것을 늘 자랑스럽게 생각했습니다. 그래서 예수님이 자신을 **하나님의 아들**이라고 밝혔는데도, 오히려 자기들은 아브라함의 자손이라고 뻐기면서 예수님을 믿지 않았습니다. 그들은, "너는 **이미 죽은 우리 조상 아브라함보다 크냐 또 선지자들도 죽었거늘 너는 너를 누구라 하느냐**"(요 8:53)고 반문하면서 예수님을 믿지 않았습니다.

예수님이, "**너희 조상 아브라함은 나의 때 볼 것을 즐거워하다가 보고 기뻐하였느니라**"고 밝히 말씀하셨지만 유대인들은, "**네가 아직 오십도 못되었는데 아브라함을 보았느냐**" 하면서 대들었습니다(요 8:56-57). 그런 자들에게 예수님은, "**진실로 진실로 너희에게 이르노니 아브라함이 나기 전부터 내가 있느니라**" 하셨습니다. 예수님은 창세전부터 영원까지 계시는 하나님입니다. 아브라함은 예수님께서 만드신 피조물에 불과합니다. 아브라함은 감히 예수님과 견줄 수도 없는 자이고, 주님에 비하면 먼지만도 못한 존재이거늘 그들의 마음의 가장 높은 자리에 아브라함이 앉아 있어서 그들은 예수님이 얼마나 엄청난 분인지를 알아보지 못했습니다. 그래서 자기들이 그토록 존경하는 아브라함이 무시되는 것 같자, 그들은 돌을 들어 예수님을 치려고까지 했습니다.

　예수님의 제자들조차 이러한 경향이 있었습니다. 그래서 하나님 아버지께서 "변화산 표적"(마 17:1-13)으로 제자들의 잘못된 생각을 깨우쳐 주셨습니다. 예수님께서 베드로와 야고보와 그 형제 요한만을 데리고 높은 산에 올라가셨는데, 예수님의 얼굴이 해같이 빛나며 옷이 빛과 같이 희어졌습니다. 그리고 제자들은 모세와 엘리야가 나타나서 예수님과 말씀하는 것을 보게 됩니다.

　그러자 베드로가 예수께, **"주여 우리가 여기 있는 것이 좋사오니 주께서 만일 원하시면 내가 여기서 초막 셋을 짓되 하나는 주를 위하여, 하나는 모세를 위하여, 하나는 엘리야를 위하여 하리이다"**(마 17:4)하고 말씀을 드렸습니다. 베드로는 모세와 엘리야를 예수님과 동급으로 여겼다는 말입니다. 그런데 하나님 아버지께서, **"이는 내 사랑하는 아들이요 내 기뻐하는 자니 너희는 저의 말을 들으라"**(마 17:5)고 선포하심으로, 예수님은 하나님의 독생자이지만 모세와 엘리야는 하나님의 종들, 즉 피조물에 불과한 존재임을 깨닫게 하셨습니다.

　예수님께서는 우리를 너무 사랑하시기 때문에, 우리의 믿는 도리의 사도로 오셔서 자신을 아낌없이 제물로 내어 주심으로 우리의 모든 죄를 깨끗이 없애 주셨건만, 거듭나지 못한 자들은 그분을 그렇게 깊이 생각하지 않습니다. 초대교회 시절의 히브리인들도 오히려 모세나 아브라함이나 엘리야에 대해서는 깊이 연구하고 생각하면서도 예수님에 대해서는 별로 깊이 생각하지 않았습니다. 그래서 히브리서는 모세를 대표로 등장시켜서, "너희들이 진정으로 깊이 생각해야 할 분은 모세가 아니라 예수 그리스도다"라고 분명하게 선포하는 것입니다.

사람이 그렇게 어리석습니다. 예수님께서는 말씀으로 온 우주를 창조하신 전능한 하나님인데, 그분은 깊이 생각하지 않고 피조물 중에 훌륭하다고 생각되는 사람들을 예수님보다도 더 높이고 있으니, 그런 자들은 참으로 어리석은 자들입니다. 마땅히 경외할 분을 경외해야 하는 것이 당연하거늘, 히브리인들은 엉뚱하게도 피조물인 모세나 아브라함 같은 이들을 창조주보다 더 높이면서, 그들은 아브라함을 조상으로 둔 것에 큰 자부심을 가졌습니다. 그러한 혼돈된 자부심이 쟁반만한 훈장이 되어서 그들의 마음을 덮고 있었습니다. 조상들에 대한 잘못된 경외심과 자부심이 그들의 마음을 덮어서, 히브리인들은 진정 경외해야 할 예수 그리스도를 제대로 알아보지 못했습니다. 그들의 마음을 다른 것이 차지하고 있었기에, 그들은 하나님이신 예수 그리스도를 깊이 생각할 수 없었습니다.

우리 마음의 우상

우리의 마음 안에 하나님보다 더 높은 자리를 차지하고 있는 어떤 것이 있다면 그것이 바로 우상(偶像)입니다. 우리의 우상은 재물일 수도 있고, 명예일 수도 있고, 권력일 수도 있고, 육신의 욕망일 수도 있습니다. 모세나 아브라함은 아닐지라도 하나님이 아닌 다른 어떤 것이 우리 마음의 중심을 차지하고 있으면, 우리들도 히브리인들과 똑같이 예수님을 깊이 생각하지 못하게 됩니다. 어떤 이의 마음에 하나님보다 더 귀한 것, 그래서 그의 마음을 사로잡고 있는 것이 있다면, 그런 사람은 예수 그리스도를 깊이 생각할 수 없고, 끝내 구원에 이를 수도 없습니다. 그런 사람은 두 마음을 품어서(약 1:8), 천국 영생의 은혜와 축복을 누릴 수 없습니다. 그러므로 우리도 **"나는 두 마음을 품은 자가 아닌가?"** 하고 진지하게 자문해 보아야 합니다.

우리가 아직 육신에 있으니 재물도 필요하고 건강도 필요합니다. 그러나 내 마음의 가장 높은 자리에 예수님을 모셔 놓고 먼저 그분의 뜻을 좇아야 합니다. 그리고 그 다음 자리에 내게 필요한 것들을 놓는 것이 옳습니다. 그런데 솔직하게 얘기하자면, 지금 어떤 형제의 경우에는 "어떻게 하면 내가 오래 다닐 수 있는 그런 직장을 구할까?" 하는 염려가 그 형제의 마음의 99%를 차지하고 있다면, 그래서 예배를 참석할 수 없는 조건의 직장이라도 오래 다닐 수만 있다면 좋겠다고 생각한다면, 직장이 그 형제의 우상입니다. 저도 조금만 정신을 놓고 있으면, 온갖 것들이 마음의 제일 윗자리를 차지하고 나로 하여금 그것들 때문에 염려하고 근심하게 합니다. 그렇다면 그런 것들이 바로 나의 우상인 것입니다.

"그러므로 염려하여 이르기를 무엇을 먹을까 무엇을 마실까 무엇을 입을까 하지 말라 이는 다 이방인들이 구하는 것이라 너희 천부께서 이 모든 것이 너희에게 있어야 할 줄을 아시느니라 너희는 먼저 그의 나라와 그의 의를 구하라 **그리하면 이 모든 것을 너희에게 더하시리라"**(마 6:31-33)고 주님은 약속하셨습니다.

자기 마음의 중심에 하나님께서 왕으로 좌정(坐定)하신 사람은 **하나님의 나라와 하나님의 의를** 먼저 추구합니다. 그리고 "무엇을 먹을까 무엇을 마실까 무엇을 입을까" 하는 염려는 하나님께서 다 해결해 주신다는 약속을 믿고 딱 접어놓습니다. 하나님의 약속의 말씀을 믿음으로, 주님의 일을 먼저 추구하면 내 육신에 필요한

의식주의 문제는 하나님께서 다 해결해 주십니다. 그런 마음이 바르게 지어진 믿음의 마음입니다. 히브리서가 평범한 얘기를 하는 것 같지만, 모세를 들어서 우리 마음의 우상을 지적하시며 우리에게 **마음의 집을 바르게 지으라**고 말씀하십니다.

"저가 자기를 세우신 이에게 충성하시기를 모세가 하나님의 온 집에서 한 것과 같으니 저는 모세보다 더욱 영광을 받을만한 것이 마치 집 지은 자가 그 집보다 더욱 존귀함 같으니라 **집마다 지은 이가 있으니 만물을 지으신 이는 하나님이시라"**(히 3:2-4)고 말씀하셨습니다. "도대체 모세가 누구냐?" 하는 부분에, 모세는 하나님의 집에 사환이었을 뿐이고 예수님은 하나님의 집을 지은 주인이라고 밝히셔서, 주님은 모세에 대한 히브리인들의 잘못된 생각을 바로잡아 주셨습니다.

예수님은 자기를 세우신 하나님 아버지께 충성했고, 모세도 이스라엘 백성을 위해 하나님께 충성을 했습니다. 하나님 아버지께 충성한 면에서는 두 분이 다 똑같은데, 사실은 완전히 격이 다르다는 말씀입니다. 예수님은 모세와는 비교할 수 없이 탁월한 분입니다. 이 두 분의 지위 자체가 현격히 달라서 비교의 대상이 아니라는 말씀입니다. 모세는 단지 예수 그리스도의 피조물이고 예수님은 그를 만든 창조자입니다. 그러니 창조주 하나님이신 예수님과 피조물인 모세를 어떻게 비교하겠습니까? 그러나 모세가 히브리인들의 마음을 덮고 있어서 그들은 예수 그리스도를 알아보지 못했고 그분이 한 일도 깊이 생각할 수 없었습니다.

예수 그리스도는 모세와는 비교도 할 수 없이 격(格)이 높은 분입니다. **"마치 집 지은 자가 그 집보다 더 존귀함이라"** 하셨습니다. 성경은 우주나 사람을 **"집"**이라고 표현합니다.

그러므로 모세도 하나의 집이며 예수님은 그 집을 지으신 분입니다. 우주(Universe)라는 말은 집 우(宇)자와 집 주(宙)자가 결합된 단어입니다. 그러니까 한자어의 "우주"는 "큰 집"이라는 뜻입니다. 우리가 우주라고 두 글자로 단순하게 지칭하지만, 이 우주를 측량해 보면 우주는 어마어마하게 광대합니다. 그러니 이 엄청난 우주를 말씀으로 한순간에 창조하신 하나님이 얼마나 전능하며 광대한 분이신지를 알 수 있습니다.

우주는 우리의 상상을 초월하는 참으로 광대한 세계입니다. 우주과학이 발달하면서 허블 망원경을 대기권 밖에 띄워서 우주를 관찰함으로써 인류가 우주에 대해서 지식을 넓혀 가고 있기는 하지만, 우리는 우주의 끝을 알 수 없기 때문에, 우주란 단어는 "우리가 지금까지 알아낸 우주"(the known universe)라고 표현해야 맞습니다. "지금까지 알아낸 우주" 안에는 은하계가 6000억 개나 있다고 합니다. 또 하나의 은하계(Galaxy)는 우리 지구가 속해 있는 태양계와 같은 항성군(恒星群)이 수천억 개 모여 있는 나선형 구조의 별무리입니다.

원반형으로 생긴 우리 은하계만 해도 그 폭이 약 10만 광년이나 되는 어마어마한 크기입니다. 이 말은 우리 은하계의 한쪽 끝에서 출발해서 빛의 속도로 10만년을 달려야 반대쪽 끝에 도달한다는 뜻입니다. 지구는 우리 은하계의 가장자리에서 약 3만 광년 정도 들어온 곳에 위치하고 있습니다. 그러니 만일 우리 은하계의 반대쪽 끝의 어떤 별이 소멸돼서 그 항성(恒星)에서 나오는 빛이 끊어지더라도, 지구에서 볼 때 그 별은 앞으로 약 7만 년 동안 빛나고 있을 것입니다. 즉, 우리는 이미 7만 년 전에 없어진 별을 7만 년 동안 더 바라보게 된다는 말입니다. 그러니

예수를 깊이 생각하라   135

지금 우리가 어떤 별을 보고 있다고 해서 그 별이 지금도 존재한다고 확신할 수 없습니다. 그 별은 이미 수만 년 전에 없어졌을 수도 있기 때문입니다.

은하계 하나의 크기가 이렇게 어마어마한데, 우주에는 이런 은하계가 수천억 개나 존재한다고 합니다. 최근 미국 항공우주국(NASA)이 우주가 만들어졌을 때의 중력파를 연구한 결과, 이 우주는 10^{-34}초 동안에 거의 지금의 우주 크기로 형성되었다고 합니다. 저는 그렇게 할 수 있는 분은 하나님뿐이라고 믿습니다. 하나님은 그 엄청난 우주를 10^{-34}초 만에 만드셨습니다. 10^{-34}초는 1/1,000,000,000,000,000,000,000초입니다. 그토록 어마어마한 우주를 "있으라"는 한마디 말씀으로 한순간에 지으신 분이 누구입니까? 창조주 하나님이신 예수님입니다.

"태초에 말씀이 계시니라 이 말씀이 하나님과 함께 계셨으니 이 말씀은 곧 하나님이시니라 그가 태초에 하나님과 함께 계셨고 만물이 그로 말미암아 지은바 되었으니 지은 것이 하나도 그가 없이는 된 것이 없느니라"(요 1:1-3).

하나님의 큰 집, 이 어마어마한 우주를 "있으라"는 말씀 한마디로 지으신 분이 바로 예수님입니다. 그리고 그토록 광대한 우주에 비하면 먼지보다도 수억만 배 작은 것이 지구입니다. 또 이 지구에 비하면 수억만 배 작은 한 인간이 모세입니다. 피조물인 모세와 그 엄청난 우주를 말씀 한마디로 지으신 예수님을 어떻게 동급으로 여기며 비교할 수 있겠습니까?

집마다 지은 이가 있는데, 이 우주라는 큰 집을 지은 분은 예수님입니다. 모세뿐만 아니라 그 모세를 담고 있는 지구와, 그 지구를 담고 있는 은하계와, 이런 은하계를 6,000억 개 이상 담고 있는 이 우주 전체를 "있으라"는 말씀 한마디로 있게 하신 전능한 하나님이 바로 예수님입니다. "없는 것을 있는 것 같이 부르시는 이"(롬 4:17)가 바로 하나님이신 예수님입니다. 그러니 모세를 어떻게 예수님과 비교할 수 있겠습니까?

"집마다 지은 이가 있으니 만물을 지으신 이는 하나님이시라"(히 3:4)고 하나님은 선포하십니다. 그러니까 창조주 예수님은 어떤 피조물과도 비교할 수 없이 존귀한 분입니다. "저(예수님)는 모세보다 더욱 영광을 받을만한 것이 마치 집 지은 자가 그 집보다 더욱 존귀함 같으니라"(히 3:3)는 말씀이 그런 뜻입니다.

"집마다 지은 이가 있으니 만물을 지으신 이는 하나님이시라"(히 3:4)

우주와 그 안에 있는 모든 세계를 볼 때, 우리는 창조주 하나님께서 살아 계신 것을 절대로 부인할 수 없습니다. 하나님께서 창조하신 우주를 볼 때 그 우주를 만드신 **하나님이 존재한다**는 진리를 성경은 이 한 구절로 분명하게 선포합니다.

집마다 분명히 지은 이가 있습니다. 하나님께서 우리에게 이렇게 좋은 집을 주셔서 지금 우리가 마음껏 예배를 드리고 있습니다. 이 근방은 본래 황량한 불모지였는데, 택지로 개발되어 그 땅을 분양받은 사람들이 하나하나 집을 지었습니다. 이 집 주인도 7년 전에 이곳에 집을 지었답니다. 그래서 이 집이 지어졌고 우리가 살게 된 것입니다. 집을 지은 이가 없이 어찌 이 집이 존재하겠습니까? "집 주인이 택지만 분양받아 놓았는데, 어느 날 아침에 일어나 보니, 마치 죽순이 올라오듯이 이 집이 생겨나 있더라" 하는 일이 있을 수 있습니까? 그런 일은 절대로 있을 수 없습니다.

"집마다 지은 이가 있듯이" – 지은 이가 없이 집이 존재할 수 없다는 것은 너무나 당연한 이치입니다. 우주에 비교하면 먼지의 1경분의 1만도 못한 크기의 이 작은 집도 지은 이가 없이는 절대로 저절로 존재하지 못하는데, 하물며 대우주가 저절로 생겨났다는 말은 얼마나 터무니없는 말입니까? 그러므로 이 우주를 바라보면서도, 이 대자연의 신비함을 자기 눈으로 보면서도 "하나님이 없다"고 하는 자들은 정말 뇌가 없는 자들입니다. 옛날 코미디의 영구처럼 손바닥으로 자기의 눈을 가리고 "영구 없다!"고 하는 자들입니다.

우주를 지으신 분은 창조주 하나님입니다. 이런 조그만 집조차도 지은 이가 없이는 존재할 수 없는데, 이 우주를 한번 바라보십시오. 이 광대한 우주와 그 안에 있는 모든 천체들과 대자연과 생명의 신비들—이런 것들을 바라보면서도, "이 놀라운 우주가 스스로 저절로 생겨났다"고 주장하는 자들은 정말 머리에 뇌가 없어서 아무것도 생각을 못하는 사람입니다. "하나님이 없다"고 주장하는 무신론자들은, **"집마다 지은 이가 있으니 만물을 지으신 이는 하나님이시라"**(히3:4)는 너무나 단순하고 분명한 말씀을 듣고 "아! 하나님께서 분명히 계시는구나!" 하고 깨닫기를 바랍니다.

하나님의 존재 자체를 안 믿으면, 믿음을 논할 수조차 없습니다. 우리가 믿음을 시작하려면, 제일 먼저 **"하나님이 살아 계시다"**는 믿음을 가져야 합니다. 히브리서 11장 6절은 우리의 믿음의 기초와 본체에 대해서 말씀하십니다. "**믿음이 없이는 기쁘시게 못하나니 하나님께 나아가는 자는 반드시 그가 계신 것과 또한** 그가 자기를 찾는 자들에게 상 주시는 이심**을 믿어야 할찌니라**"(히 11:6)고 말씀하십니다. 믿음이란 "**반드시 하나님이 계시다**"는 것과 "**하나님은 자기에게 나아오는 자들에게 반드시 구원의 상을 주시는 분이다**"라는 두 가지 사실을 믿는 것입니다.

"하나님이 반드시 계시다"고 말씀을 전해 주면, "하나님이 있긴 어디 있어? 신이란 다 인간이 만든 허구의 존재지!" 하면서 빈정거리는 자들이 많습니다. 그런 자들은 하나님의 준엄한 심판대 앞에서 슬피 울며 이를 갈 날이 반드시 올 것입니다. 근자에는 하나님의 존재를 부정하는 내용을 담은 『만들어진 신』(The God Delusion)이라는 책이 베스트셀러가 되기도 했습니다. 그러나 눈에 보이는 것만 존재의 증거로 삼는 얼치기 과학자들이나 그런 주장에 동조하지, 오히려 노벨상을 받을 수준의 진정한 과학자들 중에는 하나님의 실재를 믿는 이들이 많다고 합니다.

하나님은 **내가 지금 여기 살아 있는** 것보다 더 확실하게 존재하시는 분입니다. 우리는 혹 불면 그냥 꺼지는 존재입니다. 우리는 아침에 피었다가 저녁에는 사그라지는 풀과 같고, 아침에 잠깐 나타났다가 해가 뜨면 사라지는 안개와 같은 존재들이지만, 하나님은 영존(永存)하시는 분입니다. 지금도 우리와 함께하시고 우리의 찬양과 기도를 들으시고, 우리가 하나님의 진리의 말씀을 나누는 것을 참 기뻐하시는 사랑의 하나님입니다. 그토록 좋으신 하나님께서 늘 우리와 함께 계십니다.

하나님은 **진리의 빛**입니다. 우리에게 빛으로 오신 그 하나님이 바로 예수님입니다. 그 크신 창조주 예수님을 어찌 모세와 비교할 수 있겠습니까? "**집마다 지은 이가 있으니 만물을 지으신 이는 하나님이시라**"(히 3:4) 하셨는데, 예수님이 바로 만물을 지으신 하나님입니다. 우주 만물의 존재와 그 신묘막측한 질서는 조물주(造物主) **하나님께서 살아 계시다**는 증거입니다. 하나님께서 태초에 아무것도 없을 때에, 즉 하나님만 홀로 계실 때에, 말씀으로 만물을 불러내셨습니다. 하나님께서 자기 형상대로 우리 인생들도 지으셨습니다. 그리고 그 창조주 하나님께서 자기를 낮추셔서 우리와 똑같은 혈육을 입고 우리 가운데 오셨습니다. 그래서 우리에게 **믿는 도리의 사도**가 되어 주셨고 **하늘의 대제사장**이 되어 주셨습니다.

"또한 모세는 장래에 말할 것을 증거하기 위하여 하나님의 온 집에서 사환으로 충성하였고"(히 3:5)

모세도 하나님께 충성했고, 예수님도 충성했는데, 충성의 수준과 내용이 다릅니다. 모세는 "**장래에 말할 것을 증거하기 위하여 하나님의 온 집에서 사환으로 충성**"하였다고 말씀합니다. "**장래에 말할 것**"이 무엇일까요?

히브리서 1장 1-2절의 말씀이 그 답을 줍니다.

"옛적에 선지자들로 여러 부분과 여러 모양으로 우리 조상들에게 말씀하신 하나님이 이 모든 날 마지막에 아들로 우리에게 말씀하셨으니 이 아들을 만유의 후사로 세우시고 또 저로 말미암아 모든 세계를 지으셨느니라"(히 1:1-2)

따라서 "**장래에 말할 것**"은 "**이 모든 날 마지막에 아들로 우리에게 말씀**"하신 것입니다. 즉 모세는 장차 예수 그리스도가 이 땅에 오셔서 인류의 모든 죄를 다 없애 주실 것을 구약 **모세**

5경을 통해서 충성되게 계시했다는 말씀입니다. 달리 말하자면, 예수님을 통해서 더 구체적으로 **"장래에 말할 것"**은 바로 **물과 성령의 복음**인데, 이 **물과 성령의 복음**에 대해서 모세는 구약의 말씀을 통해서 **여러 모양**으로 충성되게 증거했습니다.

모세가 누구입니까? 모세는 성경의 첫 다섯 권, 즉 창세기, 출애굽기, 레위기, 민수기, 신명기의 말씀을 하나님께로부터 받아 기록하고 전해 준 하나님의 종입니다. 모세는 **모세 5경**의 말씀을 통해서, "장래에 하나님의 외아들이 인류의 어린양으로 오셔서 대속의 제사를 드려 주심으로 우리 죄를 없애 주실 것이다"라고 충성되게 계시해 주었습니다.

예를 들어서, 구약의 출애굽기나 레위기의 말씀에는 성막의 제도가 자세히 기록되어 있습니다. 그 성막 제도(聖幕 制度)를 보면, 성막의 뜰 문이나 성소의 문이나 지성소를 막고 있는 휘장은 한결같이 청색, 자색, 홍색실과 고운 베실(백색)로 공교(工巧)하게 짜서 만들도록 되어 있습니다. 청색, 자색, 홍색 및 백색의 네 가지 색상은 예수 그리스도가 누구신지, 장차 우리의 죄를 어떻게 없애 주실는지를 세미하게 계시하는 말씀입니다. 이 부분에 대해서는 기회가 있을 때에 다시 말씀드리겠습니다.

이와 같이 모세는 **"장래에 말할 것"**인 **물과 성령의 복음**을 증거하기 위해서 장차 오실 예수님을 바라보면서, 성령의 계시를 따라서 구약 성경에서 충성스럽게 하나님의 말씀을 증거했습니다. 그런데, **"그리스도는 그(하나님)의 집 맡은 아들로 충성"**(히 3:6)하셨습니다. 예수님은 하나님의 아들이고 우주의 주인이지만, 모세는 하나님의 집을 맡은 사환입니다. 두 분의 위치가 비교할 수 없이 다르고, 두 분의 행하신 일도 분명 다릅니다. 예수님은 실제로 하나님 아버지의 뜻을 행하러 이 땅에 오신 성자(聖子) 하나님이고, 모세는 그런 하나님의 뜻을 예고한 심부름꾼에 불과했습니다.

"우리가 소망의 담대함과 자랑을 끝까지 견고히 잡으면 그의 집이라"(히 3:6).

"우리는 **하나님의 집**"입니다. 사도 바울은 고린도의 교인들에게, **"너희가 하나님의 성전인 것과 하나님의 성령이 너희 안에 거하시는 것을 알지 못하느뇨"**(고전 3:16)라고 일깨워 주었습니다. 거듭난 의인들은 성령께서 자기 몸, 즉 믿음의 집에 평안히 거하시면서 우리를 인도하고 보호하고 축복하시도록 자기의 마음을 믿음으로 지켜야 합니다. 죄 사함을 받은 자가 그의 삶을 술 취함과 방탕과 헛된 욕망에 내어줄 수는 없다는 말씀입니다.

오늘 우리는 히브리서 3장 1절부터 6절까지의 말씀을 나눴습니다. 이 말씀을 통해서, 주님은 옛적의 히브리인들과 지금 이 시대의 우리에게, **"예수를 깊이 생각하지 못하게 하는 다른 우상이 너희 마음에 있어서는 안 된다"**고 말씀하십니다. "너희들이 진정으로 하나님의 은혜를 입어서 거룩한 하나님의 백성이 되었다면, 너희가 하나님의 집인데, 그 집을 방탕과 욕망을 향해서 달음질하는 삶에 내어줄 수 있겠느냐?"라고 주님은 말씀합니다. 히브리인들이 천사나 아브라함, 또는 모세를 그렇게 높임으로 인해서 정작 영광을 받으실 예수님은 깊이 생각하지 못했던 것처럼, 예수를 깊이 생각하지 못하도록 가로막고 있는 우상이 우리의 마음에 있다면 우리는 그 악한 길에서 돌이켜야 합니다.

주님이 **자비하고 충성된 대제사장**이 되셔서 우리의 모든 죄를 깨끗이 없애 주셨습니다. 주님은 이 땅에 육신을 입고 오셔서,

요단강에서 받으신 세례와 십자가의 죽으심으로 우리의 모든 죄를 완벽하게 없애 주셨습니다. 구원의 진리를 담고 있는 **물과 성령의 복음**이 은혜의 강물처럼 여러분 모두의 마음에 항상 넘쳐흐르기를 바랍니다. 그래서 여러분 모두의 마음이 성령께서 거하시는 **거룩한 집**이 되기를 기도합니다.

우리가 하나님께 **"이같이 큰 구원"**의 은혜를 입었으니, **우리의 믿는 도리의 사도시며 충성되고 자비하신 대제사장**이신 예수님을 깊이 생각하는 하나님의 백성이 되기를 소원합니다.

말씀을 마쳤습니다.

(2014년 3월 9일 주일예배 말씀)

하나님의 말씀 앞에서
너희 마음을 강퍅케 하지 말라

"그러므로 함께 하늘의 부르심을 입은 거룩한 형제들아 우리의 믿는 도리의 사도시며 대제사장이신 예수를 깊이 생각하라
 저가 자기를 세우신 이에게 충성하시기를 모세가 하나님의 온 집에서 한 것과 같으니 저는 모세보다 더욱 영광을 받을만한 것이 마치 집 지은 자가 그 집보다 더욱 존귀함 같으니라
 집마다 지은 이가 있으니 만물을 지으신 이는 하나님이시라
 또한 모세는 장래에 말할 것을 증거하기 위하여 하나님의 온집에서 사환으로 충성하였고 그리스도는 그의 집 맡은 아들로 충성하였으니 우리가 소망의 담대함과 자랑을 끝까지 견고히 잡으면 그의 집이라
 그러므로 성령이 이르신 바와 같이 오늘날 너희가 그의 음성을 듣거든 노하심을 격동하여 광야에서 시험하던 때와 같이 너희 마음을 강퍅케 하지 말라
 거기서 너희 열조가 나를 시험하여 증험하고 사십 년 동안에 나의 행사를 보았느니라
 그러므로 내가 이 세대를 노하여 가로되 저희가 항상 마음이 미혹되어 내 길을 알지 못하는도다 하였고 내가 노하여 맹세한 바와 같이 저희는 내 안식에 들어오지 못하리라 하셨다 하였으니
 형제들아 너희가 삼가 혹 너희 중에 누가 믿지 아니하는 악심을 품고 살아 계신 하나님에게서 떨어질까 염려할 것이요 오직 오늘이라 일컫는 동안에 매일 피차 권면하여 너희 중에

누구든지 죄의 유혹으로 강퍅케 됨을 면하라

　우리가 시작할 때에 확실한 것을 끝까지 견고히 잡으면 그리스도와 함께 참예한 자가 되리라

　성경에 일렀으되 오늘날 너희가 그의 음성을 듣거든 노하심을 격동할 때와 같이 너희 마음을 강퍅케 하지 말라 하였으니 듣고 격노케 하던 자가 누구뇨 모세를 좇아 애굽에서 나온 모든 이가 아니냐

　또 하나님이 사십 년 동안에 누구에게 노하셨느뇨 범죄하여 그 시체가 광야에 엎드러진 자에게가 아니냐

　또 하나님이 누구에게 맹세하사 그의 안식에 들어오지 못하리라 하셨느뇨 곧 순종치 아니하던 자에게가 아니냐

　이로 보건대 저희가 믿지 아니하므로 능히 들어가지 못한 것이라"(히 3:1-19)

　하나님께서 우리를 모든 죄에서 구원하셔서 우리가 **하나님의 의**를 전파하며 살게 해 주셨습니다. 우리는 비록 부족하지만, 우리가 하나님의 뜻을 좇아 살기로 마음을 정하면 하나님께서 기뻐하시고 연약한 우리를 붙들어 주셔서 의의 길을 갈 수 있게 해 주십니다. 우리는 연약하고 부족해서 자주 넘어지고 행위로는 하나님의 뜻에 100% 순종해서 살지 못하지만, 의의 복음을 지키며 그 복음을 전파하며 살겠노라고 마음을 정할 수는 있습니다. 그리고 우리가 의의 길을 걷겠다고 마음을 정하면, 하나님께서 성령님을 통해서 연약한 우리를 도우십니다.

　하나님은 아브라함에게, "나는 **전능한 하나님**이라 너는 내 앞에서 **행하여 완전하라**"(창 17:1)고 말씀하셨습니다. 또 시편에도,

"행위 완전하여 여호와의 법에 행하는 자가 복이 있음이여"(시 119:1)라고 말씀하셨는데, 사람의 행위가 100% 완전할 수 있습니까? 행위로는 우리가 결코 완전할 수 없습니다.

"행위 완전하여 여호와의 법에 행하는 자"란?

아브라함에게 "너는 내 앞에서 행하여 완전하라"고 하신 말씀은 아브라함의 "행위"가 완벽할 것을 의미하는 것이 아닙니다. 행위가 완전한 자는 아무도 없습니다. 하나님께서는 우리가 완전한 믿음으로 죄 사함을 받기를 원하십니다. 하나님이 우리를 모든 죄에서 구원하신 그 **물과 성령의 복음**을 믿는 믿음이 100% 완전한 믿음일 때, 하나님은 그 믿음을 보시고 **"완전하다"**고 말씀하십니다. 그러므로 **물과 성령의 복음**을 온전히 믿어서 구원을 받은 의인들이 하나님을 전적으로 믿고 하나님의 뜻에 연합해서 주님과 동행하며 살아갈 때에, 하나님은 그들의 삶을 **"행위 완전하여 여호와의 법에 행하는 자"**라고 인정하십니다.

"하나님과 동행"하려면 주님의 뜻에 자기의 마음을 연합해야 합니다. 하나님께서는 당신에게 가까이해서 당신의 뜻에 연합한 자에게 은혜와 축복을 넉넉히 베풀어 주십니다. 그러므로 거듭난 자가 하나님의 뜻과 어긋난 길로만 가지 않으면, 하나님의 축복을 풍성하게 받게 됩니다. 하나님의 말씀을 믿음으로 좇아간 아브라함이나 다윗 같은 의인들은 풍성한 축복을 받았습니다. 그러므로 우리도 믿음의 선조들의 발자취를 따라가길 바랍니다.

지난 주일에는 히브리서 3장 1절부터 6절까지의 말씀을 통해서, "우리의 믿는 도리의 사도시며 대제사장이신 예수를 깊이 생각하라"(히 3:1)고 하신 권면의 말씀을 나눴습니다. 주님께서는 우리에게 "예수님을 깊이 생각하라"고 말씀하십니다. 예수를 깊이 생각해야만 영생의 구원도 받고, 구원을 받은 후에는 주님과 동행하면서 하나님께서 주시는 그 은혜와 축복을 풍성하게 누릴 수 있기 때문입니다.

우리 성경에서 **"예수를 깊이 생각하라"**고 하신 부분이 영어 성경에는, **"너희 생각을 예수님에게 고정시켜라"**(Fix your thought on Jesus, NIV)고 기록되어 있습니다. 우리의 생각의 초점을 예수님 외의 다른 것에 맞추지 말라는 말씀입니다. 나의 모든 죄를 담당하는 **세례**를 받으시고 **십자가**에서 피 흘려 죽으심으로 그 모든 죄를 대속하신 예수님을 항상 마음에 두고, 예수님의 완전한 구원의 사랑을 늘 마음에 기억하라는 말씀입니다.

마음이 주님에게 고정되어 있지 않은 자들

그런데 대다수 사람들의 마음이 예수님에게 고정되어 있지 않습니다. 그렇기 때문에 그들은 죄 사함을 받지 못합니다. 그런 사람들은 겨우 죄 사함을 받았다가도 다시 세상 조류(潮流)에 휩쓸려 떠내려갑니다. 세상 풍조에 마음을 두는 자들은 결국 **"뒤로 물러가 침륜에 빠진다"**(히 10:39)라고 주님은 경고합니다. 사람들이 **물과 성령의 복음**을 믿어서 하나님의 은혜로 구원을 받은 후에 그들의 마음이 예수님에게 고정되어 있지 않으면, 끝내는 선물로 받았던 영생의 구원마저 잃어버리고 맙니다. 그런 자들은 주님을 견고히 붙들지 못하고 있다가 어떤 핑계거리만 생기면 스스로 주님의 손을 놓아 버리고 맙니다.

그러면 그들은 왜 예수님에게 자기의 생각을 고정시키지 못할까요? 왜 예수님보다 다른 것들을 더 많이 바라볼까요? 그런 이들의 마음에는 예수님보다 더 귀하게 여기는 것들이 많아서 그렇습니다. 그들의 마음이 진정 관심을 두는 것은 예수님이 아니기 때문입니다. 어떤 것을 명확히 보려면 우리 눈의 초점을 그것에 맞추어야 하듯이, 우리는 자기가 귀하게 여기는 것에 늘 마음의 초점을 맞추고 살아갑니다. **"네 보물 있는 그 곳에는 네 마음도 있느니라"**(마 6:21)라는 말씀대로, 내 마음의 초점이 고정되어 있는 것이 무엇인가를 자문해 보면 **내가 무엇을 귀하게 여기는지를** 알 수 있습니다. 그러므로 "우리 생각을 어디에 고정시켜야 하느냐?"–이것이 매우 중요한 영적 질문입니다.

지중해 연안에 흩어져 살던 히브리인들은 하나님의 종들에게서 **"장차 오시기로 예언된 메시야가 바로 이 예수님이다"**라는 기쁜 소식을 들었습니다. 그들은 육신을 입고 오신 예수님께서 **물(세례)과 피(십자가)로 임하셔서**(요일 5:6) 인류의 모든 죄를 흰 눈처럼 깨끗하게 없애 주셨다는 진리의 말씀을 듣고 기뻐하며 잠시 믿었습니다. 그러나 그들은 곧 예수님을 마음 한쪽 구석으로 치워 버렸습니다. 그리고는 그들의 마음은 전에 자기들이 귀하게 여겼던 것들에 다시 초점을 맞추게 되었습니다. 어떤 사람이 진리의 복음을 듣고서 입술로는 "믿는다"고 고백할지라도 마음의 초점이 예수님께 고정되어 있지 않고 온통 이 땅의 것들에 가 있다면 그런 사람은 결코 죄 사함을 받지 못합니다. 그래서 주님께서, **"네 보물 있는 그곳에는 네 마음도 있느니라"**(마 6:21)고 말씀하셨습니다.

어떤 이들의 마음에는 천사가 예수님보다 더 높은 자리에 앉아 있었고, 다른 이들의 마음에는 모세나 아브라함이 예수님보다 더 높은 자리에 앉아 있었습니다. 그들은 천사 혹은 모세나 아브라함을 지극히 존귀하게 여겼습니다. 그들의 마음의 관심이 온통 구원자가 아니라 피조물들에게 가 있는데, 예수님의 구원이 어떻게 그들에게 온전히 임하겠습니까? 여러분은 아마 "아니요! 우리는 모세나 아브라함을 그렇게 높이지 않는데요?"라고 반문할지도 모릅니다. 물론입니다. 우리는 히브리인이 아니기 때문에 그런 분들을 그다지 높이지 않습니다. 그러나 우리의 마음에 다른 것들이 예수님보다 더 높은 자리에 앉아 있지 않습니까? 만일 우리에게 그런 것들이 있다면 초대교회 시대의 히브리인들과 다를 것이 무엇입니까?

자, 정직하게 한번 자문(自問)해 봅시다. 나를 사랑하셔서, 이 땅에 육신을 입고 오셔서 나를 구원해 주신 하나님의 아들 예수님이 진정으로 내 마음의 중심을 차지하고 있습니까? 만일 그렇지 않다고 하면, 그런 심령은 구원의 은총을 입었다가도 곧 잃어버린다고 히브리서는 경고합니다(히 6:4-6).

우리의 마음에 예수님이 가장 존귀한 분으로 자리 잡으려면, 먼저 우리는 자기가 얼마나 가치 없고 쓰레기 같은 자인지를 깨달아야 하고, 또한 주님이 나 같은 자를 위해서 어떤 일을 해 주셨는지를 알고 믿어야 합니다. 구원을 받으려면 먼저 자신이 어떤 자인지를 알아야 합니다. 소크라테스는 **"너 자신을 알라"**고 말했답니다. 죄 사함을 받는 데에도 이 깨달음은 매우 중요합니다. 즉 우리는 자신이 어떤 존재인지를 알아야만 하나님 앞에서 구원을 받습니다.

간혹 죄 사함 받은 형제 자매들에게서 "나는 티끌만도 못한 존재입니다" 혹은 "나는 벌레만도 못한 자입니다"라는 고백을 듣습니다. "티끌"이 무엇입니까? "티끌"이란 "티와 먼지"를 함께 일컫는 말입니다. 성경에 **"어찌하여 형제의 눈 속에 있는 티는 보고 네 눈 속에 있는 들보는 깨닫지 못하느냐?"** 하신 말씀이 생각납니다. 그래도 "티"는 조금 큰 것입니다. 공중에 떠다니는 먼지는 어떻습니까? 먼지는 너무 작아서 눈에도 잘 안 보입니다. 요즘 미세먼지 주의보가 자주 발령되는데, 미세먼지란 마치 연기처럼 떠다니는 아주 작은 먼지를 말합니다. 그런데 우리는 그런 미세먼지만도 못한 자입니다. 우리 인간은 사실 아무것도 아닙니다.

며칠 전에, 다락방에서 일을 하다가 환기를 시키려고 창문을 열었더니 강한 햇빛이 방 안으로 쫙 들어왔습니다. 창을 열기 전까지는 저는 방에 먼지가 그렇게 많이 있는 줄 몰랐습니다. 그런데 강한 햇빛이 방 안에 비취니까 공기 중에 먼지가 많이 떠다니는 것이 보였습니다. 그 먼지들을 보면서 "아, 그렇구나! 참 빛이신 예수님께서 오셔서 진리의 빛을 비추어 주어야 우리는 먼지만도 못한 자기의 근본 모습을 보게 되는구나!" 하는 생각을 하게 되었습니다.

먼지는 너무 작고 가벼워서 땅에 떨어지지도 않고 공중에 떠다닙니다. 우리 지구는 태양계에 속해 있고, 태양계같이 항성(恒星)과 행성(行星) 그리고 위성(衛星)으로 구성된 별무리가 수천억 개 모여서 하나의 은하계를 이룹니다. 그러니 하나의 은하계만 해도 얼마나 큰지에 대해서 제가 얼마 전에 말씀드린 기억이 납니다. 먼지 한 개가 지구라면 우리가 속해 있는 한 은하계의 크기는 지구만 하다고 합니다. 그러니 하나의 은하계가 얼마나 큰지는 상상할 수도 없습니다. 그런데 지금까지 과학자들이 **알아낸 우주**(the known Universe)만 해도 우주에는 이런 은하계들이 6,000억 개나 있답니다.

그 광대하고 어마어마한 우주와 그 안에 있는 모든 것들을 하나님이신 예수님은 "있으라" 하신 말씀 한마디로 다 창조해 내셨습니다. 그리고 이 우주 안에서 발견되는 신묘막측한 질서와 생명현상들도 다 창조주 하나님의 작품입니다. 그런데도, "우주는 저절로 생겨났고, 생명체도 저절로 생겨나서 진화한 것이다"라고 주장하는 자들은 정녕 저능아입니다. 그들은 하나님께서 행하신 놀라운 일들을 눈으로 바라보면서도 "하나님은 없다"고 강변하는 자들입니다.

"집마다 지은 이가 있으니 만물을 지으신 이는 하나님이시라"(히 3:4)고 말씀하십니다. 인간들이 이 신묘막측(神妙莫測)한 우주를 바라보면서도 하나님이 살아 계심을 부인하고 믿지 않기에, 하나님께서는 이런 비유의 말씀을 해 주셨습니다. 집 마다 반드시 지은 이가 있지 않습니까? 지은 이가 없이 어떻게 집이 생겨나겠습니까? "어느 날 아침에 자고 일어나 보니, 이 땅에 갑자기 이 집이 생겨나 있더라"—그럴 수 있습니까? 대나무 죽순 올라오듯이 집이 땅속에서 저절로 쑥 올라오는 일이 있겠습니까? 절대로 그럴 수는 없습니다.

집마다 반드시 지은 이가 있습니다. 우주(宇宙)라는 말은 "집 우(宇)"자와 "집 주(宙)"자의 합성어인데, "큰 집"이라는 뜻입니다. 그런데 대우주가 어찌 지은 이가 없이 존재할 수 있겠습니까? 그러면 "어마어마하게 큰 집"인 대우주를 사람이 지었겠어요? 이 우주를 지은 분은 유일하고 전능하신 하나님입니다. 그리고 이 우주를 한 치의 오차도 없이 운행하시는 분도 하나님입니다. 이 우주를 지으시고 운행하시는 전능한 하나님께서 살아 계시다고 믿는 것이 **믿음의 첫걸음**입니다.

우리는 영원하고 광대하신 하나님 앞에서 먼지 하나만도 못하고 하루살이만도 못한 존재입니다. 그렇게 미미한 존재인 주제에 우리의 마음은 온갖 죄악에 물들어 있고 교만하기 그지없습니다. 그러니 공의하신 하나님 앞에 심판을 받고 지옥의 영원한 형벌에 처하는 것이 마땅합니다. 하나님의 말씀을 믿지 않는 자들은, "천국이 어데 있고 지옥이 어데 있냐? 죽으면 끝이지!"라고 호언하지만, 하나님은 **"한번 죽는 것은 사람에게 정하신 것이요 그 후에는 심판이 있으리니"**(히 9:27) 라고 분명히 말씀하십니다.

하나님께서는 궁극적으로 우리를 당신의 자녀로 삼아서 천국에서 영원토록 행복하게 살게 하시려고 이 우주와 그 안에 있는 만물을 창조하셨습니다. 하나님의 자녀가 되려면 거룩하신 하나님처럼 죄가 없어야 합니다. 그리고 우리가 죄 없이 함을 받는 길은 오직 하나님 아버지께서 보내신 하나님의 아들 예수 그리스도의 구원의 사역을 믿는 길밖에는 없습니다. 그 예수님이 우리의 유일한 구원자입니다.

그렇습니다. 그래서 히브리서 3장에서 **"예수를 깊이 생각하라"**—즉, **"예수님에게 너희 마음의 초점을 맞추라"**고 말씀하신 것입니다. 영생의 축복을 얻으려면, 반드시 우리의 **마음의 초점을 예수님께** 두어야 합니다. 영어성경(NIV)에는 **"예수를 깊이 생각하라"**는 말씀이 **"예수님에게 너희 생각을 고정하라(Fix your thought on Jesus)"**고 표현되어 있다고 제가 조금 전에 말씀드렸는데, 여기서 fix라는 단어는 (무엇을) "고정시킨다"는 뜻입니다. 그러므로 **"예수를 깊이 생각하라"**는 말씀은, **"너의 생각을 예수님에게 고정시켜라"**는 말씀입니다.

그러나 많은 사람들이 예수님에게 자신의 마음을 고정시키지 않습니다. 그냥 예배 때만 조금 예수님을 바라보다가 예배만 끝나면 마음에서 예수님을 치워 버립니다. 그리고는 마음이 온통 딴 데로 가 버립니다. 그리고 예수님보다 더 사랑하는 이 땅의 것들이 자기의 마음 중심을 차지합니다. 그런 사람들은 **"두 마음을 품은 자들"**(약 4:8)이기에 주님의 은혜와 축복을 받을 생각조차 하지 말아야 합니다. 그러므로 자신의 마음이 예수님에게 고정되어 있지 않다고 하면, 속히 돌이켜서 예수님께 생각의 초점을 맞추어야 합니다. 우리는 하나님의 말씀을 경외함으로 우리의 잘못된 마음을 돌이켜야 합니다.

주님께 마음을 고정시키려면, 먼저 내가 얼마나 미미하며 쓰레기 같은 자인지를 시인해야 합니다. 나는 티끌만도 못한 자입니다. 아니, 티끌보다도 더 작은 미세먼지만도 못한 자입니다. 나는 아침에 잠깐 피었다가 사라지는 안개만도 못한 허무한 존재인데, 그 광대하신 하나님이 이런 미미한 존재를 이처럼 사랑하셔서 당신의 외아들을 아낌없이 내어 주셨습니다.

요한복음 3장 16절에, **"하나님이 세상을 이처럼 사랑하사 독생자를 주셨으니 이는 저를 믿는 자마다 멸망치 않고 영생을 얻게 하려 하심이니라"**고 말씀하십니다. **"이처럼 사랑하사"**라고 말씀하신 부분에서, "이처럼"이라는 말은 **"지극히"**라는 뜻입니다. 그러므로 "이처럼 사랑하사"라는 말씀은 말로는 표현할 길이 없는 **사랑의 극치**를 의미합니다. 하나님 아버지께서 세상을, 즉 나를 이처럼 극진히 사랑하셔서 당신의 외아들 예수님을 아낌없이 육신으로 보내 주셨습니다. 그 외아들 예수님은 하나님 아버지의 독생자이신 하나님입니다.

예수님은 창조주이고 하나님이십니다. 말씀으로 온 우주를 단번에 지으신 전능한 하나님께서 먼지만도 못한 나를 이처럼 사랑하기에 이 땅에 육신을 입고 오셔서 나의 모든 죄와 허물을 깨끗이 없애 주셨습니다. 우리 모두는 죄로 인해서 지옥에 갈 수밖에 없었고, 절망의 구덩이에 빠져 있었는데, 성자(聖子) 하나님이 우리와 똑같은 육신을 입고 **예수(구원자)**라는 이름으로 우리에게 오셨습니다.

그리고 대제사장이 기름부음을 받는 나이인 30세가 되자 예수님은 요단강에서 세례 요한에게 **안수의 형식으로 세례를 받으심**으로 우리의 모든 죄를 당신의 육체에 온전히 넘겨받았습니다. **"이와 같이 하여"**(마 3:15) 예수님은 **"세상 죄를 지고 가는 하나님의 어린 양"**(요 1:29)이 되셨습니다. 그리고 내가 심판받고 죽어야 할 십자가에 오르셔서 주님이 나를 대신해서 내 죄에 대한 심판을 온전하게 다 받아 주셨습니다. 주님은 **"다 이루었다"**(요 19:30)고 하시기까지 당신의 보혈을 흘리셔서 우리의 모든 죄를 속량(贖良)해 주셨습니다. 이와 같이 주님은 **"물과 피로 임하셔서"**(요일 5:6) 하나님의 의를 이루어 주셨습니다. 이제 누구든지 **물과 성령의 복음** 안에 담겨 있는 **하나님의 의**를 믿기만 하면, 그 사람은 값없이 죄 사함을 받고 하나님의 자녀가 됩니다.

그러나 주님 편에서는 우리의 구원을 완성시켜 놓으셨을지라도, 이제 우리 편에서는 이 구원의 복음 말씀을 온전히 믿어야 합니다.

하나님 편에서 100% 다 이루어 놓으신 그 구원의 선물은 오직 **믿음**으로만 받을 수 있습니다. 주님에게 마음의 초점을 맞추고 주님께서 우리에게 **"이같이 큰 구원"**의 사랑을 베풀어 주셨다는 것을 마음으로 믿으면 **하나님의 의**를 옷 입게 됩니다.

우리의 마음을 예수님께 고정하지 못하는 이유

그런데 초대교회 시대에 복음을 들었던 지중해 연안의 히브리인들이 **예수님에게 마음을 고정시키지 못하는 이유**가 무엇이었을까요? 그들이 **물과 성령의 복음**을 듣고도 세상의 조류를 따라갔기 때문입니다. 주님은, **"간음하는 여자들이여 세상과 벗된 것이 하나님의 원수임을 알지 못하느뇨 그런즉 누구든지 세상과 벗이 되고자 하는 자는 스스로 하나님과 원수되게 하는 것이니라"**(약 4:4)고 경고하십니다.

이 히브리서 말씀은 지금부터 2000년 전인 초대교회 때에, 지중해 연안 지역에 흩어져 살던 히브리인들 중에서 복음을 들은 자들에게 써 보낸 하나님의 말씀입니다. 히브리인들은 이미 오래 전부터 지중해 연안에 흩어져 살면서 그들의 공동체인 디아스포라(diaspora)를 형성하고 있었지만, 특히 로마제국의 식민지로 전락하면서 더 많은 이들이 유대 땅을 버리고 지중해 연안의 여러 지역으로 흩어져 살았습니다.

그런데 초대교회 때의 하나님의 종들은 지중해 연안지역에 복음을 전하면서, 먼저 디아스포라의 유대인들에게 복음을 전했습니다. 디아스포라의 히브리인들은 예수 그리스도의 복음을 듣고 처음에는 매우 기뻐했습니다. 그러나 그들의 마음에는 이미 다른 대상들이 예수님보다 더 높은 자리를 차지하고 있었습니다. 히브리인들은 천사 숭배에 빠져 있었고, 자기들의 조상 아브라함이나 모세에 대한 존경심도 매우 강했습니다. 이방인들에게 둘러싸여 있었던 그들의 마음에는 자기들이 아브라함의 후손이며 모세의 율법을 간직한 유대인이라는 자부심이 대단했습니다. 또 자기들이 율법적으로 배워 왔던 교훈들이 그들의 마음에 견고하게 자리 잡고 있었습니다.

그래서 예수님이 그들의 마음 중심에 자리를 잡을 수 없었습니다. 그래서 하나님은 천사를 비롯해서 모세와 아브라함 등, 그들의 마음을 움켜잡고 있는 어떤 대상들도 다 내려놓고 오직 구원의 하나님이신 **예수님에게 마음의 초점을 맞추라**고 말씀하신 것입니다. 그래야만 그들이 처음부터 들었던 **물과 성령의 복음**을 영혼의 닻같이 견고히 붙들어서 흔들리지 않고 천국 본향에 들어갈 수 있기 때문입니다.

이방인인 우리의 마음에는 천사나 아브라함 또는 모세가 아닐지라도, 무언가 다른 것들이 예수님보다 더 높은 자리에 앉아 있을 수 있습니다. 그것은 이 세상 사람들이 다 좇아가는 **"육신의 정욕과 안목의 정욕과 이생의 자랑"**(요일 2:16)입니다. **"이 세상이나 세상에 있는 것들을 사랑치 말라"**(요일 2:15) 하셨는데, 한마디로 내가 이 세상의 어떤 것을 주님보다 더 사랑한다면 그것이 바로 나의 우상(偶像)입니다. 마음에 우상이 있는 자는 절대로 예수님에게 자기 마음의 초점을 맞출 수 없습니다. 마음의 눈이 자기도 모르게 자꾸 우상에게 쏠리기 때문입니다.

꼭 잡신(雜神)에게 절하고 섬기는 것만 우상숭배가 아닙니다. 이 세상의 것들, 즉 부, 명예, 권력, 그리고 쾌락 같은 것들을 예수님보다 더 사랑하면 그것이 바로 우상숭배입니다. 우상을 숭배하는 자는 절대로 하나님의 백성이 될 수 없으며 그 백성 가운데서 끊어집니다. 그러므로 죄 사함을 받은 후 끝까지 믿음을 지켜서 영생의 천국에 들어가려면, 무엇보다 먼저 **자기 마음의 우상을 제해야** 합니다.

하나님 앞에서 너희 마음을 강퍅하게 하지 말라

히브리서 3장 7-8절에, "그러므로 성령이 이르신 바와 같이 오늘날 너희가 그의 음성을 듣거든 **노하심을 격동하여 광야에서 시험하던 때와 같이 너희 마음을 강퍅케 하지 말라**"고 말씀하십니다. 이 말씀은 시편 95편 7-11절을 인용한 말씀입니다.

"대저 저는 우리 하나님이시요 우리는 그의 기르시는 백성이며 그 손의 양이라 너희가 오늘날 그 음성 듣기를 원하노라

이르시기를 너희는 므리바에서와 같이 또 광야 맛사의 날과 같이 너희 마음을 강퍅하게 말찌어다

그 때에 너희 열조가 나를 시험하며 나를 탐지하고 나의 행사를 보았도다

내가 사십 년을 그 세대로 인하여 근심하여 이르기를 저희는 마음이 미혹된 백성이라 내 도를 알지 못한다 하였도다

그러므로 내가 노하여 맹세하기를 저희는 내 안식에 들어오지 못하리라 하였도다"(시 95:7-11)

모세가 이스라엘 백성을 애굽에서 인도해내서 약속의 땅인 가나안 땅에 다다르기까지, 이스라엘 백성이 광야에서 겪었던 역사를 기록한 말씀이 **민수기**(民數記)입니다. 그 민수기 20장에

"므리바의 물" 사건이 기록되어 있습니다. 이 사건은 이스라엘 백성이 하나님을 믿지 않음으로 40년 동안이나 광야에서 헤매면서 하나님을 대적했던 수많은 사건 중에서 대표적인 사건입니다. 이 사건 때문에 모세조차도 말씀을 순종하지 못하는 죄를 범하고 그로 인해 모세는 가나안 땅에 들어가지 못하고 광야에서 생을 마감하는 징계를 받습니다.

"므리바의 물" 이적의 내용은 이렇습니다. 이스라엘 백성이 모세의 인도를 따라 신 광야(Wilderness of Zin)에 이르렀을 때에, 그곳에 마실 물이 없었습니다. 2-3백만의 큰 무리가 광야에서 마실 물이 없어서 다 죽을 지경에 이르렀습니다. 그런 절박한 상황에 직면하자 이스라엘 백성은 모세와 아론을 원망하면서, **"우리 형제들이 여호와 앞에서 죽을 때에 우리도 죽었더면 좋을 뻔하였도다 너희가 어찌하여 여호와의 총회를 이 광야로 인도하여 올려서 우리와 우리 짐승으로 다 여기서 죽게 하느냐"**(민 20:3-4) 하고 하나님의 종들을 대적했습니다.

그러자 하나님이 모세에게, "지팡이를 가지고 **네 형 아론과 함께 회중을 모으고 그들의 목전에서** 너희는 반석에게 명하여 물을 내라 하라 네가 그 반석으로 물을 내게 하여 회중과 그들의 짐승에게 마시울찌니라"(민 20:8) 하고 말씀하셨습니다.

그래서 모세는 지팡이를 취하고 아론과 함께 백성들을 모았습니다. 그리고 모세는 **"패역한 너희여 들으라 우리가 너희를 위하여 이 반석에서 물을 내랴"** 하고 그들에게 외치면서, 지팡이로 반석을 두 번 쳤습니다. 그러자 반석에서 물이 쏟아져 나왔고 백성들과 짐승들이 다 마셨습니다. 백성들은 환호성을 지르며 물을 실컷 마시고 하나님과 모세를 찬양했겠죠! 백성들에게 원망만 듣던 모세와 아론도 의기양양했을 것입니다.

　그런데 하나님은 모세와 아론의 불순종을 문제 삼았습니다. 하나님은 모세에게, **"지팡이를 가지고⋯ 너희는 반석에게 명하여 물을 내라 하라"**고 말씀하셨지, **지팡이로 반석을 치라**고 명하시지는 않았습니다. 또 모세가, "우리가 **너희를 위하여 이 반석에서 물을 내랴**"고 백성들 앞에서 외쳤는데, **생명의 물을 내신 이**는 하나님이지 모세와 아론이 아니었습니다. 고린도전서에서는 "다 같은 신령한 음료를 마셨으니 이는 저희를 따르는 신령한 반석으로부터 마셨으매 이 반석은 곧 그리스도시라"(고전 10:4)고 말씀하셨는데, 이 반석은 목마른 자들에게 생명의 물을 공급하시는 예수 그리스도를 계시합니다. 주님은 "누구든지 목마르거든 내게로 와서 마시라 나를 믿는 자는 성경에 이름과 같이 그 배에서 생수의 강이 흘러나리라"(요 7:37-38)고 말씀하셨습니다.

　모세는 믿음으로 하나님의 말씀을 선포하기만 했으면 되는 일입니다. 구원은 전적으로 하나님 편에서 베푸시는 것이고 우리는 지팡이를 취하듯이 하나님의 약속의 말씀을 믿음으로 취하기만 하면 됩니다. 지팡이로 반석을 치는 **"행위"**는 자기의 영광을 나타내는 것이지 하나님의 영광을 나타내는 것이 아닙니다. 그래서 하나님은 "**너희가 나를 믿지 아니하고 이스라엘 자손의 목전에 나의 거룩함을 나타내지 아니한고로 너희는 이 총회를 내가 그들에게 준 땅으로 인도하여 들이지 못하리라**"(민 20:12) 하고 모세와 아론을 책망합니다. 백성들이 하나님을 믿지 아니하고 하나님을 대적했던 사건이 발단이 되어, 말씀대로 순종하지 않았던 모세와 아론이 징계를 받았습니다. 그 결과 모세와 아론은 가나안 땅에 들어가지 못하고 멀리서 그 땅을 바라보면서 광야에서 생을 마감합니다.

열 하룻길을 사십 년 걸리게 한 불신앙

하나님의 약속의 **말씀을 믿지 않는 것이** 죄입니다. 하나님께서는 이스라엘 백성의 조상들에게, "가나안 땅을 그들의 기업으로 주겠다"고 누누이 약속을 하셨습니다. 만일 그들이 이 약속의 말씀을 믿음으로 취하고 모세의 인도에 순종하였더라면, 그들은 아마 보름 만이면 **젖과 꿀이 흐르는 약속의 땅**에 넉넉히 들어갔을 것입니다. 그런 증거의 말씀이 신명기 1장에 기록되어 있습니다: "**호렙산에서 세일산을 지나 가데스 바네아에까지 열 하룻길이었더라 제 사십 년 십일월 그 달 초일일에 모세가 이스라엘 자손에게 여호와께서 그들을 위하여 자기에게 주신 명령을 다 고하였으니**"(신 1:2-3). 이후의 말씀은, 그들이 믿음으로 행했더라면 겪지 않았을 40년간의 광야 생활이 어디서 기인(起因)되었는가를 분명히 보여 줍니다.

애굽에서 탈출한 이스라엘은 시나이 반도 최남단의 호렙산에 이르렀습니다. 거기서 그들은 하나님의 계명을 받았고 진영을 정비해서 약속의 땅으로 출발했습니다. 가데스 바네아는 약속의 땅에서 그리 멀지 않은 곳인데, 호렙산에서 거기까지 **열 하룻길**이었다고 기록되어 있습니다. 그러면 넉넉잡고 한 보름 동안만 가면 이스라엘 백성은 약속된 가나안 땅에 들어갈 수 있었다는 말입니다.

그런데 그들은 열 하루 만이 아니라 40년 만에 약속의 땅에 들어갔습니다. 이스라엘 백성은 열 하루 만에 갈 수 있는 길을

40년 만에 들어갔고, 그 40년 동안 광야에서 온갖 고초를 다 겪었습니다. 그 결과 애굽에서 나온 자들 중에 20세 이상은 다 광야에서 죽었고, 당시에 어린 자들과 광야에서 새로 태어난 세대만 약속의 땅에 들어갔습니다.

왜 이스라엘 백성이 광야에서 거의 다 죽었습니까? 그들은 **하나님의 말씀을 믿지 않아서** 죽었습니다. 이스라엘 백성들은 하나님의 약속의 말씀을 믿지 않고 하나님의 종 모세의 인도도 받지 않았습니다. 그래서 하나님은 늘 이스라엘 백성을 **"목이 곧고 마음과 귀에 할례를 받지 않은 백성"** 또는 **"패역한 백성"** 이라고 부르셨고, 결국 그들은 하나님께서 약속하신 **"젖과 꿀이 흐르는 땅"** 을 밟아 보지도 못하고 광야에서 다 죽었습니다. 이스라엘 백성들은 하나님을 대적하다가 땅이 갈라져서 수천 명이 죽고, 하나님을 원망하다가 불 뱀에 물려 죽고, 쓴 물을 마시고 죽고, 염병이 돌아서 죽고, 이방 족속의 칼날에 죽고….그런 불순종의 사건들이 출애굽기나 민수기에 수도 없이 기록되어 있습니다.

그런 사건을 하나님께서 성경에 기록해 주셨기에, 우리도 "믿지 아니하는 악심을 품으면 어떻게 되는가?"에 대해서 분명히 깨닫게 됩니다. 그러므로 **"오늘날 너희가 그의 음성을 듣거든 노하심을 격동할 때와 같이 너희 마음을 강퍅케 하지 말라"**(히 3:7-8)고 하신 말씀은 "너희들이 내 안식에, 즉 영생의 천국에 들어오려면 **말씀을 믿는 믿음을 가져야 한다**"는 말씀입니다. 강퍅(剛愎)은 한자어입니다. **"강퍅하다"** 는 "마음이 딱딱하다 또는 성격이 까다롭고 고집이 세다"는 뜻입니다. 상대방의 말을 절대로 안 받아들이고 자기 고집을 꺾지 않는 자를 "강퍅한 사람"이라고 합니다. 우리들의 마음이 하나님의 말씀 앞에서 강퍅하면 하나님의 진노와 심판을 자초할 뿐입니다.

　한자 용어 중에 **타산지석(他山之石)**이란 말이 있습니다. 남이 겪는 불행한 일을 교훈으로 삼아, "아, 나도 저렇게 하면 저런 끔찍한 결과를 당하겠구나" 하고 스스로 경계할 때에 우리는 "**그 일을 타산지석으로 삼는다**"고 표현합니다. 지금 주님은 이스라엘 백성이 출애굽 후에 믿음으로 행하지 않고 하나님의 말씀을 대적함으로 광야에서 겪었던 사건들을 타산지석으로 삼으라고 우리에게 말씀하십니다. 그들은 왜 광야에서 다 죽었습니까? 하나님께서 모세를 통해서 말씀하시는데, 그들은 마음을 강퍅하게 하여 하나님의 말씀을 믿지 않았습니다.

　하나님께서는 그들이 돌이키기를 40년 동안 기다리셨습니다. 하나님은 자비하셔서 오래 참고 기다리셨지만, 그들은 끝내 돌이키지 않았습니다. 그렇게 많은 사건들을 통해서 제발 돌이켜서 믿음으로 행하라고 수없이 말씀하셨는데도, 이스라엘 백성은 끝까지 마음을 강퍅하게 하고 하나님을 대적했습니다. 그래서 결국 어떤 결과를 초래했습니까? 애굽에서 나온 자들은 광야에서 다 죽었습니다. 여호수아와 갈렙 외에는 애굽을 탈출한 자들 중에서 20세 이상이었던 자들은 아무도 약속의 땅에, 젖과 꿀이 흐르는 안식의 땅에 들어가지 못했습니다. 모세조차도 광야에서 죽었습니다. 애굽에서 나온 사람 중에서 하나님과 마음을 연합했던 여호수와와 갈렙, 딱 2명만이 광야에서 태어난 새로운 세대와 함께 약속의 땅을 차지했습니다.

　그러므로 우리들도 정신을 바짝 차려야 합니다. 우리 주님이 우리를 장차 망할 이 세상으로부터는 불러냈습니다. **믿지 아니하는 악심**을 품은 이스라엘 백성들은 광야에서 다 죽었듯이, 우리도 하나님의 말씀을 들으면서 마음을 강퍅히 한다면, 절대로 영원한 안식의 나라인 천국에는 들어가지 못합니다. 그러므로 "**오늘날 너희가 그의 음성을 듣거든 노하심을 격동할 때와 같이 너희 마음을 강퍅케 하지 말라**"(히 3:7-8)고 하신 말씀은, "주님의 은혜로 애굽이라는 죄악의 세상으로부터는 빠져나왔건만 영원한 안식의 천국에는 결국 들어가지 못할 자가 많다"는 경고의 말씀이기도 합니다.

물론 주님은 모든 사람들에 대해 오래 참고 기다리십니다. 나같이 형편없는 자에게도 주님은 오래 참고 기다려 주셨습니다. 그렇지만 마음을 강퍅하게 해서 끝까지 하나님의 말씀을 믿지 아니하면, 그런 자는 당신의 백성 중에서 끊어내 버리고 맙니다. 하나님은 자비하신 하나님이지만, 또한 준엄하고 공의하신 하나님입니다. "네가 끝까지 그렇게 나를 믿지 아니하는 악심을 품느냐? 내가 누구인지 네가 정말 모르겠느냐? 나는 눈이 불꽃같고 그 발이 주석 같은 하나님이다. 철장(鐵杖)으로 항아리를 깨뜨리듯이 만국을 깨뜨릴 수 있는 전능한 하나님이다"라고 주님은 당신을 우습게 여기는 자들에게 경고합니다.

"**믿지 아니하는 악심**"은 죄입니다. "**형제들아 너희가 삼가 혹 너희 중에 누가 믿지 아니하는 악심을 품고 살아 계신 하나님에게서 떨어질까 염려할 것이요 오직 오늘이라 일컫는 동안에 매일 피차 권면하여 너희 중에 누구든지 죄의 유혹으로 강퍅케 됨을 면하라**"(히 3:12-13)

"**믿지 아니하는 악심**"을 끝까지 품는 자는 절대로 주님의 안식에 들어가지 못합니다. 주님께서 주시고자 하는 안식은 영원한 천국입니다. 믿음으로 하나님의 약속을 얻은 자들은 천국에서 영원토록 편안히 쉬면서 하나님께서 예비하신 풍성한 은혜를 누릴 것입니다. 그러나 약속의 말씀을 믿지 아니하면, 영원한 안식에 절대로 못 들어갑니다. 믿지 아니하면 죄 사함으로 말미암는 구원을 절대로 받지 못합니다. 광야에서 40년 동안 살아 계신 하나님의 역사와 능력을 맛보고도, 하나님을 믿지 아니함으로 다 멸절된 **이스라엘 백성들의 악행을 타산지석으로** 삼으라고 주님께서 말씀하십니다.

믿지 아니하는 것이 악심(惡心)입니다(히 3:12). 하나님을 믿지 않는 마음이 하나님 앞에서 제일 악합니다. "**믿지 아니하는 악심**"이 바로 죄입니다. 성경은 주님을 믿지 않는 것이 죄라고 말씀하십니다. "**그가 와서 죄에 대하여, 의에 대하여, 심판에 대하여 세상을 책망하시리라** 죄에 대하여라 함은 저희가 나를 믿지 아니함이요"(요 16:8-9). 여기서 "그"는 성령님을 말씀합니다. "성령이 오시면, 죄에 대해서 의에 대해서 심판에 대해서 세상을 책망하시겠다"고 말씀하셨는데, 성령께서 왜 세상 사람들을 책망하십니까? 세상 사람들이 죄에 대하여, 의에 대하여, 심판에 대하여, **완전히 잘못된 지식**을 가지고 있기 때문에 성령께서 그들을 책망해서 잘못된 지식을 바로잡아 주시겠다는 말씀입니다.

이 세상 사람들은 "무엇이 죄인지"에 대해서도 잘못 알고, "하나님의 의"에 대해서도 잘못 알고, "하나님의 심판이 누구에게 임하는지"에 대해서도 잘못 알고 있습니다. 그렇게 잘못 알고 있는 이유는, 그들이 모든 것을 인간의 기준으로, 자기 마음대로 생각하기 때문입니다. 인간의 **근본적인 죄는 하나님을 믿지 않는 것입니다.** 첫 사람 아담과 하와가 하나님의 말씀을 믿지 아니함으로 세상에 죄가 들어왔고 그 죄 때문에 모든 사람에게 사망이 왔습니다. "선악을 알게 하는 나무의 실과를 따먹으면 너는 정녕 죽으리라"고 말씀하셨는데, 아담과 하와는 하나님의 말씀을 믿지 않았습니다. 그래서 사단 마귀가 거짓말로 유혹하자 그들은 사단의 말을 받아들이고 하나님의 말씀을 버렸습니다. 그 결과 첫 사람에게 죄가 들어오고 그 죄로 인해서 사망이 모든 인류에게 유전되었습니다. 마음을 강퍅하게 해서 믿지 않는 것이 **사망에 이르는 죄**입니다.

주님은 "누구든지 **죄의 유혹으로 강퍅케 됨을 면하라**"(히 3:13)고 말씀하십니다. 우리 마음이 왜 강퍅해집니까? 우리 마음속에는 하나님을 믿지 않으려는 **악심**이 있기 때문입니다. 우리가 왜 이런 악한 마음을 갖게 되었습니까? 사단 마귀가 우리 마음을 너무 오랫동안 지배해 왔기 때문에, 하나님의 진리의 말씀을 믿지 않고 대적하려는 악심이 마음에 깊이 **쓴 뿌리**를 박고 있습니다. 그래서 사람의 악한 마음을 육신의 욕망이 유혹하면 그것이 너무 매혹적이어서 하나님의 말씀을 따르는 것은 너무나 부담스럽게 됩니다. 그리고 마음은 점점 더 강퍅해집니다. 한번 강퍅해진 심령은 하나님의 말씀을 들려줘도 그 말씀에 토를 달고 비아냥거립니다.

하나님 앞에서 자기가 얼마나 부족한 자이며 먼지만도 못한 자임을 인정한다면, 하나님을 경외하는 마음으로 하나님께 무릎을 꿇고, "내가 주님 말씀을 믿기를 원합니다. 그런데 믿음이 없으니 저에게 믿음을 주십시오" 하고 간구하는 것이 은혜를 입을 마음 자세입니다. 그런데 마음을 강퍅하게 하고 아예 하나님의 말씀을 믿지 않으려고 작정한 자들이 많습니다. 그들은 귀를 꼭 막고 하나님의 말씀을 듣지도 않으려고 합니다. 이런 사람들은 **죄의**

유혹을 따라 마음이 강퍅해진 자들입니다. 세상을 사랑하는 사람들은 이런 강퍅해진 마음 때문에 결국 죄에 빠져서 지옥의 멸망을 받게 됩니다.

하나님께 믿음을 구해야 합니다

본래 우리에게는 믿음이 없습니다. 믿음도 하나님께서 주셔야 갖게 됩니다. 그러므로 우리는 **하나님을 믿고자 하는 간절한 소원을** 품어야 합니다. 어떤 사람이 귀신이 들린 자기 아들을 예수님 제자들에게 데려왔습니다. 그런데 예수님의 제자들이 귀신을 쫓아내지 못했습니다. 예수님께서 안 계실 때, 자기들이 한번 실력 발휘를 하려다가 실패한 것입니다. 그래서 예수님께서 돌아오셨을 때에 제자들은 쑥스러워서 어찌할 줄을 몰라 했습니다. 예수님께서는 그 아비에게 "언제부터 이렇게 되었느냐?"고 물으셨습니다. 그러자 그 아비는, "**어릴 때부터니이다 귀신이 저를 죽이려고 불과 물에 자주 던졌나이다** 그러나 무엇을 하실 수 있거든 **우리를 불쌍히 여기사 도와 주옵소서**" 하고 간구했습니다. 주님은, "**할 수 있거든이 무슨 말이냐 믿는 자에게는 능치 못할 일이 없느니라**"(막 9:23)고 말씀하셨습니다. 그 아이의 아버지는, "**내가 믿나이다** 나의 믿음 없는 것을 도와 주소서" 하고 외쳤습니다. 그러자 주님께서는 그 아이에게서 귀신을 쫓아내 주셨습니다.

우리도 그 아비처럼 믿음을 더하여 달라고 주님께 간구해야 합니다. 지금은 주님의 말씀을 100% 온전히 믿지 못해도, "주님, 저는 믿음이 없습니다. 그러니 주님, 제게 온전한 믿음을 주십시오.

저는 주님의 말씀을 온전히 믿기를 원합니다" 하고 간구하는 자에게 주님은 견고한 믿음을 주십니다.

그러나 이와 반대로 하나님의 말씀을 믿지 않으려고 용을 쓰는 자는 죄의 유혹으로 마음이 점점 더 강퍅해집니다. 그런 자는 마음이 하나님으로부터 멀어지다가 끝내는 주님을 떠나게 됩니다. 가인같이 하나님께로부터 마음이 멀어지다가 끝내 여호와 앞을 떠나는 것은 우리에게 제일 큰 저주입니다. 주님은 "**하나님을 가까이 하라 그리하면 너희를 가까이 하시리라**"(약 4:8)고 말씀하십니다. 하나님께 마음의 초점을 맞추고 가까이하는 사람은 하나님께로부터 "**하늘의 이슬과 땅의 기름짐**"의 축복과 은혜를 입는 "**여호와의 복 주신 밭(마음)**"(창 27:27)입니다.

"**우리가 시작할 때에 확실한 것을 끝까지 견고히 잡으면 그리스도와 함께 참예한 자가 되리라**"(히 3:14).

여기에서 "**우리가 시작할 때 확실한 것**"이 무엇일까요? 우리는 성경을 읽을 때에 "처삼촌 묘지 벌초하듯" 대충 넘어가지 말고 하나님의 말씀이 진정 무엇을 의미하는지 꼼꼼히 살펴야 합니다. "**우리가 시작할 때에 확실한 것**"은 물과 성령의 복음입니다. 하나님의 종들이 디아스포라(diaspora)에 흩어진 히브리인들을 찾아가서 전도의 일을 시작할 때에, 처음부터 **물과 성령의 복음**을 전했고 그들에게 이 진리의 복음을 견고하게 믿도록 권면했습니다. 하나님 종들은 처음부터 "하나님의 아들인 **예수 그리스도께서 물과 피로 임하셔서**(요일 5:6) 우리를 모든 죄에서 구원했다"는 진리의 복음을 전했습니다. 그래서 히브리인들은 믿음을 시작한 처음부터 **복음의 원형(原型)**인 **물과 성령의 복음**을 들었습니다.

그런데 많은 히브리인들이 이 진리의 복음을 끝까지 견고히 붙들지 못했습니다. 복음을 듣고서 이 진리의 복음을 믿는다고 고백은 했는데, 그들은 여전히 그 마음의 초점을 세상에 두고 있었습니다. 그들의 마음은 온통 사업, 직장, 연애, 출세, 쾌락 등에 가 있었기 때문에 주님에게는 마음의 초점을 고정시킬 수 없었습니다. 그렇게 세상 일들에만 마음의 초점을 맞추고 살아가다 보니, 그들의 마음은 점점 강퍅해지고, 믿음을 시작할 때에 **처음부터 들었던 물과 성령의 복음**은 이미 그들의 마음에서 흘러 떠내려가 버렸습니다. 히브리인들이 믿음을 시작할 때에 확실히 믿었던 것을 끝까지 견고히 붙들지 못해서, 이제 그들은 "그런 말씀이 있었던가?" 하는 상태에까지 이르게 되었습니다.

그러나 처음에 시작할 때에 들었던 확실한 복음의 말씀을 끝까지 견고히 붙들면 **"그리스도와 함께 (영생에) 참예한 자가 되리라"**고 하셨습니다. 그들이 시작할 때에 확실한 것, 즉 처음부터 가졌던 믿음은 **물과 성령의 복음**을 믿는 믿음입니다. 하나님의 교회는 시작할 때부터 이렇게 확실한 진리의 복음으로 시작을 합니다. 그래서 의의 열매를 많이 맺습니다.

그러나 이 세상의 교회는 어떻습니까? 그들에게는 **시작할 때에도 확실한 것이 없습니다.** 이 세상의 교회는 **물과 성령의 복음**을 전하지 않습니다. 기독교인들은 처음부터 온전한 복음을 듣지도 보지도 못한 채 신앙생활을 시작했습니다. 그들은 처음부터 **십자가의 피만으로 된 반쪽짜리 복음**으로 시작합니다. 그렇기 때문에 그들에게서 어떤 열매가 맺힙니까? 그런 교회들에게서는 이 세상의 타락한 현상들이 그대로 나타납니다.

어제 저녁 TV뉴스에 『서초교회의 잔혹사』라는 책이 소개되었습니다. 이 소설은 강남에 있는 한 대형교회에서 일어났고

하나님의 말씀 앞에서 너희 마음을 강퍅케 하지 말라   169

지금도 전개되고 있는 타락한 종교의 실상을 다룬 소설입니다. 서울 강남의 노른자위 땅에 있는 그 대형교회를 설립한 고(故) ○○○목사는 한국의 기독교 안에서 제법 유명한 사람인데, 그 목사의 아들이 그 교회의 엄청난 비리와 더러운 죄악상을 『서초교회의 잔혹사』라는 논픽션 소설로 출간한 것입니다.

그 교회는 교인이 대략 9만 명이며, 일 년에 헌금이 약 600억 원이나 된답니다. 강남의 그 비싼 땅에, 약 3,000억 원을 들여서 전체가 유리창으로 뒤덮인 어마어마한 예배당 건물을 지었습니다. 그리고 그 교회의 담임목사는 큰 예배당을 짓는 것이 곧 하나님을 섬기는 것이라고 주장한답니다. 정말 가관입니다. 그런 자들은 그야말로 하나님과는 전혀 상관이 없는 자들이며, 이윤만 추구하는 이 세상의 기업들보다 더 타락한 짓을 하는 자들입니다. 그런 자들 때문에 예수님의 이름이 이 시대의 믿지 않는 자들에게 모욕을 당하고 있습니다.

이것 정말 웃기는 얘기가 아닙니까? 자기 아버지가 세운 교회는 그렇게 기업화 됐고, 그 아들은 그 추잡한 비리와 일탈을 논픽션 소설로 써서 고발했습니다. 설립자 목사의 아들인 저자는 자기 아버지가 그 유명한 대형교회의 설립자이지만, 정작 본인은 20대 때 기독교에 회의감을 느끼고 신앙에 대한 관심을 모두 끊었다고 합니다. 그러니까 이 교회의 현재 담임목사를 옹호하는 사람들은 "자기 아버지가 세운 교회를 자기가 물려받지 못하니까 그런 소설을 써서 물의를 일으키고 있다"고 이 소설의 저자를 비난하고 검찰에 고발했답니다. 하나님을 전혀 믿지 않는 이 세상 사람들의 눈에도 너무 부끄러운 짓들을 그들은 지금 예수님의 이름을 빙자해서 행하고 있습니다.

그들은 왜 그렇게 하나님의 이름에 먹칠을 하고 있습니까? 그들은 믿음을 시작할 때에, 확실한 진리인 **물과 성령의 복음으로 시작을 하지 않아서** 그렇게 된 것입니다. 열매를 보아 그 나무를 안다고 주님께서는 말씀하셨습니다. 가시나무에서 포도를 따겠습니까? 그들이 **가짜 복음으로 믿음을 시작했으니** 더러운 열매가 달리는 것은 당연한 일입니다.

물과 성령의 복음으로 신앙생활을 시작한 의인들은 하나님의 말씀에 순종합니다. 그래서 주님은 "시작할 때에 확실한 **것을 끝까지 견고히 붙들라**"고 권면합니다. 하나님은 우리를 너무나 사랑하시기에, 이렇게 간절하게 우리에게 권면하신다는 것을 여러분은 아시기 바랍니다. 물과 성령의 복음을 견고하게 붙들고, 우리 마음과 생각의 모든 초점을 예수님께 맞추면 우리는 약속의 땅인 **영생의 천국에 넉넉하게** 들어갑니다. 그래서 주님은 "**오늘날**"이라고 말씀합니다. 지금까지 그렇게 믿음으로 화합하지 못했으면, 지금이라도 강퍅한 마음을 돌이켜서 하나님의 말씀을 마음으로 믿으라고 간곡히 권고하시는 주님의 말씀입니다.

"이로 보건대 저희가 믿지 아니하므로 능히 들어가지 못한 것이라"(히 3:19).

믿지 아니하는 것이 악심(惡心), 즉 악한 마음입니다. 이런 악한 마음의 소유자는 이 땅에서도 하나님의 축복과 은혜와 보호하심을 받지 못합니다. 그리고 하나님을 올바르게 믿지 않으면 예수님을 믿고도 다 지옥에 갑니다. 처음부터 들었던 원형(原型) 복음인 **물과 성령의 복음**을 믿지 아니하면 천국에 절대로 못 들어갑니다.

그러나 진정한 믿음으로 주님과 연합해서 하나님과 동행하는 자는 감당 못할 축복을 누리게 됩니다. 저도 믿음으로 말미암아 저에게 임한 하나님의 축복과 은혜를 넘치게 체험하며 살고 있습니다. 저는 하나님의 모든 말씀을 믿습니다. 우리 모두가 온전한 믿음으로 하나님 앞에 나아감으로써 하나님을 기쁘시게 하는 자들이 되기를 바랍니다.

말씀을 마쳤습니다.

(2014년 3월 16일 주일예배 말씀)

믿음으로 하나님의 안식에 들어가기를 힘쓰십시오

"그러므로 우리는 두려워할지니 그의 안식에 들어갈 약속이 남아 있을지라도 너희 중에 혹 미치지 못할 자가 있을까 함이라

저희와 같이 우리도 복음 전함을 받은 자이나 그러나 그들은바 말씀이 저희에게 유익되지 못한 것은 듣는 자가 믿음을 화합지 아니함이라

이미 믿는 우리들은 저 안식에 들어가는도다 그 말씀하신 바와 같으니 내가 노하여 맹세한 바와 같이 저희가 내 안식에 들어오지 못하리라 하셨다 하였으나 세상을 창조할 때부터 그 일이 이루었느니라

제 칠일에 관하여는 어디 이렇게 일렀으되 하나님은 제 칠일에 그의 모든 일을 쉬셨다 하였으며 또 다시 거기 저희가 내 안식에 들어오지 못하리라 하였으니

그러면 거기 들어갈 자들이 남아 있거니와 복음 전함을 먼저 받은 자들은 순종치 아니함을 인하여 들어가지 못하였으므로 오랜 후에 다윗의 글에 다시 어느 날을 정하여 오늘날이라고 미리 이같이 일렀으되 오늘날 너희가 그의 음성을 듣거든 너희 마음을 강퍅케 말라 하였나니

만일 여호수아가 저희에게 안식을 주었더면 그 후에 다른 날을 말씀하지 아니하셨으리라

그런즉 안식할 때가 하나님의 백성에게 남아 있도다

이미 그의 안식에 들어간 자는 하나님이 자기 일을 쉬심과

같이 자기 일을 쉬느니라

그러므로 우리가 저 안식에 들어가기를 힘쓸지니 이는 누구든지 저 순종치 아니하는 본에 빠지지 않게 하려 함이라"(히 4:1-11)

애굽을 탈출한 후 광야를 헤매던 이스라엘 백성은 하나님께서 살아 계셔서 역사하시는 이적들을 40년 동안 눈으로 보고도 믿지 아니하였습니다. 그 결과 여러 가지 재앙이 임해서 수많은 자들이 죽어 나갔지만 그들은 끝내 하나님의 말씀을 믿지 않았습니다. 그래서 이스라엘 백성 중, 애굽에서 탈출할 당시에 20세 이상 된 자들은 약속의 땅에 들어가지 못하고 모두 광야에서 죽었습니다. 약속의 땅에 들어가지 못했다는 말은 영적으로 천국 영생에 들어가지 못했다는 의미입니다.

지금 우리들에게도 이 말씀은 동일한 의미를 갖습니다. 우리가 지금 이 세상을 살아가는 것은 광야 길을 가는 것과 같습니다. 우리의 삶의 노정(路程) 가운데서, 하나님이 은혜를 베풀고 역사하시는 것을 눈으로 보면서도 믿지 아니하는 악심을 품고 마음을 강퍅하게 하면, 우리도 똑같이 하나님의 약속하신 그 영원한 천국의 안식에 들어가지 못하고 지옥에 떨어지고 말 것입니다.

그래서 주님은 오늘 읽은 히브리서 4장의 말씀을 통해서, "오늘날 너희가 하나님의 말씀을 듣거든 믿지 아니하는 악심을 품고 강퍅한 마음으로 저주를 자초할 것이 아니라, 돌이켜서 그 말씀을 믿음으로 하나님의 모든 축복을 받으라"고 간곡히 우리에게 권면하십니다. 이렇게 간곡히 권면하시는 하나님의 말씀을 우리는 명심해야 합니다. 여러분은 제발 믿지 아니하는 악심을 버리고 하나님 말씀을 마음으로 믿어서 하나님께서 약속하신 모든 축복을 누리기를 바랍니다.

믿음은 축복의 통로입니다

하나님의 **말씀을 믿는 것**이 **믿음**입니다. 하나님의 말씀을 믿으면 축복이고 하나님 말씀을 믿지 않고 내 생각대로 행하면 저주입니다. 우리가 하나님 말씀을 믿지 않으면, 그 대신 마귀의 말을 믿게 됩니다. 그리고 인간의 철학이나 가치관은 **"공중 권세 잡은 자"**인 사단 마귀가 불어넣어 준 것이기 때문에, 지금도 마귀의 말은 우리의 육신의 생각과 잘 맞습니다. 인류의 시작부터 사단 마귀가 인간의 마음과 생각에 자기의 거짓말을 끊임없이 주입해 왔기 때문에 우리는 마귀의 거짓말에 중독이 되어 있습니다.

어떤 것에 중독이 되면 그것을 끊기가 매우 어렵습니다. 담배도 인이 박이면 "나는 담배를 절대로 못 끊어요"라고 스스로 단정하기 때문에 더욱더 담배를 못 끊습니다. 중독이라는 것이 그렇게 무섭습니다. 이번에 어떤 여자 연예인이 프로포폴이라는 금지된 약물을 주사 맞았다고 고발을 당했답니다. 프로포폴은 마약류에 속합니다. 그 연예인은 프로포폴을 주사 맞은 전력이 있어서 재판을 받고 집행유예 판결을 받았었는데, 집행유예 기간 동안에 또 그 주사를 맞았다고 합니다. 만일 이것이 사실로 입증되면 그 여자의 인생은 끝난 것이나 다름없습니다. 연예인으로도 활동할 수 없고, 법의 심판도 준엄할 것입니다.

중독이라는 것이 그렇게 무서운 것인데, 우리는 오랫동안 마귀의 거짓말에 중독이 되어 왔습니다. 마귀가 우리의 마음을 완전히 사로잡고 자기가 하고 싶은 모든 거짓말들을 사람의 마음에 주입해 놓았습니다. 사단 마귀는 온갖 거짓말과 헛된 가치관과 죄의 습성을 인간의 타락한 마음판에 새겨 놓았습니다. 그 결과 우리 모두의 마음은 마귀의 거짓말에 선점되고 중독되어 있었습니다.

그래서 하나님의 진리의 말씀이 우리 마음에 들어오려면, 그 말씀은 자기 마음을 선점하고 있는 마귀의 거짓말과 상충됩니다. 그래서 하나님의 말씀을 처음부터 순수하게 믿음으로 받아들이는 사람은 거의 없습니다. 그러므로 누구든지 자기 생각을 부인해야만 하나님의 말씀을 믿을 수 있습니다. 우리 마음밭이 그렇게 악하고 더러우며 강퍅하기가 돌밭과 같으니, 하나님의 말씀의 씨앗이 우리의 마음밭에 떨어진들 하나님의 말씀에 믿음으로 화합하기가 쉽지 않습니다.

하나님 앞에서 자기가 얼마나 악하며 쓰레기같이 무익한 자인지를 인정하는 자라야, 하나님 말씀이 자기에게 얼마나 절실한지를 깨닫고 그 말씀을 마음으로 믿어서 결실을 맺습니다. 자기의 의가 많은 사람은 하나님의 의를 갈구하지 않습니다. 여리고로 내려가는 길에서 강도를 만나서 거반 죽게 된 자와 같이, 자기 속에서 쏟아져 나온 죄의 떼강도를 만나서 죄를 짓지 않으려고 몸부림치다가 만신창이가 된 자라야, 자기의 의가 다 깨어지고 스스로 심히 죄인임을 인정한 자라야, 하나님 앞에 나와서 자기를 불쌍히 여겨 달라고 하나님께 간청하게 됩니다.

주님은 "너희는 가서 내가 긍휼을 원하고 제사를 원치

아니하노라 하신 뜻이 무엇인지 배우라 내가 의인을 부르러 온 것이 아니요 죄인을 부르러 왔노라"(마 9:13)고 말씀하십니다. 하나님 앞에서 자기가 지옥에 가야 할 죄인임을 진정으로 시인한 자를, 그래서 하나님께서 자기에게 긍휼을 베풀어 주시기만을 간절히 구하는 자를 주님은 불쌍히 여기시며 진리의 복음으로 구원을 베풀어 주십니다. 그리고 믿는 자에게, "소자야, 네 죄 사함을 받았느니라" 하고 선포해 주십니다.

"그러므로 우리는 두려워할지니 그의 안식에 들어갈 약속이 남아 있을지라도 너희 중에 혹 미치지 못할 자가 있을까 함이라 저희와 같이 우리도 복음 전함을 받은 자이나 그러나 그 들은바 말씀이 저희에게 유익되지 못한 것은 듣는 자가 믿음을 화합지 아니함이라"(히 4:1-2).

주님께서는 약속의 말씀을 믿지 않았던 "저희"와 믿는 "우리"를 대비시켜서 말씀하십니다. 즉, "너희 중에"라고 칭하신 히브리인 중에는 영생에 들어가게 하는 이 진리의 복음을 듣고서 마음으로 믿는 자들과 믿지 않는 자들이 섞여 있었다는 말씀입니다. 진리의 복음인 **물과 성령의 복음**을 들은 자들 중에 그 진리의 말씀을 마음에 믿음으로 화합하지 않은 자들이 많았습니다. 그들은 이 복음을 듣기는 들었지만 온전히 믿지 않아서 영원한 안식에 들어가지 못하고 결국 지옥에 떨어졌습니다.

반면에, 믿음으로 화합한 자들에게는, "**이미 믿는 우리들은 저 안식에 들어가는도다**"(히 4:3)라고 말씀하심으로, 그들이 **구원을 받았음을 선포**하십니다. 믿음의 사람들은 온전한 믿음으로 죄 사함을 받고 이미 영원한 안식에 들어갔습니다. 이미 믿는 우리가 아직 이 땅에 살고 있지만, 우리는 믿음으로 천국 영생의 약속을 이 땅에서부터 보장받은 자들입니다.

진리의 복음을 지식으로 아는 것은 아무 소용이 없습니다. 그것은 **진리의 복음을 "들은 단계"**에 머물러 있는 것이지 마음으로 믿는 것이 아닙니다. **물과 성령의 복음을** 마음으로 믿는 것과 그냥 알고만 있는 것은 천지차이입니다. 진리의 복음을 지식으로 아는 수준에서 끝나는 것은 사실 **"마음으로는 아직 믿지 않는 단계"**입니다. 하나님의 약속의 말씀을 "마음으로 믿느냐, 아니면 믿지 않느냐?"의 여부가 하나님 앞에서 모든 축복과 모든 저주의 갈림길입니다. "순간의 선택이 십 년을 좌우한다"는 세탁기 광고 문구가 예전에 있었는데, 마음에 진정으로 믿느냐 안 믿느냐가 **영원**을, 즉 "천국의 영원한 안식이냐, 아니면 지옥의 영원한 형벌이냐"를 결정합니다.

히브리서 3장과 4장에 걸쳐서 계속되는 이 권면의 말씀은 이스라엘 백성이 모세의 인도를 따라 애굽을 탈출해서 광야에서 겪었던 사건들을 **타산지석**으로 삼으라시며 경고하시는 말씀입니다. 사도 바울도 이스라엘 백성이 광야에서 믿음으로 행하지 않고 하나님을 대적한 사건들을 열거하면서, **"저희에게 당한 이런 일이 거울이 되고 또한 말세를 만난 우리의 경계로 기록하였느니라"**(고전 10:11)고 말씀합니다.

이스라엘 백성들이 광야에서 어떻게 행했습니까? 그들은 하나님의 말씀을 믿지 않았습니다. 그들은 아주 안 믿으려고 작정하고 강퍅한 마음으로 하나님을 대적했습니다. 마음이 고집스럽고 딱딱한 상태를 "강퍅하다"고 합니다. 광야에 나온 그들의 마음은 너무 강퍅했습니다. 하나님의 말씀 앞에서 강퍅한 마음은 지옥의 형벌을 피할 길이 없습니다. 지옥의 영벌(永罰)은 하나님 앞에 가장 끔찍스러운 판결이기 때문에 강퍅한 마음으로 믿지 아니하는 악심이 여러분에게 있다면 제발 그 악한 마음을 돌이켜야 합니다. 그리고 우리의 마음밭을 어린아이처럼 순수한 마음으로 바꾸어 달라고 하나님께 기도해야 합니다.

패역한 이스라엘

민수기 말씀을 통해서 이스라엘 백성이 광야에서 패역했던 대표적인 사건 중의 하나를 보겠습니다. 민수기 20장에는 "므리바의 물 사건"이 기록되어 있습니다.

"회중이 물이 없으므로 모여서 모세와 아론을 공박하니라 백성이 모세와 다투어 말하여 가로되 우리 형제들이 여호와 앞에서 죽을 때에 우리도 죽었더면 좋을뻔 하였도다 너희가 어찌하여 여호와의 총회를 이 광야로 인도하여 올려서 우리와 우리 짐승으로 다 여기서 죽게 하느냐

너희가 어찌하여 우리를 애굽에서 나오게 하여 이 악한 곳으로 인도하였느냐 이곳에는 **파종할** 곳이 없고 무화과도 없고 포도도 없고 석류도 없고 마실 물도 없도다"(민 20:2-5).

이스라엘 백성들은 애굽에서의 노예 생활이 너무 힘들어서 자기들을 노예 생활의 속박과 고초에서 구원해 달라고 하나님께 울부짖었습니다. 하나님께서는 그들을 불쌍히 여기시고, 그들의 조상들에게 가나안 땅을 유업으로 주시겠다고 하신 약속을 기억하셨습니다. 그래서 모세를 인도자로 세워서 당신의 백성을 애굽의 종살이에서 벗어나게 해 주셨습니다. 이스라엘 백성은 애굽을 떠나기 전부터, 열 가지 재앙으로 애굽을 치시는 하나님의

놀라운 역사를 다 목도했습니다. 그리고 홍해가 갈라져서 바닷물이 좌우에 벽을 이루고 선 것도 보았습니다. 그들은 홍해를 마른 땅으로 건너서 자유의 몸이 되었습니다. 그런데 이런 놀라운 하나님의 역사들을 다 보았으면서도 그들은 마음을 강퍅하게 하고 하나님을 믿지 않았습니다.

그들은 광야에 나온 첫 해에 시내 산에 이르렀습니다. 이스라엘 백성은 거기에 머물면서 율법을 받고 성막(聖幕)의 제도(製圖)를 받아서 하나님께서 모세에게 보여 주신 대로 성막을 만들었습니다. 그리고 그들은 성막을 중심으로 전열을 정비했습니다. 물론 그 사이에도 이스라엘 백성들은 하나님 앞에서 엄청난 죄를 범했습니다. 모세가 하나님의 말씀을 받으러 시내 산에 올라간 후 40일 동안 내려오지 않자, 그들은 아론을 충동해서 금송아지를 만들고 그것을 자기들의 신으로 섬기며 방자히 행했습니다. 그래서 하나님께서 우상숭배한 자들을 백성 중에서 제하셨습니다.

아무튼 이스라엘 백성들은 시내 산에서 약속의 땅을 향해 출발했습니다. 만일 그들이 가나안 땅을 주시겠다는 하나님의 약속을 믿고 모세와 연합해서 믿음으로 나아갔더라면, 열 하루 정도면, 아니 넉넉잡아 보름이면 그 약속의 땅에 들어갔을 것입니다.

신명기 1장 2절 말씀에, **"호렙산에서 세일산을 지나 가데스 바네아에까지 열 하룻길이었더라"** 고 기록되어 있습니다. 가데스 바네아는 가나안 땅 남쪽의 접경지대입니다. 가데스 바네아는 가나안 땅이 보이는 곳이기에, 그곳을 넘어가면 바로 가나안 땅입니다. 그들이 출발한 호렙산(시내산)에서 약속의 땅까지 열 하룻길밖에 안 되는 거리였다고 성경은 기록하고 있습니다.

그러므로 "하나님께서 우리에게 주시겠다고 약속하신 젖과 꿀이 흐르는 가나안 땅을 반드시 우리에게 주실 것이다"라는 견고한 믿음으로 마음을 무장하고 모세와 연합해서 나아갔다면, 그들은 보름이 못되어 그 약속의 땅에 들어가서 안식을 누렸을 것입니다. 하나님은 한 번 약속하시면 반드시 이루시는 분입니다. 어떤 장애가 있어도 하나님은 그런 장애들을 다 제거해 주시고 능히 들어가게 하실 수 있는 분입니다.

모세는 각 지파에서 족장 1명씩, 12명을 택해서 약속의 땅을 정탐하도록 보냈습니다. 그들은 그 땅의 포도 한 송이를 따서 장대에 꿰어 두 명이 메고 돌아와서, "당신이 우리를 보낸 땅에 간즉 과연 그 땅에 젖과 꿀이 흐르는데 이것은 그 땅의 과일이니이다 그러나 그 땅 거주민은 강하고 성읍은 견고하고 심히 클 뿐 아니라 거기서 아낙 자손을 보았으며 아말렉인은 남방 땅에 거주하고 헷인과 여부스인과 아모리인은 산지에 거주하고 가나안인은 해변과 요단 가에 거주하더이다"라고 보고를 했습니다.

이 보고를 들은 백성들이 술렁거리자, 갈렙은 여호수아와 함께 나서서 "우리가 곧 올라가서 그 땅을 취하자 능히 이기리라"(민 13:30)고 담대히 외쳤지만, 나머지 10명의 족장들은 "우리는 능히 올라가서 그 백성을 치지 못하리라 그들은 우리보다 강하니라" 하고 이스라엘 자손 앞에서 그 정탐한 땅을 악평하여 이르되 "우리가 두루 다니며 탐지한 땅은 그 거민을 삼키는 땅이요 거기서 본 모든 백성은 신장이 장대한 자들이며 거기서 또 네피림 후손 아낙 자손 대장부들을 보았나니 우리는 스스로 보기에도 메뚜기 같으니 그들의 보기에도 그와 같았을 것이니라"(민 13:32-33) 하고 부정적인 보고를 했습니다. 그런 말을 들은 백성들은 소리를 높여 부르짖으며 밤새도록 통곡했습니다.

우리가 처한 상황을 믿음의 눈으로 바라보느냐, 아니면 하나님을 믿지 않고 자기의 관점에서만 바라보느냐에 따른 **결론의 차이**는 극과 극입니다. 모세의 명을 받고 이스라엘의 열두 지파의 족장 12명이 약속의 땅을 정탐하러 들어갔었습니다. 그들은 동일한 상황을 보고 돌아왔는데, 믿음이 없는 열 명은, "그들 앞에 우리는 다 메뚜기와 같아서 그들과 전쟁을 하면 우리는 다 죽는다"라고 **부정적인 판단**을 내리고 모세와 하나님을 대적했습니다. 그들 열 명은 젖과 꿀이 흐르는 땅을 눈으로 보고도 하나님께서 약속하신 말씀을 믿지 못해서, 모세와 아론을 원망하고 다른 인도자를 세워서 애굽으로 돌아가고자 백성들을 충동했습니다.

그러나 열두 명의 정탐꾼 중에서 단 두 사람, 여호수아와 갈렙은 하나님의 약속을 믿는 믿음의 눈으로 그 땅을 바라보았기 때문에 **긍정적인 판단**을 내렸습니다. 여호수아와 갈렙은, "하나님이 우리에게 주겠다고 약속하신 그 땅은 너무나 아름답고 기름진 땅이다. 그 땅을 차지하러 올라가자! 그곳의 거민들이 장대하긴 해도 그들은 우리의 밥이다"라고 담대하게 말했습니다.

믿음의 눈과 불신앙의 눈이 내린 결론이 얼마나 다릅니까? 극과 극입니다. 그런데 부정적인 정탐꾼은 열 명이나 되니까, 믿음 없는 이스라엘 백성들은 그들의 부정적인 말에 휩쓸려서 밤새 통곡을 하며 모세와 아론을 원망했습니다. 그러자 하나님께서는 그들이 가나안 땅을 정탐한 40일의 하루를 1년으로 환산해서, 40년 동안 그들이 광야에서 방황하다가 거기서 다 죽게 하십니다.

왜 하나님께서 그들을 광야에서 방황하게 하셨습니까? 그들이 여러 가지 어려움을 겪으면서, 하나님께서 살아 계신 것과 하나님은 반드시 약속을 이루시는 분임을 깨닫고 **돌이켜서 하나님을 믿게 하려고** 이스라엘 백성들에게 그런 어려움을 주신 것입니다. 그러나 이스라엘 백성들은 그렇게 많은 사건 가운데 하나님께서 그들과 함께 하시며 역사하시는 것들을 보고서도 끝내 마음을 돌이키지 않았습니다.

이스라엘 백성이 그렇게 40년 동안 광야를 헤매던 중에 **므리바**라는 지역에 도착했습니다. 그런데 거기에는 마실 물이 없었습니다. 이스라엘 백성은 거의 삼백만 명이나 되고 가축들도 많았습니다. 물은 사람이나 가축의 생존에 필수적입니다. 그것도 맹렬한 더위의 사막에서 물이 없었으니 얼마나 목이 말랐겠습니까? 그렇게 절박하면 믿음의 사람들은 어떻게 합니까? 전능한 하나님을 믿고 하나님께 나아가 간구합니다. 그런데 이스라엘 백성들은 하나님을 믿는 믿음이 없었기 때문에, 그런 절박한 상황 속에서 오히려 하나님을 대적하고 하나님이 세운 종들을 원망하는 방향으로 어긋나가기만 했습니다.

어떤 곤고한 상황에 부딪히면 **믿음의 사람과 불신앙의 사람은 정반대의 반응**을 보입니다. 믿음이 없는 자는 곤란한 상황에 처하면 하나님을 원망하고 모든 탓을 다른 사람에게 돌립니다. 첫 사람 아담과 하와가 범죄했을 때도 아담은 하나님과 하와에게, 하와는 뱀에게 그렇게 된 모든 탓을 돌렸습니다. **믿음이 없는 사람**은 상황과 형편만을 바라보면서 부정적인 판단을 내리고 남을 원망하며 스스로 절망에 빠집니다.

그러나 **믿음의 사람**은 어떤 어려운 상황에 부딪히면 하나님께로 마음과 눈을 돌립니다. 믿음의 사람은 어려우면 어려울수록 주님의 이름을 더욱더 간절히 부릅니다. **"내가 산을 향하여 눈을 들리라 나의 도움이 어디서 올꼬 나의 도움이 천지를 지으신 여호와에게서로다"** (시 121:1-2)라고 노래한 시편 기자처럼, 믿음의 사람은 어떤 상황에서도 살아 계신 하나님께서 당신의 자녀를 보호하고 이끄신다고 확신하기 때문에 소망의 끈을 놓지 않고 긍정적인 눈으로 자기가 처한 일들을 하나님께 고하고 하나님의 역사를 기대합니다.

믿음의 사람은 **긍정적**입니다. 반면에 믿음이 없는 사람은 **부정적**일 수밖에 없습니다. 믿음이 없으면, 모든 일에 **"아니오"**로 반응합니다. 자기에게는 "이것도 없고, 저것도 없고, 학벌도 없고, 능력도 없고, 돕는 이도 없고, 그래서 아무것도 없다"고 스스로 **메뚜기 콤플렉스**에 빠집니다. 광야를 방황하던 이 믿음 없는 백성들이 물이 없는 므리바 지역에 이르자 이런 곤고함의 모든 탓을 모세와 아론에게 돌리면서 울부짖어 말하기를, **"이곳에는 파종할 곳이 없고 무화과도 없고 포도도 없고 석류도 없고 마실 물도 없도다"** (민 20:5)고 울부짖었습니다.

믿음이 없으면 자기에게 **없는 것만 크게** 느껴집니다. 하나님께서 우리에게 주신 큰 은혜와 축복은 온데간데없습니다. 믿음이 없는 사람은, "나에게는 재산도 없고, 직장도 없고, 학벌도 없고, 재능도 없고, 희망도 없고, 인맥도 없고, 이것도 없고, 저것도 없고…"하며, **없는 것들을 끝도 없이 열거**합니다. 그래서 결국 하나님을 원망하고 자기를 복되게 인도하려는 하나님의 종들을 대적하게 됩니다.

그러나 하나님께서는 "너희에게 내가 베풀어 준 것이 얼마나 큰가를 먼저 생각해 보아라"고 말씀하십니다. 애굽의 노예생활이 정말 얼마나 힘겹고 처절했습니까? 애굽 왕은 이스라엘 백성이 아들을 낳으면 죽이라고 명령했습니다. 아무 재료도 주지 않고 벽돌을 만들어서 도시를 건설하는 강제 노역에 이스라엘 백성은 시달렸습니다. 하나님은 그런 처절한 노예 상태에서 그들을 해방시켜서 진정한 자유를 주셨습니다. 그리고 그들에게 약속했던 가나안 땅도 주시고자 했습니다.

믿음은 긍정입니다

믿음은 긍정이고 "예"입니다. "하나님은 미쁘시니라 우리가 너희에게 한 말은 예 하고 아니라 함이 없노라 우리 곧 나와 실루아노와 디모데로 말미암아 너희 가운데 전파된 하나님의 아들 예수 그리스도는 예 하고 아니라 함이 되지 아니하였으니 저에게는 예만 되었느니라"(고후 1:18-19)고 사도 바울은 말씀합니다.

우리 주님의 약속은 지금까지 모두 이루어졌고 앞으로도 반드시 다 이루어집니다. 주님의 약속은 "아니요" 하고 부정된 적이 없습니다. 우리의 **"죄악을 사하고 다시는 그 죄를 기억지 아니하리라"**고 약속하신 **새 언약의 약속**(렘 31:31-34)도 온전히 성취해 주셨습니다. 믿음의 사람들은 하나님의 모든 약속들을 "예"하고 믿음으로, 이미 약속들을 선물로 받았습니다. 하나님께서는 모든 축복을 우리 모두에게 이미 다 주셨습니다. 하나님은 우리가 천국 영생에 넉넉히 들어갈 수 있도록 진리의 복음을 우리에게 주셨습니다. 믿음의 선지자 하박국은, **"비록 무화과나무가 무성치 못하며 포도나무에 열매가 없으며**

감람나무에 소출이 없으며 밭에 식물이 없으며 우리에 양이 없으며 외양간에 소가 없을찌라도 나는 여호와를 인하여 즐거워하며 나의 구원의 하나님을 인하여 기뻐하리로다"(하박국 3:17-18) 하고 노래했습니다.

저도 제가 진리의 복음을 믿음으로 구원을 얻은 것만으로도 "나에게 없는 모든 것들"을 다 보상하고도 남는다고 믿습니다. 우리가 하나님을 믿고 하나님의 진리의 복음을 믿는다고 하면, 이 땅에서 모든 것을 다 잃어버릴지라도 **천국 영생을 얻은 그것 하나만으로도** 우리에게 없는 모든 것들을 다 보상하고도 남습니다. 이 땅의 것들은 다 지나가는 것입니다. 그러므로 **물과 성령의 복음**을 통해서 우리에게 주신 천국의 영원한 생명, 이것 하나만 있으면 아무것도 부러울 것이 없습니다. 천국의 영생! 이것 하나만 있으면 대만족입니다. 천국의 영생은 가장 귀한 보화입니다. "**너희 보물이 있는 곳에 너희 마음도 있느니라**"고 말씀하셨고 또 "**너희가 천하를 다 얻는다 해도 자기 생명을 잃어버리면 무슨 소용이 있느냐?**"고 주님께서는 말씀하셨습니다. 천국의 영생을 보물로 여기지 않는 사람은 자기에게 없는 다른 것들로 인해 늘 불행과 슬픔에 휩싸입니다.

옛날 아프리카의 원주민 아이들이 다이아몬드 원석들을 가지고 공기치기 놀이를 하다가 백인 탐험가가 주는 사탕을 맛보고는 사탕 크기의 다이아몬드 원석 한 개와 사탕 한 알을 일대일로 바꿨다는 얘기를 들은 적이 있습니다. 얼마든지 있을 수 있는 일입니다. 영생의 선물이 얼마나 귀한 것인지를 모르는 사람은 쓰레기 같은 이 세상 것들과 천국 영생의 복음을 바꾸고 맙니다. 에서도 팥죽 한 그릇에 장자권을 팔아먹지 않았습니까?

영생을 잃어버리면 모든 것을 다 잃어버리는 것입니다. 그런데 천국의 영생이 육신의 영달이나 건강하게 장수하는 것보다 귀한 보물인 줄을 모르기 때문에, 사람들은 천국 영생을 헌신짝처럼 버리기 일쑤입니다. 순교자들은 순교를 당하되 구차히 고난을 면하려 하지 않고, 상상할 수조차 없는 능욕과 고난을 기쁨으로 맞았습니다. 자기의 육신의 생명을 드려서라도 이 영생의 보물을 지킬 수만 있다면 육신의 생명조차 아까울 것이 없기 때문에, 믿음의 사람들은 자기의 생명을 지불해서라도 영생의 보물을 지켰습니다.

지옥에 갈 죄인이라고 시인해야 얻는 천국 영생의 보화

그러면 어떤 사람이 **천국 영생**을 가장 귀한 보화로 여기지 않을까요? 하나님 앞에서 자기는 지옥에 가야 할 자라고 시인한 사람은 진리의 복음을 만났을 때에 기쁨으로 그 복음을 붙잡고 결사적으로 지킵니다. 그러나 자기가 지옥 갈 자인 것을 인정하지 않는 사람은 지옥의 두려움으로 인해 하나님의 구원을 간절히 바랐던 적이 없기 때문에 구원의 복음을 손에 쥐여 주어도 그것이 얼마나 귀한 줄을 전혀 모릅니다. 다시 말하자면, 자기의 죄 때문에 괴로워해보지 않은 사람은 결코 죄 사함을 받지 못합니다. 예수님 앞에서 바리새인들은 스스로 너무나 의로워서 죄인을 구원하러 오신 예수님을 알아보지 못했습니다.

바리새인과 같은 종교인들은 자기가 별로 죄가 없어서 자기는 결코 지옥에 갈 자가 아니라고 믿습니다. 그러니 세상 죄를 사해 주신 주님의 사역이 그들에게는 고마울 것이 없습니다. 물에 빠져서 허우적대며 누군가의 도움이 간절한 사람에게 구원의 밧줄을 던져 주면 그 사람은 그 밧줄을 결사적으로 붙잡습니다. 그러나 자기가 물에 빠져 있으면서도 "난 물에 빠진 것이 아니다. 나는 얼마든지 스스로 헤엄쳐서 살 수 있다!"고 생각하는 사람에게 튜브를 줄에 묶어서 던져 주면 기분 나빠합니다. "웃기고 있네! 나는 물에 빠진 게 아니라, 물놀이를 하고 있는데 기분 나쁘게 왜 나한테 튜브를 던져!"라고 화를 냅니다.

자기가 죄로 인해 지옥에 가야 할 존재임을 모르는 사람에게는 구원의 복음이 별로 감사하지 않습니다. 그런 사람은, "응, 그렇구나! 하나님께서 그렇게 죄를 없애 주셨다는 얘기구나!"하고 진리의 복음을 그냥 **하나의 지식**으로 받아들이고 끝냅니다. 그런 사람에게 반복해서 복음을 얘기해 주면, "내가 이미 다 알고 있는 내용을 왜 이렇게 지긋지긋하게 반복해서 설교하냐?"하며 오히려 짜증을 냅니다. 그런 사람은 **물과 성령의 복음**을 듣고도 그것을 생명처럼 여기고 간절한 마음으로 붙잡지를 않습니다. 자기가 물에 빠져 죽을 운명인데도 스스로는 물에 빠진 것으로 생각하지 않는다면 그런 사람이 누군가 던져준 구원의 줄을 붙잡겠습니까?

이스라엘 백성들은 광야에 나오자마자 애굽에서의 삶이 얼마나 고통스러웠던 지를 망각했습니다. 그리고 약속의 땅에 들어가는 것조차 간절하게 바라지 않았습니다. 하나님을 믿는 믿음이 없었기 때문에 그들은 광야에서 불평불만으로 가득한 하루하루를 살아갔습니다. 저들은 하나님이 아침마다 내려 주신 만나를 마음껏 먹으면서도 얼마나 불평불만을 많이 했습니까? 만나는 "**깟씨 같고도 희고 맛은 꿀 섞은 과자 같았더라**"(출 16:31)고 기록되어 있습니다. 그러니 만나는 참 좋은 음식이었습니다. 하나님께서 밤이면 이슬이 내리듯이 그 좋은 가루를 내려 주셔서 백성들은 아침마다 그냥 만나를 거둬서 먹기만 하면 됐습니다. 그런데 이스라엘 백성들은 만나를 배불리 먹으면서도, 이제는 입만 열면 고기 타령이었습니다. "우리가 애굽에 있을 때에는 고기도 배불리 먹고 부추와 마늘도 먹고, 참 좋았는데, 이 광야에 나와서는 고기 맛을 한 번도 못 봤네! 왜 하나님은 우리를 이 황량한 광야로 끌어내서 이 만나라는 거친 음식만 먹게 하냐?" 하고 그들은 하나님을 원망했습니다. 노예살이를 하면서 무슨 고기와 부추를 많이 먹었겠습니까? "은혜는 물에 새기고 원한은 바위에 새긴다"는 속담대로 이스라엘 백성들은 자기들의 꼬락서니를 제대로 보지 못했습니다.

그러한 이스라엘 백성의 모습이 바로 우리의 꼬락서니인 줄 우리는 깨달아야 합니다. 우리들 중에 어떤 이들은 자기가 죄의 노예로 살면서 죄 때문에 몹시 괴로워했었는데, 이제는 그런 사실조차 까맣게 잊어버렸습니다. 그런 사람은 자기가 죄 때문에 지옥 갈 자였다는 사실을 이미 망각했기 때문에, 주님께서 우리에게 베푸신 이 온전한 구원의 복음을 그다지 귀하게 여기지 않고, 이제는 복음을 들려주어도 그냥 건성으로 시큰둥하게 듣습니다. "그렇지! 예수님께서 받으신 세례로 우리의 죄가 예수님께 다 넘어갔고 십자가에서 흘리신 보혈로 우리의 죄를 다 갚아 주셨으니까, 나는 이제 죄가 없는 것이 맞기는 맞다!" 그냥 이렇게 하나의 지식으로 자기의 구원을 딱 정리하고 더 이상 복음을 귀하게 여기지 않습니다.

그런 사람은 천국에 소망을 두고 있지 않기 때문에 현재의 삶만이 전부일 수밖에 없고, 현재의 삶에서 자기에게 **없는 것들**이 항상 불평거리가 됩니다. 이스라엘 백성들이 "이곳에는 파종할 곳이 **없고** 무화과도 **없고** 포도도 **없고** 석류도 **없고** 마실 물도 **없도다**"라고 불평했듯이, 믿음이 없는 사람들은 **자기에게 없는 것들에 대한 불평**만 마음에 가득 차게 됩니다.

모든 것을 가진 믿음의 사람들

그런데 믿음의 사람은 하나님께서 자기에게 주신 **영적인 축복들**을 항상 귀하게 여기고 감사합니다. 하나님께서 주신 **하늘에 속한 축복들**은 너무너무 귀한 것들입니다. 우리에게는 진리의 복음과 천국 영생이 있습니다. 우리는 다 지옥에 가야 할 자들인데, 하나님이 우리의 모든 죄를 없애 주시고 우리를 사단 마귀의 덫에서 해방시켜 주셔서 영원한 천국의 생명을 얻게 해 주셨습니다. 우리에게 하나님 아버지가 있습니다. 우리의 아버지이신 하나님의 보호하심과 공급하심이 우리에게는 있습니다. 믿음으로 행하는 자들이 하나님의 뜻을 좇아갈 수 있도록, 하나님께서는 그들에게 모든 것을 공급해 주십니다. 또 우리에게는 하나님의 교회가 있습니다. 우리에게 하나님의 약속의 말씀이 있습니다. "너희는 먼저 그 나라와 그 의를 구하라 그리하면 이 모든 것들을 너희에게 더하시리라"(마 6:33)고 주님께서 우리에게 약속하셨습니다. 하나님께서 우리에게 주신 **정금 같은 믿음**도 우리에게 있습니다.

그래서 사실 우리는 **모든 것을 가진 자**들입니다. 사도 바울은 자기와 동역자들이 어떠한 믿음으로 행하고 있는지를 고린도

교인들에게 소개합니다: (우리는) "영광과 욕됨으로 말미암으며 악한 이름과 아름다운 이름으로 말미암으며 속이는 자 같으나 참되고 무명한 자 같으나 유명한 자요 죽은 자 같으나 보라 우리가 살고 징계를 받는 자 같으나 죽임을 당하지 아니하고 근심하는 자 같으나 항상 기뻐하고 가난한 자 같으나 많은 사람을 부요하게 하고 아무것도 없는 자 같으나 모든 것을 가진 자로다"(고후 6:8-10).

우리의 삶에서 믿음이 전부입니다. 믿음이 없으면 망합니다. 다른 것은 다 없어도 되지만 **하나님을 믿는 믿음이 없으면** 그나마 가지고 있는 것도 다 잃게 됩니다. 그러니 무엇보다도 믿음을 구하라고 정말 간곡히 말씀을 드립니다. 저도 그동안 너무너무 믿음이 없어서 견고한 믿음을 달라고 하나님께 간구했습니다. 그런데 하나님께서 믿음이 무엇인지를 가르쳐 주시고 날마다 믿음을 더하여 주시는 것을 깨닫습니다. 저는 지금도 믿음이 적습니다. 그래서 믿음을 더하여 달라고 늘 기도합니다. 하나님께서는 우리에게 주시려고 모든 좋은 것들을 다 이루어 놓으셨습니다. 그 모든 것을 취하는 통로는 믿음이기 때문에, 우리에게 절대적으로 있어야 할 것을 한 가지 들라고 하면, 그것은 **믿음**입니다.

이미 완성된 하나님의 구원

하나님은 "세상을 창조할 때부터 이 일을 이루셨느니라"(히 4:3)고 말씀하십니다. 하나님은 **이미 영원한 안식을 다 이루어** 놓았습니다. 하나님은 창세전에 계획하신 대로 이미 모든 것을 다 이루어 놓았습니다. 하나님은 영원하신 분입니다. 하나님은 시간의 틀에 구애받지 않는 분입니다. 하나님께서는 세상을 창조하시기 전에 세상 종말까지의 계획을 이미 다 세워 놓으셨는데, 물론 마지막 때에 관한 말씀들은 아직 진행형이지만, 하나님의 계획은 한 점 한 획도 떨어지지 않고 이미 이루어진 것이나 다름없습니다.

하나님께서 천지와 그 안의 모든 것들을 창조하시고 운행하신 역사가 창세기 1장과 2장에 기록되어 있는데, 그 말씀들을 통해서 하나님께서는 우리에게 베푸실 모든 축복과 선물들을 계시해 주셨고 약속의 말씀으로 이미 다 이루어 놓으셨습니다. 천국과 지옥도 이미 다 만들어 놓으시고, 믿음으로 우리를 하나님의 자녀가 되고 영생에 들어가게 하신 섭리도 하나님이 이미 다 이루어 놓았습니다. 하나님 편에서 하실 일은 이미 다 완성해 놓으셨습니다.

이제 선택의 공은 우리에게 넘어와 있습니다. 하나님께서 우리에게 주시겠다고 약속하신 모든 축복들을 **믿음으로 취하는 일**은 전적으로 우리의 몫입니다. 그래서 우리에게는 **믿음이 절대적으로 요구**됩니다. 하나님은 모든 것을 이미 다 완성해 놓았는데, 우리가 그 영생의 축복과 모든 신령한 선물들을 얻으려면 오직 믿음이 있어야 합니다. 하나님의 약속의 말씀을 마음으로 온전히 믿어야만 하나님의 모든 축복은 내 것이 됩니다. 그러므로 하나님은 우리가 당신에게 믿음으로 나아오는 것을 가장 기뻐하십니다.

그래서 주님은, "믿음이 없이는 기쁘시게 못하나니 하나님께 나아오는 자는 반드시 하나님이 계신 것과 그가 그 하나님이 당신에게 나아오는 자에게 상주시는 이임을 믿어야 할지니라"(히

11:6)고 말씀하십니다. 여기서 상(賞)이 무엇입니까? 그것은 구원과 영생의 상(賞)입니다. 하나님께서 우리에게 주시고자 하시는 가장 큰 상(賞)은 천국 영생입니다. 그 외에 이 땅에서 우리의 육신에 필요한 것들은 다 덤이고 부상(副賞)입니다. 영생으로 이르는 구원의 상(賞)을 바라고 하나님께 나아오는 자들에게 하나님은 반드시 구원의 상(賞)을 베푸십니다. 하나님 편에서는 우리가 영생의 천국에 들어가는 **시온의 대로(大路)**를 이미 다 이루어 놓았습니다.

누구든지 하나님의 말씀을 어린아이와 같이 순진한 마음으로 믿으면, 하나님은 약속하신 말씀대로 다 이루어 주십니다. 하나님의 약속은 한 점 한 획도 떨어지지 않고 다 이루어집니다. 그래서 저 자신과 여러분에게 간곡히 부탁합니다. 우리가 정말 믿음으로 살 것이냐, 아니면 하나님 말씀은 저버리고 하나님을 떠나서 가인처럼 자기 힘과 자기 생각을 의지하고 살 것이냐? 우리는 둘 중의 하나를 분명히 선택해야 합니다. 그리고 믿음의 길을 택하지 않으면 우리는 반드시 지옥의 멸망을 받게 됩니다.

이렇게 간곡히 당부하는데도 여러분이 하나님을 믿는 믿음을 저버린다면 그것은 영적으로 자폭(自爆)하는 것이나 다름없습니다. 믿음이 없는 사람의 마음에는 불평불만과 부정적인 것만 가득 찹니다. 그런 자는 사단 마귀와 마음을 연합해서 결국 마귀의 편이 됩니다. 그런 사람은 하나님 말씀을 들을 때에 비아냥거리고 마음을 강퍅하게 해서 믿지 않기로 작정을 하기 때문에 결국은 하나님을 대적합니다. 그런 자의 마음을 하나님이 모를까요? 하나님은 사람의 마음 중심을 꿰뚫어 보시는 분입니다. 하나님의 준엄한 심판을 받으려면 그렇게 마음대로 하십시오. 하나님을 대적하다가 영원한 지옥에 떨어지고 나서, 그때 가서 이를 갈고 후회해 본들 소용없습니다.

믿음이 없으면 믿음을 구하면 됩니다. 그러면 하나님께서 믿음을 더하여 주십니다. "하나님, 저는 정말 믿음이 없습니다. 제게 믿음을 더하여 주십시오"라고 간구하십시오. 그러면 **후히 주시고 꾸짖지 아니하시는** 하나님께서 믿음을 더하여 주십니다. 믿지 않는 악한 마음은 돌이켜야 합니다. 하나님께서는 이스라엘 백성들에게 돌이킬 시간을 40년 동안이나 주셨습니다. "제발 믿지 않는 악심을 버리고 내게로 돌아오라"고 오래 참으시며 40년 동안이나 이스라엘 백성이 회개할 기회를 주셨습니다. 그것이 하나님의 긍휼이었습니다. 그러나 이스라엘은 끝내 돌이키지 않았습니다. 그들은 끝내 하나님께 믿음으로 나아오지 않고 자기들의 생각대로 행했습니다. 그래서 그들은 하나님이 창세전부터 예비하신 영원한 안식에 끝내 들어가지 못했습니다.

영적 안식

살아남은 이스라엘 백성들은 여호수아의 인도로 약속의 땅에 들어가서 안식을 누렸습니다마는, 이것은 오직 **육신의 안식**이었습니다. 그래서 성경은 그 후에 다윗의 입을 통해서 안식에 들어갈 것을 다시 말씀하셨습니다. "오랜 후에 다윗의 글에 다시 어느 날을 정하여 오늘날이라고 미리 이같이 일렀으되 오늘날 너희가 그의 음성을 듣거든 너희 마음을 강퍅케 말라 하였나니 만일 여호수아가 저희에게 안식을 주었더면 그 후에 다른 날을 말씀하지 아니하셨으리라"(히 4:7-8). 여기에서 "만일 여호수아가 저희에게 안식을 주었더면 그 후에 다른 날을 말씀하지 아니하셨으리라**"고 말씀하신 것은 **진정한 안식**은 진리의 복음을 믿음으로 **죄 사함**을 받아서 얻는 **영적 안식**임을 의미합니다. 그리고 주님은 "너희는 오늘이라고 일컫는 때에 **영적인 안식에 들어가기를 힘쓰라**"고 말씀합니다.

즉, 이스라엘 백성들이 여호수아의 인도로 요단강을 맨땅으로 건너 가나안 땅에 들어간 사건은 장차 **예수 그리스도**께서 **요단강에서 세례를 받으심**으로 세상 죄의 강수를 마르게 한 **구원의 복음**을 믿음으로 **천국의 영원한 안식에 믿음으로 들어갈 것을 계시한 사건이다**"라는 뜻입니다. 그래서 "그런즉 안식할 때가 **하나님의 백성에게 남아 있도다**"(히 4:9)라고 말씀하심으로 믿음으로 영원한 안식에 들어갈 기회가 여전히 우리 모두에게 열려 있다고 히브리서는 선포합니다. 천국 영생의 길은 모든 이들에게 열려 있는데, 어떤 이들은 말씀을 믿음으로 그 안식에 들어가고 어떤 자들은 믿지 아니해서 들어가지 못하는 것입니다.

하나님은 우리의 모든 죄를 **하나님** 편에서 **일방적**으로 이미 다 없애 놓았습니다. 그리고 그 진리를 **물과 성령의 복음**으로 성경에 기록해서 우리에게 주셨습니다. 창세전부터 하나님은 우리 인류를 죄에서 구원할 것을 계획하셨고, 지금부터 약 2,000년 전에 당신의 외아들 예수님을 보내셔서, 우리의 구원을 실제로 온전히 이루어 주셨습니다.

하나님의 아들이신 예수님은 육체를 입고 **흠 없는 제물**로 우리에게 오셔서, 요단강에서 인류의 대표자인 세례 요한에게 **안수의 형식으로 세례**를 받으심으로 우리의 모든 죄를 당신의 육체에 다 넘겨받으시고, **십자가의 피**로 우리의 죗값을 치르셔서 우리의 모든 죄를 흰 눈같이 깨끗하게 없애 주셨습니다. 하나님께서 실제로 죄를 없애 주시고 그 사실을 **기록된 말씀**(the Written Word)으로 우리에게 주셨습니다. 주님은 안수의 형식으로 받으신 세례로, "**세상 죄를 지고 가는 하나님의 어린양**"(요 1:29)이 되어 주셨습니다. 그리고 십자가에서 흘리신 피로 그 모든 죄의 대가를 지불하신 후, "**다 이루었다**"(요 19:30)고 외치고 돌아가심으로 하나님께서 약속하신 대로 우리의 구원을 온전히 완성해 주셨습니다.

그래서 주님이 우리를 모든 죄에서 구원하신 이 진리의 복음 말씀을 진정으로 마음에 믿는 자는 이미 **영원한 안식**에 들어간 것입니다. 실제로는 주님께서 재림하시는 날, 우리가 신령한 몸으로 부활해서 휴거의 은혜를 입고서야 주님이 예비하신 영원한 안식에 들어갑니다만, 마음에 이 복음을 믿는 자의 심령은 이미 믿음으로 그 안식에 들어갔습니다. 그래서 지금 이 땅에서도 우리는 그리스도 예수 안에서 하나님께서 예비하신 안식을 누리며 삽니다.

믿는 자들이 이미 누리는 안식

"이미 그의 안식에 들어간 자는 하나님이 자기 일을 쉬심 같이 자기 일을 쉬느니라"(히 4:10)고 말씀하셨습니다. 이미 주님이 우리의 모든 죄를 다 없애 놓으셨기 때문에, 그리고 그 진리의 말씀을 믿음으로 우리는 영원한 죄 사함을 받았기 때문에, 거듭난 의인들은 **율법을 지켜서 하나님께 구원을 받으려는 일**(수고)을 더 이상 하지 않습니다. 주님은 "일을 아니할찌라도 **경건치 아니한**

자를 의롭다 하시는 이를 믿는 자에게는 그의 믿음을 의로 여기시나니"(롬 4:5)라고 말씀하십니다. 주님 덕분에 우리는 이미 죄가 없는 **의인**이 되었습니다. 주님이 이미 우리의 모든 죄를 다 없애 놓았기 때문에 이제는 구원을 받으려고 율법을 철저하게 지키려는 그런 고생스러운 일을 하지 않아도, **"물과 피로 임하신"**(요일 5:6) 주님께서 베풀어 주신 진리의 복음을 믿음으로 우리는 이미 완벽하게 의로워졌습니다. 그래서 거듭난 우리는 마음의 죄를 없애려고 용을 쓰며 **회개기도의 제사**를 날마다 드리는 일은 더 이상 하지 않습니다.

"그 불법을 사하심을 받고 그 죄를 가리우심을 받는 자는 복이 있고 주께서 그 죄를 인정치 아니하실 사람은 복이 있도다"(롬 4:7-8)라고 말씀하셨습니다. 주님이 완성하신 진리의 복음을 믿는 자는 이미 **죄 사함의 축복**을 받았고 영원한 안식에 들어갔습니다. 하나님께서 우리에게 주시는 가장 큰 상(償)은 이 영생의 안식에 들어가는 은혜입니다. 쉬는 것이 얼마나 좋습니까? 우리가 이 땅에서도 며칠 동안 힘들게 일하다가 주말에 편안히 쉬면 얼마나 좋습니까? 그러니 일도 하지 않고 영원히 쉴 수만 있다면 얼마나 좋겠습니까?

물론 이 땅에서는 우리가 일상생활도 해야 하고 복음 전파의 일도 해야 하니까 백수처럼 마냥 놀기만 할 수는 없습니다. 그러나 장차 우리가 하나님의 나라에 들어가면 일을 할 필요가 없습니다. 우리는 주님과 함께 황금 길을 걷고, 생명수 강가에 주렁주렁 달려 있는 과실들을 따먹으면서, 그 아름다운 낙원의 여기저기를 여행하면서 영원토록 안식을 누릴 것입니다. 믿음이 있는 자는 믿음으로 이 안식에 넉넉하게 들어갑니다.

그러나 끝까지 믿지 않는 자들은 절대로 그 안식에 들어가지 못합니다. 영원한 안식에 들어가지 못하는 자는 이 땅에서 모든 것을 얻는다 해도 그의 끝은 저주입니다. 사람이 천하를 다 얻고도 이 영원한 생명의 나라에 들어가지 못한다면 무슨 소용이 있겠습니까? 우리가 이 땅에서 사는 년 수는 칠, 팔십 년에 불과합니다. 그나마 우리의 일생은 찰나에 불과하고 순식간에 다 지나갑니다. 그런데 우리가 어떻게 이 땅에서 잘 먹고 잘 사는 것에만 마음을 두고 있겠습니까?

이 세상의 것들에 전적으로 마음을 두고 있으면, 자기의 마음에 믿음이 뿌리를 내릴 수 없습니다. 하나님 말씀을 듣는 순간 새들이 와서 다 쪼아먹어 버리고 맙니다. 그래서 들은 바 말씀이 아무 유익이 되지 못합니다. 믿음이 없는 사람은 부정적입니다. "없고, 없고, 없고, 없고, 없네! 안 되고, 안 되고, 안 되고, 안 되네! 힘들고, 슬프고, 춥고, 깜깜하네!" 믿음이 없는 마음에는 모든 부정적인 것들만 쌓이고 또 쌓입니다.

그러나 마음에 참된 믿음이 있으면 어떤 환경을 만나도, 어떤 상황에 처해도 독수리가 날개 치며 솟아오르는 것같이 새 힘을 얻어서 모든 어려움도 넉넉히 이깁니다. 하나님은 믿음의 자녀를 기뻐하시고 그들의 편이 되어 주시기 때문에, 하나님의 영광을 드러내시려고, 또 하나님이 살아 계신 것을 증거하시려고 믿음으로 나오는 자들이 잘 되도록 도와 주십니다.

"너희는 먼저 그의 나라와 그 의를 구하라 그리하면 이 모든 것을 너희에게 더하시리라"(마 6:33)고 주님은 약속하셨습니다. "이 모든 것"은 "무엇을 먹을까, 무엇을 마실까, 무엇을 입을까?" 하고 하나님을 믿지 않는 이방인들이 전심으로 추구하는 것들인데,

사실 **이 모든 것**이 여러분들의 마음에 우상이 되어 있지는 않습니까? 여러분은 **이 모든 것**을 마음껏 누리려고 "어떻게 하면 돈을 많이 벌까?" 하는 생각에만 몰두하지 않습니까? 하나님보다 더 사랑하고 더 관심을 두는 것이 우상입니다. 만일 재물이 여러분의 우상이라면 그런 마음에 어떻게 믿음이 뿌리를 내리겠습니까?

그러나 이 세상의 모든 것들은 다 지나가는 것입니다. 우리의 인생도 잠깐이고 한 뼘 길이의 수명도 순식간에 끝납니다. 그런데 우리가 그런 찰나적인 것에 목숨을 건다면, 우리는 참으로 미련한 자들입니다. 이렇게 간곡히 말씀을 드려도 어떤 이는 **"이 땅의 것이 제일 중요하다"**라는 생각을 절대로 버리지 않습니다. 그리고 "이것도 없고, 저것도 없으며, 나에게는 다 없다!"고 늘 하나님을 원망만 합니다. 왜 "없다"는 푸념이 먼저 나옵니까? 믿음의 사람들의 입에서는 "이것도 있고, 저것도 있으며, 아무것도 없는 자 같으나 **모든 것을 가진 자로다!**" 하는 감사의 찬양이 먼저 나옵니다. 하나님이 우리에게 주신 것들이 얼마나 엄청납니까? 이 세상을 다 주고도 살 수 없는 **천국의 영생**을 우리에게 주시지 않았습니까? 그리고 전능하신 하나님이 내 아버지가 되어 주시지 않았습니까?

영의 눈을 밝히십시오

영적인 것들이 얼마나 귀한 것인지를 우리는 알아야 합니다. 육신적인 어떤 것들을 조금 가지고 있는 것은 별것도 아닙니다. 그런 것들은 먼저 하나님의 나라와 그의 의(義)를 구하면,

전자동으로 따라오는 덤이고 부상(副賞)입니다. 우리에게는 하나님께서 완성시켜 주신 **하나님의 의**가 있습니다. 그래서 우리는 큰 부자들입니다. 사도 바울이 "너희는 내가 아무것도 없는 불쌍한 자로 보이느냐? 그러나 사실 나는 **모든 것을 다 가진 자로다**"라고 당당하게 선포했습니다. 우리에게도 그런 믿음이 있기를 바랍니다. 지금까지 믿음이 없이 살았으면, 믿음을 달라고 구하십시오. 믿음이 없어서 부정과 절망과 어둠에 휩싸여서 멸망을 받을 것이 아니라, 마음을 돌이켜서 하나님의 전능한 역사를 바라보고 믿음으로 나오십시오. 믿음 없이 살았던 지난 삶에서 돌이키기를 바랍니다.

"그러므로 우리가 저 안식에 들어가기를 힘쓸지니 **이는 누구든지 저 순종치 아니하는 본에 빠지지 않게 하려 함이라**"(히 4:11).

하나님께서, "오늘날 너희가 하나님 말씀을 듣거든 마음을 강퍅히 해서 하나님을 대적하고 거역하는 일을 절대로 하지 말라"고 권고하셨는데, 우리는 하나님의 권고의 말씀을 온유한 마음으로 순종해서, "예, 맞습니다" 하고 믿어야 합니다. 그래야만 하나님께서 예비하신 안식에 넉넉하게 들어가게 됩니다.

오늘 읽은 본문의 첫 구절은 "**그러므로 우리는 두려워할지니**"(히 4:1)라고 시작합니다. 우리 중의 어떤 이가 믿지 아니하는 악심을 품다가, 주님이 우리에게 선물로 주신 영생의 축복을 끝내 받지 못할까 저는 두렵습니다. 그래서 주님은 "제발 마음을 돌이켜서 믿음으로 영원한 안식에 들어가기를 힘쓰라"고 우리 모두에게 권고하십니다.

주님께서 "**안식에 들어가기를 힘쓰라**" 하시니까, 혹시 여러분은 여러분의 행위를 반듯하게 하고 자기를 희생해서 선행을 많이 베풀라는 말씀인 줄 압니까? 그런 말씀이 아닙니다. 이 말씀은 **하나님의 말씀을** 오직 마음으로 온전히 **믿기를 힘쓰라**는 말입니다. 하나님은 살아 계셔서 당신에게 나아오는 자들에게 구원의 상을 주시는 분입니다. 하나님은 진리의 복음을 믿는 자들에게 모든 신령한 축복을 다 베푸십니다.

믿는 것이 뭐가 힘듭니까? 마음만 정하면 되는 일입니다. 얼마나 감사합니까? "구원을 받기 위해서는 너희가 불속에 뛰어들어야 한다"고 하나님께서 요구하십니까? 우리에게 혈서를 쓰라고 하십니까? 생이빨을 뽑아서 당신께 드리라고 하십니까? 재산을 다 팔아서 바치라고 하십니까? 하나님께서는 우리에게 하나님께서 살아 계신 것과 당신에게 나아오는 자에게 상 주시는 분이심을 **오직 마음으로 믿으라**고 하실 뿐입니다. 하나님의 나라와 그의 의를 구하는 자에게 모든 것을 더하여 주겠다는 약속의 말씀을 우리가 온전히 믿기를 하나님께서는 원하십니다. 우리가 먼저 믿음으로 죄 사함을 받고서, 하나님과 마음을 연합해서 그 나라를 위해서 살라는 말씀입니다.

저는 하나님을 믿고 좇기로 마음을 정했습니다. 저는 우리 중에서 누구든지 하나님을 떠나면 나도 그를 떠날 것입니다. 누구든지 믿지 아니하는 악심을 끝까지 품으면 나도 그런 자와는 같이 동행할 수 없습니다. 저는 믿지 않는 자와는 절대로 하나님의 일을 같이 못합니다. 저는 하나님 종입니다. 누가 인정을 하든 아니 하든, 저는 하나님 종으로서 하나님 뜻을 먼저 좇기로 마음을 정했습니다.

내 남은 날수도 이제는 얼마 안 됩니다. 어제 아침에

한라수목원에 올라가면서 목련꽃이 만개해서 참 아름답게 핀 것을 보았습니다. 저는 그 꽃나무를 보면서, "목련꽃이 피는 것을 내가 앞으로 몇 번이나 더 보겠나?" 하고 스스로에게 물었습니다. 여러분은 몇 번이나 더 볼 것 같습니까? 모친님은 몇 번이나 더 보시겠어요? 모친님은 목련꽃이 피고 지는 것을 앞으로 몇 번 못 봅니다. 그렇지 않습니까? 그렇다면 지금이라도 정신을 차리고 하나님 말씀을 **마음을 다해서 온전히** 믿으십시오.

천국의 영생에 들어가려면, 먼저 하나님 앞에서 자기가 얼마나 쓰레기 같은 자인지를 인정해야 합니다. 자신이 지옥 갈 수밖에 없는 자임을 인정하고 하나님의 복음을 생명처럼 믿음으로 마음에 붙드시기를 바랍니다. 그러면 하나님께서 예비하신 **영원한 안식**에 넉넉하게 들어가게 될 것입니다.

말씀을 마쳤습니다.

(2014년 3월 23일 주일예배 말씀)

안식에 들어가려면
죄 사함을 받아야 합니다

"그러므로 우리가 저 안식에 들어가기를 힘쓸지니 이는 누구든지 저 순종치 아니하는 본에 빠지지 않게 하려 함이라

하나님의 말씀은 살았고 운동력이 있어 좌우에 날선 어떤 검보다도 예리하여 혼과 영과 및 관절과 골수를 찔러 쪼개기까지 하며 또 마음의 생각과 뜻을 감찰하나니 지으신 것이 하나라도 그 앞에 나타나지 않음이 없고 오직 만물이 우리를 상관하시는 자의 눈앞에 벌거벗은 것 같이 드러나느니라

그러므로 우리에게 큰 대제사장이 있으니 승천하신 자 곧 하나님 아들 예수시라 우리가 믿는 도리를 굳게 잡을찌어다

우리에게 있는 대제사장은 우리 연약함을 체휼하지 아니하는 자가 아니요 모든 일에 우리와 한결 같이 시험을 받은 자로되 죄는 없으시니라

그러므로 우리가 긍휼하심을 받고 때를 따라 돕는 은혜를 얻기 위하여 은혜의 보좌 앞에 담대히 나아갈 것이니라"(히 4:11-16)

"그러므로 우리가 저 안식에 들어가기를 힘쓸지니 이는 누구든지 저 순종치 아니하는 본에 빠지지 않게 함이라"(히 4:11)고 말씀하셨는데, 여기에서 말씀하시는 **안식(安息)**은 하나님의 자녀들, 즉 죄 사함을 받아서 거듭난 의인들이 장차 천국에 들어가서 누리는 영생의 안식입니다.

우리에게 가장 귀한 보물

　우리는 무엇을 가장 귀하게 여겨야 합니까? 우리는 천국 영생의 안식에 들어가는 것을 가장 귀하게 여겨야 합니다. 예수님을 믿는 사람이면 다 그렇게 생각할 것 같지만, 사실 기독교인들 중에도 천국 영생에 들어가는 것을 귀하게 여기지 않는 이들이 많습니다. 많은 기독교인들이 에서처럼 천국의 영생보다 이 땅의 것들을 더 귀하게 여깁니다. 에서는 먼 훗날에 아버지께서 돌아가셔야만 자기에게 쓸모가 있을 장자권을 지금 당장 먹을 수 있는 팥죽 한 그릇보다 못하게 여겼기에 야곱이 주는 팥죽 한 그릇에 장자권(長子權)을 팔아먹었습니다. 에서는 후일에 눈물로 후회하면서 자기의 장자권을 되찾으려고 했지만 아무 소용이 없었습니다.

　이스라엘 백성들은 여호수아의 인도를 따라 가나안 땅에 들어감으로써 육신의 안식을 얻었습니다. 그들이 광야에서 방황할 동안에는 마실 물도 없고 사방의 이방 족속들에게 공격을 당했기 때문에 온전한 안식을 누릴 수 없었습니다. 그런데 젖과 꿀이 흐르는 그 약속의 땅에 들어가서 정착하면서 이 백성은 안식을 얻었습니다. 이스라엘 백성이 얻었던 안식은 **영적 이스라엘인 우리들**이 장차 믿음으로 천국에 들어가서 누리게 될 영원한 안식을 계시해 주는 말씀입니다.

　그래서 주님은 "**그러므로 우리가 저 안식에 들어가기를 힘쓸지니**"라고 말씀합니다. 천국 영생의 안식에 들어갈 수 있도록 우리가 힘써야 한다는 말씀입니다. 지난 주에는 제가 "영원한 안식에는 오직 믿음으로 들어간다"고 설교하더니 이번 주에는

"힘을 써야 한다"고 설교하니까 혼돈이 옵니까? 주님은 우리가 **올바른 믿음을 갖도록 힘을 써야 한다**고 말씀합니다. 하나님의 말씀을 올바로 알고 믿지 않으면 우리의 신앙생활은 다 헛것이기 때문입니다.

우리의 신앙생활의 목적이 무엇입니까? 성경은 **믿음의 결국(목적)은 영혼의 구원을 받기 위한 것**(벧전 1:9)이라고 말씀합니다. 즉 우리가 지금 예배를 드리고, 말씀을 나누고, 하나님께 기도를 드리며, 믿음으로 살아가는 그 모든 신앙생활의 목표는 **우리 영혼이 죄에서 구원을 받고 천국의 영원한 안식에 들어가는 것**입니다. 천국의 영생을 얻는 것이 우리가 신앙생활을 하는 이유이고 목표입니다.

하나님께서 우리에게 주시고자 하는 가장 귀한 선물이 무엇입니까? 그것은 천국 영생입니다. "**천국은 마치 밭에 감추인 보화와 같으니 사람이 이를 발견한 후 숨겨 두고 기뻐하여 돌아가서 자기의 소유를 다 팔아 그 밭을 샀느니라**"(마 13:44)고 말씀하셨습니다. 천국의 영생이 우리에게 가장 귀하기 때문에, 다른 것은 다 희생해서라도 우리는 천국 영생을 얻어야 합니다. 우리가 이 땅에서 사는 삶은 순식간에 다 지나갑니다. "**오늘도 내일이면 어제가 된다**"는 말대로, 이 땅의 것들은 다 지나가고 사라질 것입니다. 솔로몬 왕이, "**헛되고 헛되며 헛되고 헛되니 모든 것이 헛되도다**"(전 1:2)라고 탄식한 말씀처럼 이 세상의 것들을 좇는 삶은 바람을 잡으려는 것과 같이 헛된 것입니다.

우리는 이 땅의 것들에 목을 매는 것이 얼마나 어리석은 일인지를 분명히 알아야 합니다. "**우리의 년 수가 칠십이요 강건하면 팔십이라도 그 년 수의 자랑은 수고와 슬픔뿐이요**

신속히 가니 우리가 날아가나이다"(시 90:10)라고 말씀합니다. 우리의 인생은 길어봤자 백 년입니다. 그 년 수도 날아가듯이 빨리 지나갑니다. 그러므로 우리가 이 헛된 삶 가운데서 전심으로 구할 것은 영원한 천국에 들어가는 축복입니다. 우리에게 천국 영생보다 더 귀한 것은 없습니다. 사람이 온 천하를 다 얻고도 천국의 영생을 얻지 못한다고 하면 그것보다 비참한 것은 없습니다.

저는 어제 오후에 한라수목원에 안에 있는 남짓은 오름(나무 많은 오름이라는 뜻입니다)에 올라갔었습니다. 그 오름의 정상 부근에는 무덤이 몇 개 있습니다. 저는 그 무덤 곁에 앉아서 잠시 생각에 잠겼었습니다. 그 속에 누워 있는 사람도 한때는 우리처럼 살기 위해서 아등바등하며, 더 좋은 것을 먹어 보겠다고 찾아다녔을 것이고, 인간의 정 때문에 울기도 하고 웃기도 하고, 돈을 더 벌겠다고 악다구니를 치기도 했을 것입니다. 그런데 사람이 죽어서 땅에 묻히면 그의 생애는 아무것도 아닙니다. 우리는 숨이 끊어지면 그냥 한 줌의 흙으로 돌아갑니다. 요즘에는 화장(火葬)을 많이 하는데, 시신을 화장하고 나면 뼈만 남습니다. 그 뼈들을 추려서 곱게 빻아서 단지나 함에 담아 유족에게 주면, 그 뼛가루를 강이나 바닷가에, 또는 산에 뿌립니다. 우리의 육신은 그렇게 흙으로 돌아가고 아무것도 남지 않습니다.

그러므로 우리는 이 땅에서 우리의 삶은 잠시 지나가는 것이며 아무것도 아닌 줄을 분명히 깨닫고 **영원을 사모**해야 합니다. 천국의 영원하고 행복한 안식이 우리를 기다리고 있다는 사실을 우리는 분명히 알아야 합니다. 그래서 하나님께서 우리에게 **"저 안식에 들어가기를 힘쓰라"**고 말씀하시고, 또 **"이미 믿는 우리는 저 안식에 들어가는도다"**(히 4:3)라고 말씀합니다. 하나님이 우리에게 주신 진리의 복음을 마음을 다해서 믿는 자는 그 안식에 이미 들어갔습니다. 믿음의 사람은 이 땅에서부터도 하나님의 구원의 은혜 안에서 안식을 누립니다.

"그러므로 우리가 저 안식에 들어가기를 힘쓸지니 **이는 누구든지 저 순종치 아니하는 본에 빠지지 않게 하려 함이라**"(히 4:11) – 이 말씀이 히브리서 전체의 주제(主題)입니다. 하나님은 우리에게 유업으로 주실 하늘의 모든 축복을 이미 다 완성해서 준비해 놓았는데, 우리가 믿지 아니하므로 그 안식에 들어가지 못한다고 하나님은 경고하십니다.

지중해 연안에 흩어져 살던 다아스포라(diaspora)의 히브리인들이 하나님의 종들에게서 물과 성령의 복음을 들었습니다. 그런데 그들은 "내가 어떻게 하면 출세할 것인가, 내가 어떻게 하면 사업을 잘해서 이 땅에서 잘 먹고 잘 살 것인가?" 하고 육신적인 염려에만 온통 마음을 쏟고 있었습니다. 그들은 하나님께서 주신 천국 영생의 축복에 대해서는 관심이 별반 없었습니다. 그렇기 때문에 그들이 들은 바 복음의 말씀이 그들의 마음에서 흘러 떠내려가서 흔적조차 없어져 버리는 경우가 많았습니다.

무엇이든지 귀하게 여기지 않으면 잃어버리고 맙니다. 어떤 것을 귀하게 여기면 남들이 모르는 곳에 잘 간직하고 지킵니다. 그런데 귀하게 여기지 않는 것은 문간이나 창고 구석에 아무렇게나 내던져 놓겠죠! 그러면 누가 집어가지 않겠습니까? 복음의 말씀도 귀하게 간직하지 않으면 사단 마귀가 금새 다 쪼아먹어 버립니다. 그러므로 우리는 물과 성령의 복음을 귀하게 여겨야 합니다. 그 진리의 복음을 믿음으로 우리는 천국 영생에 넉넉히 들어가는 축복을 누려야 합니다.

하나님의 말씀의 능력

"하나님의 말씀은 살았고 운동력이 있어 좌우에 날선 어떤 검보다도 예리하여 혼과 영과 및 관절과 골수를 찔러 쪼개기까지 하며 또 마음의 생각과 뜻을 감찰하나니 지으신 것이 하나라도 그 앞에 나타나지 않음이 없고 오직 만물이 우리를 상관하시는 자의 눈앞에 벌거벗은 것 같이 드러나느니라"(히 4:12-13).

"안식에 들어가기를 힘쓰라"고 말씀하시더니, 히브리서는 왜 갑자기 **하나님의 말씀**에 대해서 언급합니까? 천국의 안식에 들어가려면 누구든지 하나님의 말씀을 믿음으로 거듭나야 하기 때문입니다. 지옥에 갈 수밖에 없는 **죄인이** 마음에 죄 사함을 받아서 하나님께서 인정하시는 **의인이 되는 것이** "**거듭남**"입니다. 마음에 죄가 있는 죄인(罪人)이 "**소자야, 네 죄 사함을 받았느니라**"고 하는 주님의 인정을 받고 의인(義人)으로 거듭나야만 천국의 영생에 들어갑니다.

그리고 "**너희가 거듭난 것이 썩어질 씨로 된 것이 아니요 썩지 아니할 씨로 된 것이니 하나님의 살아 있고 항상 있는 말씀으로 되었느니라**"(벧전 1:23)는 말씀대로 사람이 거듭나는 것은 오직 **하나님의 말씀을 믿음으로만** 가능합니다. 그런데 "**하나님의 말씀을 믿음으로**"라는 말씀은 달리 얘기를 하자면, "**우리가 믿는 도리를 굳게 잡을지어다**"(히 4:14)라는 말씀대로, "**물과 성령의 복음을 굳게 붙잡아서**"라는 뜻입니다. 그런즉, "**우리가 믿는 도리**"는 바로 물과 성령의 복음입니다. 그러므로 성경대로의 복음(고전 15:3-

4)인 "물과 성령의 복음을 온전히 믿음으로" 죄인이 의인으로 거듭납니다.

"세상을 창조할 때부터 그 일이 이루었느니라" (히 4:3)

하나님은 우리가 믿음으로 영원한 안식에 들어갈 수 있도록 이미 다 이루어 놓았습니다. 하나님은 창세전에 앞으로 우주와 태양계와 아름다운 지구를 창조하고 하나님의 형상을 닮은 인간들을 지구에 살게 하기로 계획하셨습니다. 그리고 인류에게 **하나님의 의**를 베풀어서, 믿는 자마다 죄 사함을 받고 하나님의 자녀로 거듭나도록 계획하셨습니다. 하나님 아버지는 이렇게 거듭난 자녀들이 천국에서 영생의 안식을 누리면서 하나님과 행복하게 살 수 있도록 **"세상을 창조할 때부터 그 일"**을 당신의 섭리 안에 다 이루어 놓았습니다.

하나님의 섭리 안에 있는 모든 축복들을 누리게 하기 위해서 하나님께서 우리에게 요구하시는 조건은 딱 한 가지입니다. 그것은 주님께서 우리에게 주신 **물과 성령의 복음을 믿음으로** 모든 죄의 사함을 받고 **거듭나야 한다는** 조건입니다. 즉, 천국 영생의 안식에 들어가려면 우리는 **하나님의 의가 담긴 진리의 복음을** 온전히 믿어야 합니다. 그러므로 하나님께서 우리 죄를 단번에 완전하게 없애 주셨다고 선포하는 **물과 성령의 복음을** 믿는 온전한 믿음을 갖기를 우리는 힘써야 합니다. 믿음도 힘써 붙들어야 마음에 뿌리를 내리고 자라납니다. 우리가 정신줄을 놓고 이 세상의 조류를 따라 흘러간다면, 세상 사람들이 좋아하는 것들을 같이 좋아하고 사단 마귀의 유혹을 따라가게 됩니다. 그래서 결국은 하나님께서 기뻐하시는 온전한 믿음에 도달하지 못합니다.

어느 집사님이 꿈을 꾸었는데, 꿈속에 주님이 나타나셔서 "뭐시기 집사야, 내가 너를 사랑한다! 내가 너를 나의 종으로 쓰고자 한다. 네 십자가를 지고 나를 따르겠느냐?"라고 말씀하셨답니다. 그런 꿈을 꾸고 나서 그 집사님이 신학교를 가서 목사가 되었고 큰 믿음을 갖게 되었답니다. 종교화된 기독교 안에는 그런 종류의 간증이 많습니다. 그런 간증들은 사단 마귀가 꾸며낸 거짓말입니다. 사단 마귀는 더 많은 영혼들을 미혹시켜서 지옥에 끌고 가려고 별별 희한한 거짓말들을 지어내고 있습니다. 온전한 믿음은 말씀으로부터 오는 것입니다.

믿음은 **하나님의 말씀을 들음**에서 생겨납니다. "**그러므로 믿음은 들음에서 나며 들음은 그리스도의 말씀으로 말미암았느니라**"(롬 10:17)고 기록된 대로, 온전한 믿음을 가지려면, 첫째로 경외하는 마음으로 하나님 말씀을 들어야 합니다. 그냥 아무것도 안하고 있는데 믿음이 저절로 생기고 자라나는 것이 아닙니다.

마음에서 누룩을 제거해야 합니다

하나님의 진리의 **말씀을 믿는 것이 믿음**입니다. 따라서 믿음은 하나님의 말씀을 들음에서 생겨나고 또 말씀을 계속해서 들음으로 믿음이 자라납니다. 우리의 마음 안에는 너무나 많은 "**바리새인의 누룩과 사두개인의 누룩**"이 들어와 있습니다. 그래서 하나님의 말씀이 우리의 마음에 뿌리를 내리지 못합니다. 그러므로 우리는 하나님의 말씀을 들을 때에, 그 말씀의 비춤을 받아, 자기 안에 있는 누룩들을 제거해야 합니다. "**오늘날 너희가 주의 말씀을 듣거든 너희 마음을 강퍅히 하지 말라**"고 하셨는데, 사단 마귀가 우리의 마음을 너무 오랫동안 밟고 다녀서 우리의 마음은 강퍅해질 대로 강퍅해져 있습니다. 우리는 그 강퍅해진 마음을 깊이 갈아엎어야 합니다. 묵은 땅을 깊이 갈아엎어야만, 흙이 부드러워져서 그 밭에 씨를 뿌릴 수 있듯이, 강퍅해진 마음도 하나님의 말씀으로 확 뒤집어엎어서 마귀가 파종한 모든 거짓말들을 제거해야 합니다.

여러분이 거듭나려면 무엇보다 먼저 여러분의 마음에 자리 잡고 있는 누룩들을 제거해야 합니다. **바리새인의 누룩과 사두개인의 누룩**, 즉 율법주의와 세속주의의 누룩이 여러분의 마음에 이미 자리를 잡고 있기 때문에, 누룩 없는 순수한 떡인 하나님 말씀이 여러분의 마음에 들어와도 그 마음에 뿌리를 내리지 못합니다. 이스라엘 백성들은 출애굽의 역사를 기념해서 유월절과 무교절을 지냈습니다. 무교절(無酵節)은 집안에서 누룩이란 누룩은 전부 내다 버리고 일주일 동안 누룩 없는 떡을 먹는 명절이었습니다.

"이러므로 우리가 명절을 지키되 묵은 누룩도 말고 괴악하고 악독한 누룩도 말고 오직 순전함과 진실함의 누룩 없는 떡으로 하자"(고전 5:8)고 주님은 말씀하십니다. 온전한 믿음을 갖기 원하는 자들은 자신의 마음에서 **사두개인의 교훈과 바리새인의 교훈**을 다 버려야 합니다. 여러분이 그런 더럽고 거짓된 교훈들을 사랑해서 마음에 간직하고 있으면 순수한 하나님의 말씀이 여러분의 마음에 들어가서 능력으로 역사하지 못합니다.

율법주의의 누룩이란 **인간의 의를 내세우는 교훈들**입니다. 세속주의의 누룩이란 믿음을 빙자해서 **세상의 가치를 좇도록 이끄는 육신적인 교훈들**입니다. 지금의 기독교는 이 두 가지 누룩으로 부풀려진 거짓 교훈을 좇기 때문에 그런 가르침을 좇아서는 아무도 거듭날 수 없습니다. 누룩으로 변질된 지금의 기독교회는 세상의 빛이 되기는커녕 세상 사람들의 지탄의 대상으로 전락하고 말았습니다.

성경은 하나님의 능력의 말씀

하나님의 말씀은 살아 있습니다. 하나님의 말씀은 생명력과 운동력이 있습니다. 우리가 믿음으로 하나님의 말씀을 받으면 그 말씀은 우리 마음속에 살아서 역사합니다. 하나님의 말씀은 인간의 생각을 기록한 저작물이 아닙니다. 성경 말씀은 하나님께서 당신의 종들을 성령으로 감동시켜서 친히 우리에게 써 주신 진리의 말씀입니다. 그래서 성경의 한 점 한 획도 거짓이 없고, 그 모든 말씀은 한 점 한 획도 떨어지지 않고 다 이루어집니다. 하나님은 기록된 말씀을 통해서 당신이 누구시며 우리를 어떻게 구원하셨는지, 우리에게 어떤 은혜와 축복을 예비하셨는지 세미하게 밝히십니다.

요한복음은 시작부터 **"태초에 말씀이 계시니라 이 말씀이 하나님과 함께 계셨으니 이 말씀은 곧 하나님이시니라"**(요 1:1)고 선포합니다. 하나님은 말씀의 하나님입니다. 성경은 하나님께서 친히 우리에게 주신 완전한 말씀의 책입니다. 자유주의 신학자들은 "성경은 많은 성문서 중에서 인간들이 선택해서 편집해 놓은 것이다. 따라서 성경은 상대적인 진리이다"라고 폄하하는데, 그렇지 않습니다. 성경은 친히, "너희는 **여호와의 책을 자세히 읽어보라 이것들이 하나도 빠진 것이 없고 하나도 그 짝이 없는 것이 없으리니** 이는 여호와의 입이 이를 명하셨고 그의 신이 이것들을 모으셨음이라"(사 34:16)고 말씀합니다.

하나님 말씀은 완전합니다. 성경에는 온전한 진리가 다 담겨 있어서 우리가 성경의 말씀으로 죄 사함을 얻는데 전혀 부족함이 없습니다. 하나님의 말씀에는 한 점 한 획도 거짓된 말씀이 없습니다. 그러므로 하나님께 은혜를 입고자 하는 사람은 하나님 말씀을 대할 때에, 하나님을 대하듯이 경외함과 믿음으로 성경 말씀을 대하는 것이 옳습니다. 하나님의 **말씀을 온전히 믿는 것이 믿음입니다.**

"**하나님의 말씀은 살았고 운동력이 있어 좌우에 날선 어떤 검보다도 예리하여 혼과 영과 및 관절과 골수를 찔러 쪼개기까지 하며 또 마음의 생각과 뜻을 감찰하나니 지으신 것이 하나라도 그 앞에 나타나지 않음이 없고 오직 만물이 우리를 상관하시는 자의 눈앞에 벌거벗은 것 같이 드러나느니라**" (히 4:12-13).

또 하나님의 말씀은 어떤 양날검(any double-edged sword)보다 더 예리해서 우리의 마음속의 죄악과 숨은 생각들까지 다 드러나게 하는 능력이 있습니다. 그런 **하나님의 말씀을 통해서 우리가 죄인인 것이 드러나야 우리는 죄 사함을 받을 수 있습니다.**

우리의 근본 모습은 죄 덩어리입니다

하나님 말씀 앞에 정직하게 서 봐야만 인간의 마음속에 숨어 있는 죄와 악한 생각들이 다 드러납니다. 양쪽에 날이 서 있는 하나님의 말씀을 가지고 우리 마음을 해부하지 않으면 우리는 자기 자신이 얼마나 악하고 더러운지를 깨닫지 못합니다. 인간은 누구나 자기를 두둔하며 자기가 의로운 줄로 착각하기 때문에, 자기 스스로는 자기가 얼마나 악하고 더러운지를 절대로 모릅니다. "똥개도 자기 집 앞에서는 50점 먹고 들어간다"라는 우스갯소리가 있습니다. 별 볼일 없는 똥개도 자기 집 앞에서는 제법 용맹한 척 으르렁거리는 것처럼, 인간도 누구든지 자기가 제일 잘나고 옳은 줄로 착각을 합니다. 자기의 꼬락서니를 모르니까 그렇게 꼴값을 떠는 것입니다.

하나님의 말씀 앞에 정직하게 서 보지 않으면 자기 자신이 얼마나 악한지를 아무도 모릅니다. 어떤 사람에게, "이 악하고 더러운 놈아!" 하고 욕을 해 보십시오. 그러면 그 사람이 달려들어서 당신의 멱살을 잡고 주먹으로 치려고 할 것입니다. 그런데 사실, 하나님의 말씀 앞에 서 보면 나 자신이 얼마나 음란하고, 악독하고, 간교하고, 더럽고, 비굴하고, 거짓된 자인지를 시인하지 않을 수 없습니다.

여러분은 스스로를 정직하고 의로운 줄 압니까? 그렇지 않습니다. 절대로 그렇지 않습니다. 나와 여러분은 우리의 참모습을 적나라하게 보여 주시는 하나님 말씀 앞에 서 봐야만 자신이 얼마나 더럽고 악한 자인지를 알게 됩니다. 바리새인들이 깨끗한 척, 의로운 척하는 것을 보시고, 예수님은 사람의 근본이 얼마나 악한지를 **좌우에 날이 선 검과 같은 말씀**으로 지적해 주셨습니다.

"또 가라사대 사람에게서 나오는 그것이 사람을 더럽게

하느니라 속에서 곧 사람의 마음에서 나오는 것은 악한 생각 곧 **음란과 도적질과 살인과 간음과 탐욕과 악독과 속임과 음탕과 흘기는 눈과 훼방과 교만과 광패니** 이 모든 악한 것이 다 속에서 나와서 사람을 더럽게 하느니라"(막 7:20-23).

하나님 말씀은 좌우에 날선 어떤 검보다도 예리해서 우리의 관절과 골수를 찔러 쪼개기까지 하며, 우리의 숨은 생각과 마음의 모든 죄들을 다 드러나게 하신다고 말씀하셨는데, 바로 위에 인용한 마가복음 7장의 말씀이 우리의 숨은 죄악과 생각을 드러나게 하는 하나님의 말씀입니다.

바리새인들은 예수님의 제자들이 씻지 않은 손으로 음식을 먹는 것을 보고 예수님의 제자들을 죄인으로 단정했습니다. 그러자 예수님께서는 진리의 말씀으로 그들의 잘못된 지식을 깨우쳐 주셨습니다. "사람의 밖에서 속으로 들어가는 것이 사람을 더럽게 하는 것이 아니라 사람의 마음 자체가 너무너무 끔찍하게 더러운 것이다. 속에서 곧 사람의 마음에서 나오는 것이 어떤 것인 줄 아느냐? 너희 마음속이 얼마나 더러운 줄 아느냐? **너희 마음속은 온통 악한 생각으로 가득 차 있다**"라고 예수님이 말씀하셨습니다.

예수님이 지적하신 그 **"악한 생각"**을 하나하나 풀어서 열거하면, 곧 **음란과 도적질과 살인과 간음과 탐욕과 악독과 속임과 음탕과 흘기는 눈과 훼방과 교만과 광패**입니다. 여기 12가지의 죄악이 열거되었는데, 우리의 마음속에 이것들만 있는 것이 아닙니다. 우리 마음속에 내재되어 있는 죄악의 대표 선수만이 정도이지, 로마서 1장에는 더 많은 죄악들이 지적되어 있습니다.

나와 여러분의 마음에 **음란함**이 있습니까, 없습니까? 제 마음속에는 음란이란 죄가 있습니다. 하나님의 말씀 앞에 정직하게 자기 자신을 비추어 본 사람은 "내 마음에 음란함이 있다"고 시인합니다.

또 여러분의 마음 안에 **도둑질하는 마음**이 있습니까, 없습니까? 도둑질하는 마음이 자신의 마음에 있는지 없는지를 잘 모르겠습니까? 그렇다면 예를 들어서 한번 설명해 보겠습니다. 당신이 어떤 골목길에 큼직하고 멋진 여행 가방이 떨어져 있는 것을 보았다고 가정합시다. 그 가방을 열어 보았더니, 오만 원짜리 지폐 다발이 가득 들어 있습니다. 어림잡아 10억 원은 될 것 같습니다. 그러면 그것을 보는 순간에, 주변에 다른 사람이 있나 없나 하고 급히 둘러보지 않을까요? 아니면 그 가방을 열어 본 즉시로, "아이고 누가 가방을 잃어버렸네! 그 사람은 이 가방을 찾으려고 얼마나 애를 태울까! 빨리 경찰서에 가져다 줘야지" 하고 급히 경찰서로 달려갈까요?

물론 어떤 택시기사가 승객이 놓고 내린 돈 가방을 경찰서로 가지고 와서 돌려주었다는 미담(美談)이 가끔 뉴스거리가 되기도 합니다. 그러나 누구든지 그런 선행을 하기 전에 분명히 갈등을 하게 마련입니다. 인간의 선에는 다 불순물이 섞여 있습니다. 그래서 인간의 선을 **위선(僞善)**이라고 합니다. 인간의 기준으로는 선하게 보여도 하나님의 눈에는 **거짓된** 선이라는 뜻입니다.

"속에서 곧 사람의 마음에서 나오는 것은 **악한 생각 곧 음란과 도적질과 살인과 간음과 탐욕과 악독과 속임과 음탕과 흘기는 눈과 훼방과 교만과 광패니**"라고 주님은 말씀하셨습니다. 여기 마가복음 7장의 말씀에 열거된 열두 가지의 죄가 우리의 마음속에 장착(裝着)되어 있다고 주님은 말씀합니다.

나도 분명 사람이기에 이런 12가지 죄들이 내 마음에 다 들어 있습니다. 내 생각에는 그렇지 않은 것 같아도, 주님께서 "사람의 마음에는 이런 죄들이 다 들어 있다"고 말씀하시면 분명히 들어 있는 것이 맞습니다. 태초에 하나님이 빛을 창조하기 전에는 **"땅이 혼돈하고 공허하며 흑암(黑暗)이 깊음 위에"(창 1:2)** 있었던 것처럼, 거듭나지 못한 자의 마음(땅)은 혼돈과 공허와 흑암(죄)으로 가득 차 있습니다. 그래서 하나님께서 "너희의 마음이 이렇게 더럽다"고 말씀하셔도, 혼돈된 사람은 "아니요! 하나님! 내 속에는 선한 것도 많이 있어요!" 하고 항변을 합니다. 그러나 그건 자기 생각일 뿐이지, 주님이 "네 마음에 모든 죄악이 들어 있다"고 하시면 모든 죄악들이 들어 있는 것입니다. 주님은 우리를 지은 분이기 때문에 우리를 속속들이 압니다.

첫 사람 아담과 하와는 사단 마귀에게 속아서, 하나님의 말씀을 어기고 선악을 알게 하는 나무의 실과를 따먹었습니다. 그들은 하나님께 순종하지 않고 마귀의 거짓말을 믿었습니다. 그 결과 인간은 선과 악을 혼동하게 되었습니다. 범죄한 인간은 **"악을 선하다 하며 선을 악하다 하며 흑암으로 광명을 삼으며 광명으로 흑암을 삼으며 쓴 것으로 단 것을 삼으며 단 것으로 쓴 것을 삼는"(사 5:20)** 자들이 되었습니다. 그래서 자기가 의롭고 선한 줄로 착각하며 자기의 옳음을 내세우는 것이 인간입니다.

또 우리의 마음에는 **간음**이라는 죄가 들어 있습니다. 다윗은 하나님의 종이었습니다. 그는 기름부음을 받은 왕이었고 선지자였습니다. 그런 다윗이 왕궁의 옥상을 거닐다가 밧세바라는 여인이 자기 집 옥상에서 목욕하는 것을 보았습니다. 그녀의 풍만한 가슴과 하얀 우윳빛 속살이 다윗의 눈에 들어왔습니다. 그 순간 다윗은 몸을 낮추고 숨어서 그 여인의 알몸을 훔쳐보면서 마른침을 삼켰습니다. 가슴은 두근거리고 야릇한 쾌감이 솟구쳤습니다. 다윗의 마음에 장착되어 있던 음탕과 음란과 간음하는 마음이 주체할 수 없이 솟구쳐 올라왔습니다.

다윗은 더 이상 참을 수가 없었습니다. 은밀하게 하인을 보내서 그 여인을 데려다가 동침을 했습니다. 밧세바의 남편인 우리아는 다윗 왕을 위해서 멀리 전장에 나가 사투를 벌이고 있는데, 그의 부인 밧세바는 대낮에 옥상에서 벌거벗고 목욕을 했다는 것은 이 여인의 마음에도 음탕이라는 죄가 내장되어 있었다는 말씀입니다. 남자든 여자든 우리 인간은 **음란**하고 **음탕**한 존재입니다. 이렇게 우리의 마음에 근본적으로 장착되어 있는 **음란**이라는 죄의 본성이 어떤 환경을 만나면 전자동으로 쏟아져 나와서 **간음죄**를 저지를 수밖에 없는 것이 우리의 근본 모습입니다.

하나님께서 율법을 주신 목적

어떤 사람은 "음란한 마음, 음탕한 마음, 간음하는 마음—이런 것들이 무슨 죄냐? 그냥 본능이지!"라고 강변합니다. 사람에게는 **죄에 대한 절대적 기준**이 없습니다. 죄에 대해서 각자의 기준이 다르고, 시대에 따라서, 또 사회마다 죄의 기준이 다릅니다. 남녀칠세부동석(男女七歲不同席)이라는 규범이 지배했던 조선시대에는 미혼 남녀가 함께 앉아 있는 것도 죄악시했습니다. "내가 바람을 피우면 로맨스고, 남이 바람을 피우면 불륜"이라는 말이 있습니다. 죄에 대한 각자의 기준이 상대적이란 말입니다. 또 우리나라에서는 죄로 여기는 사건이 다른 나라에서는 전혀 죄로 판단되지 않는 경우가 많습니다.

그래서 하나님께서는 **죄를 판정하는 절대적 기준으로** 우리에게 **율법**을 주셨습니다. "우리가 알거니와 무릇 율법이 말하는 바는 율법 아래 있는 자들에게 말하는 것이니 이는 모든 입을 막고 온 세상으로 하나님의 심판 아래 있게 하려 함이니라 그러므로 율법의 행위로 그의 앞에 의롭다 하심을 얻을 육체가 없나니 율법으로는 죄를 깨달음이니라"(롬 3:19-20).

선과 악이 뒤바뀌고 혼돈된 인간들은 죄가 무엇인지도 알지 못하게 되었으므로, 하나님께서는 **선악의 절대적인 기준으로 율법**을 세워 주셨습니다. 하나님께서 우리들에게 왜 율법을 주셨습니까? 우리가 너무나도 자기의 꼬락서니를 모르기 때문에, 하나님께서는 **우리가 죄 덩어리임을 깨달으라고 율법**을 주셨습니다. 율법이라는 절대적 기준으로 자기의 꼬락서니를 직시하라는 말씀입니다.

율법은 "~하라, ~하지 말라"(dos and don'ts)고 우리에게 기록해 주신 하나님의 명령과 금령(禁令)인데, 성경에는 613개 조항의 율법 규례가 있다고 합니다. 그리고 613개의 율법 규례들의 골간(骨幹)을 이루는 율법 조항이 바로 십계명, 즉 열 가지 계명입니다. 계명(誡命)이라는 것은 **우리가 마땅히 지켜야 할 도리**를 말하는데, 하나님께서 우리들에게 "너희들은 이것을 꼭 지켜야 한다"라고 정해 주신 열 가지의 계명이 바로 **십계명**입니다.

십계명 중에서 첫 번째 계명은, "**너는 나 외에는 다른 신들을 네게 있게 말찌니라**"(출 20:3)고 하신 말씀입니다. 또 둘째 계명은, "**너를 위하여 새긴 우상을 만들지 말고 또 위로 하늘에 있는 것이나 아래로 땅에 있는 것이나 땅 아래 물속에 있는 것의 아무 형상이든지 만들지 말며 그것들에게 절하지 말며 그것들을 섬기지 말라"(출 20:4-5)입니다.

그러면 우리가 이 계명들을 어긴 적이 없습니까? 우리는 지금까지 하나님 한 분만을 참 신(神)으로 섬겨 왔습니까? 우리는 하나님만을 참 신으로 섬기지 못했습니다. 지금 이 시각에도 나의 마음속에 하나님만을 참으로 나의 신(神)으로 섬기고, 나의 온 마음이 하나님을 경외하고 있습니까? 아니면 지금 내 마음속에는 다른 것들이 하나님보다 더 중요한 자리에 앉아 있지는 않습니까?

여러분, 우리는 첫째 계명부터 다 어겨온 자들입니다. 그리고 **계명을 어긴 것이 바로 죄**입니다. "하나님 한 분 외에는 다른 신들이 우리에게 있지 말라"고 하셨는데, 우리의 마음속에 하나님 외에 **다른 신들인 우상들**이 득실득실합니다. 그러면 어떤 우상들이 우리의 마음의 중심에 앉아 있을까요?

그 첫째는 돈 즉 재물 신(財物 神)입니다. 내가 하나님보다 돈을 더 사랑한다면, 돈이 바로 나의 신이 아닙니까? 주님은 **"한 사람이 두 주인을 섬기지 못할 것이니 혹 이를 미워하며 저를 사랑하거나 혹 이를 중히 여기며 저를 경히 여김이라** 너희가 하나님과 재물을 겸하여 섬기지 못하느니라"(마 6:24)고 말씀하셨습니다. 그런데 많은 사람의 마음속엔 재물이 신이 되어 있습니다. 많은 기독교인들조차 그들이 하나님을 믿는다고 하지만, 그들의 진짜 신은 돈입니다. 그래서 하나님의 이름은 건성으로 부르는 것이고, 그들은 하나님을 자기의 탐욕이 잘 이루어지도록 도와 주시는 분 정도로 여깁니다. 그런 사람의 신은 돈이고 재물입니다.

어떤 이들은 **명예**가 자기 신이고 어떤 사람은 **돈**이 신이고 어떤 사람은 **권력**이 신이고 어떤 이들은 **쾌락**이 자기의 신입니다.

거의 모든 사람들은 하나님을 참 신으로 섬기는 것이 아니고, 자기 육신의 욕망들을 신으로 섬기고 있습니다. 그러니까 십계명의 첫 계명부터 우리는 어겨 왔고 지금도 어기고 있는 자들입니다.

십계명 중에서 위의 네 계명은 하나님께 대해서 우리 인간이 지켜야 할 계명들이라면, 다섯 번째 계명에서부터 열 번째 계명까지의 여섯 계명은 사람들 사이에 서로 지켜야 할 규례들입니다. 즉, "**네 부모를 공경하라 그리하면 너의 하나님 나 여호와가 네게 준 땅에서 네 생명이 길리라 살인하지 말찌니라 간음하지 말찌니라 도적질하지 말찌니라 네 이웃에 대하여 거짓 증거하지 말찌니라 네 이웃의 집을 탐내지 말찌니라**"(출 20:12-17)고 말씀하신 규례들입니다.

그런데 우리들은 십계명의 어느 것 하나도 온전히 못 지킵니다. 우리는 늘 계명들을 어깁니다. 그런데도 "아니요? 나는 율법을 어느 정도 다 지키는 것 같은데요"라고 반문하는 사람들이 있습니다. "나는 간음 같은 것은 절대로 안 해요!"라고 강변하는 자들도 많습니다. 그러나 예수님은 "**나는 너희에게 이르노니 여자를 보고 음욕을 품는 자마다 마음에 이미 간음하였느니라**"(마 5:28)고 말씀하셨습니다. 그러면 여러분은 아름다운 여자를 보고 음욕을 품지 않습니까?

곤고한 종교생활

저는 거듭나기 전에 이러한 율법의 말씀이 마음에 찔려서 금식도 많이 하고 회개기도도 많이 했었습니다. 죄 사함 받기 전에 제 마음은 죄 때문에 늘 괴로웠습니다. 매달의 첫 3일은 한 달의 십일조로 금식을 하며 회개기도도 해 보았지만 내 마음에는 늘 죄가 있었습니다. 나는 마음의 죄 때문에 심령이 참으로 괴로웠습니다. 주님께서, **"진실로 네게 이르노니 네가 호리라도 남김이 없이 다 갚기 전에는 결단코 거기서 나오지 못하리라"**(마 5:26)고 말씀하셨으니, 죄 때문에 지옥에 갈 것이 늘 두렵고 괴로웠습니다.

그래도 천국의 영생에 들어가려면, 어찌하든지 죄를 짓지 않으려고 애를 쓰고, 선행도 많이 하고 희생과 봉사도 많이 하고, 성화에 힘써야만 되는 줄 알고 저는 참으로 곤고한 종교인이었습니다. 지나가다가 거지가 있으면 주머니에 돈을 털어서 그의 손에 쥐여 주고, 어떤 거지 청년은 집에 데려다가 목욕을 시키고 밥도 함께 먹기도 했습니다. 하나님 말씀 앞에서 율법을 어긴 모든 행위와 생각이 다 죄인데, 저는 율법을 늘 어기면서도 한편으로는 선행을 하려고 무진 애를 썼습니다.

금식 기도, 철야 기도, 선교활동, 봉사활동도 열심히 하고, 거지 아이를 데려다가 양자도 삼고…저는 어떻게 하든지 죄를 보상하고 씻어 보려고 별별 짓거리를 다 해 보았지만 제 마음의 죄는 씻어지지 않았습니다. 의를 행하려고 하면 할수록 마음의 죄는 더 드러났습니다. 죄를 짓지 않으려고 발버둥을 치면서도 마음으로는 또 죄를 짓고 그런 죄가 마음에 쌓여갔습니다. 그래서 저는 제 마음의 죄 때문에 늘 괴로웠습니다.

하나님의 계명 앞에서 "나는 그렇게 계명을 어긴 적이 없는데요?" 하고 자기의의를 내세우는 자들을 향해 주님은 이제 다른 방식으로 묻습니다: "이 열 가지 계명을 요약하면, **마음을 다하고 뜻을 다하고 힘을 다해서 여호와 한 분만을 사랑하라**는 계명과 **네 이웃을 네 몸같이 사랑하라**는 두 계명으로 요약되는데, 그러면 너는 진정 **네 이웃을 네 몸같이 사랑**할 수 있느냐?"

　이 두 가지 계명이 모든 율법의 골자이고 요체(要諦)입니다. 자, 솔직히 한번 대답해 봅시다. "당신은 다른 사람을 **내 몸같이** 사랑할 수 있습니까?" 저는 절대로 못합니다. 내 몸은 끔찍하게 사랑하는데 절대로 다른 사람을 **내 몸같이** 사랑하지는 못합니다. 다른 이를 사랑하는 척은 할 수 있습니다. 그러나 **내 몸같이**는 사랑하지 못합니다. 당신이 길거리를 지나가다가 거지를 만났는데, 만일 그 거지를 **내 몸같이 사랑한다면**, 그 거지를 데려다가 깨끗이 씻기고 배불리 먹인 후에 당신은 방바닥에서 자고 그 거지는 당신의 침대에서 재워야 합니다.

　"**네 이웃을 네 몸같이 사랑하라**"라는 말씀은 내가 누릴 것을 이웃에게 다 내어 주고 나는 피해를 보더라도 상관하지 않는 희생의 수준을 말하는 것입니다. 여러분이 그렇게 할 수 있습니까? 절대로 못합니다. 우리가 자기의 몸을 얼마나 끔찍이 사랑합니까? 그런데 이웃을 **내 몸같이** 사랑할 수가 있습니까? 절대로 못합니다. "**네 이웃을 네 몸같이 사랑하라**"는 말씀은 절대적으로 선하신 예수님만이 준행하실 수 있습니다. 주님은 우리를 모든 죄에서 구원하기 위해서 실제로 자신의 생명까지 아낌없이 우리에게 내어 주셨습니다. 다른 사람을 **내 몸같이** 사랑하신 분은 예수님뿐입니다. 절대적으로 악한 우리는 율법의 한 규례도 절대로 못 지키는 자들입니다.

자신이 죄 덩어리인 줄을 깨닫고 시인해야
죄 사함을 받습니다

사실 죄 덩어리로 태어난 우리는 태어나서 죽을 때까지 죄를 지을 수밖에 없는 자들입니다. 따라서 계명은 우리가 지킬 수 있는 것도 아니며, 우리에게 지키라고 주신 것도 아닙니다. **선악의 절대적 기준인 계명**으로 우리가 죄 덩어리인 것을 깨닫고, 예수 그리스도에게 긍휼을 바라며 나오라고 하나님께서 주신 것이 율법입니다.

예수님은 스스로 의로운 척하는 율법사에게, "**율법에 무엇이라 기록되었으며 네가 어떻게 읽느냐**"(눅 10:26)라고 물으셨습니다. 당신은 "**간음하지 말찌니라**"고 기록하신 율법의 말씀을 읽고서, "아! 하나님께서 간음하지 말라시는구나! 그러니 절대로 간음하지 말아야겠다!"라고 읽습니까? 아니면, 당신은 그 율법의 말씀을 보면서 "예, 맞습니다. 나는 간음하는 죄인입니다"라고 읽습니까?

우리는 지금 이 순간에도 마음으로 죄를 짓고 있습니다. 율법은 행위로 드러난 것만 죄라고 지적하지 않고 마음속에 있는 것, 마음속에 품었던 생각들조차 다 죄라고 말씀합니다. "**형제를 미워한 자마다 살인한 자니라**"고 말씀하셨습니다. 만일 어떤 형제가 하는 짓이 미워서 마음속으로 욕을 하고 화를 냈다면 그것은 살인한 죄입니다. 그러니 우리는 자기 자신이 율법 앞에서 얼마나 끔찍한 죄 덩어리인 줄을 알아야 합니다. 그래야만 하나님의 은혜를 입을 수 있습니다. 자기의 **죄악된 꼬락서니를 인정하는 자라야** 죄 사함을 받고 영원한 안식에 들어갈 수 있습니다.

자기가 지옥에 가야 할 죄 덩어리임을 깨닫고 시인하려면 우리 마음속의 숨은 생각까지 다 드러나게 하시는 하나님의 말씀 앞에 정직하게 서 봐야 합니다. 좌우에 날이 선 검과 같이 예리한 그 말씀 앞에서 우리들이 얼마나 더럽고 부족하고 헐벗고 가련한 자인지가 드러나야 합니다. 그렇지 않고 자기가 의롭고 선한 줄로 아는 사람은 **"죄 사함으로 말미암는 구원"**(눅 1:77)을 받지 못합니다. 주님은 스스로 의롭다고 하는 의인을 부르러 오시지 않았고 **"죄인을 불러 회개시키러"**(눅 5:32) 오셨습니다.

심히 죄인인 자들을 구원하시는 주님의 역사

예수님께서 이 땅에 오셔서 **제일 처음에 하신 일**은 요단강에서 인류의 대표자인 세례 요한에게 **안수의 형식으로 세례를 받으신 일**입니다. 안수(按手)는 죄를 희생제물에게 넘기는 하나님의 공의한 법이므로, 예수님은 세례를 받으셔서 세상 죄를 다 짊어지셨기 때문에, 그때부터 천국 복음을 전파하기 시작하셨습니다.

그런데 예수님을 만나서 복음을 들은 자 중에 죄 사함 받은 자들은 극소수였습니다. 많은 무리들이 예수님을 따라다녔지만 그들은 자기들이 지옥에 갈 죄인임을 스스로 인정하지 않았습니다. 그러나 소경이나 절름발이, 문둥병자, 또 혈기 마른 자, 세리, 창녀 같은 자들은 자기들이 얼마나 더러운 죄인이며 지옥 갈 수밖에 없는 자인지를 시인하고 주님께로부터 **죄 사함**을 받았습니다. 우리들도 율법의 준엄한 말씀 앞에서 자기가 얼마나 더럽고 악한 자인지를 제대로 깨닫고 시인해야만, 즉 **자신이 얼마나 구제불능의**

죄 **덩어리인지를 인정해야만** 주님이 주시는 **하나님의 의**를 옷 입고 **죄 사함**을 받습니다.

우리는 **죄 덩어리**입니다. 우리의 마음은 너무너무 더럽고 악합니다. 사단 마귀는 자기를 광명의 천사로 가장해서 위선(僞善)이 참된 선인 것으로 착각하며 살도록 우리들을 속여 놓았기 때문에, 우리는 **인간의 본성**이 선한 줄로 알고 있지만, 우리 속에서는 절대로 선한 것이 나올 수 없습니다. **위선**은 거짓 위(僞)자 착할 선(善)자, 즉 **거짓된 선**입니다. 모든 종교는 인간의 위선을 미화하고 권장합니다. 우리에게서 거짓된 선은 나오지만 하나님께서 인정하시는 참된 선은 우리에게서 절대로 나올 수 없습니다. 여러분도 선거철이면 공직선거 후보자들이 고아원이나 지체장애자들의 수용시설을 방문해서 애처로운 표정을 지으면서 그들을 보듬어 주고 목욕도 시켜 주는 장면을 많이 보았을 것입니다. 그런 사람은 국회의원에 당선되고 나면 다음 선거 때까지는 그런 시설에 가지 않습니다. 그것이 위선입니까? 아닙니까?

그런데도 사람들은 자기를 위선으로 감싸서 자신이 의롭고 선한 존재인 줄로 착각합니다. 그러므로 좌우에 날선 검과 같이 예리한 하나님 말씀이 우리의 속 마음까지 확 찔러 쪼개서 우리의 **숨은 죄악과 악한 생각이 다 드러나야** 합니다. **은밀하게 숨어 있는 우리의 죄악**이 다 드러나게 하는 것은 하나님의 말씀뿐입니다. 하나님 말씀 앞에 서 봐야만 우리가 얼마나 더러운 죄 덩어리인지, 얼마나 부족하고 악한지, 얼마나 헐벗고 가련한지를 깨닫게 됩니다.

자신의 실상을 직시해야

주님은, "네가 말하기를 나는 부자라 부요하여 부족한 것이 없다 하나 네 곤고한 것과 가련한 것과 가난한 것과 눈 먼 것과 벌거벗은 것을 알지 못하도다 내가 너를 권하노니 내게서 불로 연단한 금을 사서 부요하게 하고 흰 옷을 사서 입어 벌거벗은 수치를 보이지 않게 하고 안약을 사서 눈에 발라 보게 하라"(계 3:17-18)고 말씀하십니다.

"네 곤고한 것과 가련한 것과 가난한 것과 눈먼 것과 벌거벗은 것"이란 말씀은 **죄 사함 받지 못한 자의 마음 상태**를 가리킵니다.

죄 사함 받지 못한 자의 마음은 **곤고합니다**. 죄 사함 받지 못한 자의 마음은 만족이 없습니다. 마음이 항상 **공허합니다**. 그래서 이 땅의 어떤 것에 미쳐야만 살아갈 수 있습니다. 거듭나지 못한 자는 돈에 미치든지, 권력에 미치든지, 명예에 미치든지, 쾌락에 미치든지 해야만 그나마 거기서 삶의 동기를 찾습니다.

죄 사함 받지 못한 자는 **가련합니다**. 죄인은 그 삶의 기조(基調)가 슬픔입니다. "모가지가 길어서 슬픈 짐승이여 언제나 점잖은 척 말이 없구나"라고 슬픔을 노래했던 노천명 시인의 시구(詩句)처럼, 우리 인생은 잠시 피었다가 사라지는 안개와 같이 허무한 존재들이기에 인생은 가련합니다.

또한 죄 사함 받지 못한 자는 영적으로 **헐벗었으며 가난합니다**. 우리는 하나님 앞에 내세울 것이 아무것도 없는 존재들입니다. 당신은 하나님 앞에 내세울 만한 의로움이 있습니까? 있다고 주장한다면, 당신은 자기의 꼬락서니를 전혀 모르는 사람입니다. 인간의 의는 자기의 눈에나 내세울 만한 것이지 다 헌 옷과 같이 더러운 것입니다. 이사야 선지자는, "**무릇 우리는 다 부정한 자 같아서 우리의 의는 다 더러운 옷 같으며 우리는 다 잎사귀 같이 시들므로 우리의 죄악이 바람 같이 우리를 몰아가나이다**"(사 64:6)라고 말씀하십니다.

또 마지막으로 죄 사함 받지 못한 자는 영적으로 **눈먼 자**입니다. 예수님 앞에 나온 소경들은 모두 고침을 받고 밝은 빛을 보았습니다. 성경에서 **소경**은 영적으로 마음에 죄가 덮여 있는 흑암같이 깜깜한 상태를 말씀합니다. 이 죄 때문에 사람은 영원한 지옥의 형벌을 받게 됩니다. 만일 어떤 사람이 죄 문제를 해결하지 못하고 죽는다면 그 사람은 비참하고 고통스러운 지옥 불에서 영원토록 이를 갈며 자기의 태어난 날을 원망할 것입니다.

그런데 **죄 사함 받지 못한 자**는 자기가 이런 비참한 상태에 있다는 사실조차 전혀 모릅니다. 사람들은 자기가 어떤 자인지, 앞으로 어떤 비참한 운명에 처하게 될지를 전혀 모릅니다. 이것이 문제입니다. 소크라테스는 "**너 자신을 알라**"고 말했다는데, 우리는 우리 자신을 알아야 합니다. 우리 자신이 얼마나 부족하고, 가련하고, 속에는 온갖 더러운 죄악들이 가득 찬 존재인지를 우리는 정직하게 시인해야 합니다.

하나님 말씀 앞에서 어린아이와 같이 순수하고 정직한 사람은 자신이 지옥에 가야 할 자라고 인정합니다. 하나님의 말씀이 우리들에게, "너희들은 이렇게 영적으로 헐벗고, 가련하고, 곤고하고, 악한 자들이다. 너희 마음속에는 온갖 죄악이 가득 차 있다. 그래서 죽을 때까지 평생 동안 죄만 짓는 자들이다. 그리고 그 **죄로 인해서 너희들은 지옥에 갈 자들이다**"라고 말씀하십니다. 그렇다면 그 말씀 앞에서 우리는 어린아이와 같이, "맞습니다! 예,

그렇습니다. 나는 지옥에 가야 할 자입니다!"라고 순수하게 인정을 해야만 주님의 구원의 은혜를 입고 죄 사함을 받게 됩니다.

주님은 자기의 꼬락서니를 몰라서 죄 사함을 받지 못한 자들에게, **"안약을 사서 눈에 발라 보게 하라"**고 말씀하셨습니다. 하나님의 말씀으로 영의 눈에 고침을 받아서 자기 꼬락서니를 제대로 보라는 뜻입니다. 주님께서는 우리 인간들이 너무너무 자기의 꼬락서니를 모르기 때문에 율법을 주셨습니다. 자신이 얼마나 죄 덩어리인 줄을 스스로 깨닫게 하시려고 하나님께서 우리에게 율법을 주셨습니다. 이것이 바로 하나님께서 우리에게 **율법**을 주신 목적입니다.

"그러므로 우리에게 큰 대제사장이 있으니 승천하신 자 곧 하나님의 아들 예수시라"(히 4:14)

하나님의 율법 말씀 앞에서 "우리를 상관하시는 자의 눈앞에 벌거벗은 것 같이"(히 4:13) **우리의 죄가 드러나거든**, 우리는 우리의 모든 죄를 없애 주시려고 육신을 입고 오셔서, 자신을 제물로 삼아 **영원한 속죄의 제사**를 드리시고 **"승천하신 자 곧 하나님의 아들 예수"**(히 4:14)께 나아가야 합니다. **"승천하신 자"**라는 말씀은 하나님이신 예수님이 우리를 모든 죄에서 구원하신 사역을 완벽하게 완성시켰다는 말씀입니다.

하나님의 외아들인 성자(聖子) 하나님께서 뭐가 답답해서 육신을 입고 우리에게 오셨습니까? 하나님이 친히 육신을 입고 오신 이유는 죄 때문에 지옥 갈 수밖에 없는 모든 인생들의 죄를 세례로 짊어지고, 십자가로 가셔서 우리가 죽어야 할 자리에서 대신 심판을 받고 죽어 주시기 위함이었습니다. 주님은 우리를 온전히 죄에서 구원해 주기 위해서 **안수의 형식으로 세례를**

받으셨고, **십자가에서 "다 이루었다"(요 19:30)**고 외치시고 돌아가셨다가 장사된 지 사흘 만에 부활하시고 승천하셔서, 지금은 하나님 아버지의 보좌 우편에 앉아 계십니다.

물과 성령의 복음을 굳게 잡아야

구약시대의 대제사장은 대속죄일의 제사를 드려서 이스라엘 백성의 일 년치 죄를 단번에 없애 주는 직분을 행했던 하나님의 종이었습니다. 그런데, 예수님께서는 우리 **모든 인류의 큰 대제사장**으로 오셔서 이 땅의 모든 죄를 단번에 없애는 그 일을 온전히 완성했기 때문에, 다시 하나님 아버지의 보좌 우편으로 올라가셨습니다. "그러므로 우리에게 큰 대제사장이 있으니 승천하신 자 곧 하나님의 아들 예수시라 우리가 믿는 도리를 굳게 잡을찌어다"(히 4:14)라고 하신 말씀은 **"예수님은 우리의 죄를 다 없애는 일을 완성하셨다"**는 뜻입니다. 그러므로 이제 **"우리가 믿는 도리를 굳게 잡을지어다"**라고 말씀하십니다. **"우리가 믿는 도리"**란 우리를 모든 죄에서 온전히 구원하신 진리의 복음, 즉 **"물과 성령의 복음"**입니다. 누구든지 **물과 성령의 복음**을 굳게 잡아야만 **죄 사함**을 받고 영원한 안식에 들어갑니다.

그리고 **물과 성령의 복음**을 굳게 잡으려면 먼저 자기 꼬락서니를 제대로 알아야 합니다. 자기 꼬락서니를 제대로 아는 자만이 이 복음을 굳게 믿을 수 있습니다. 우리의 꼬락서니가 어떻습니까? 우리는 진정 죄 덩어리입니다. 그리고 마음에 죄가 있으면 지옥의 판결을 피할 수 없습니다.

먼저 마음에 죄 사함을 받아야 합니다

그렇다면 마음에 죄가 있는 **죄인에게 무엇이 제일 시급한 일입니까?** 죄 사함을 받아서 지옥의 형벌을 면하는 일이 가장 시급한 일입니다. **죄 사함**은 하나님의 의를 옷 입을 때에 임하는 하나님의 축복입니다. 마음에 죄가 있는 죄인은 먼저 자신이 진정 죄 덩어리임을 시인하고 주님께 나와서 "주님, 저를 불쌍히 여겨 주십시오"라고 간청해야 합니다. 하나님은 당신에게 긍휼을 바라는 자를 결코 뿌리치지 않습니다. 주님은, "**너희는 가서 내가 긍휼을 원하고 제사를 원치 아니하노라 하신** 뜻이 무엇인지 배우라 내가 **의인을 부르러 온 것이 아니요 죄인을 부르러 왔노라 하시니라**"(마 9:13)고 말씀하셨습니다.

히브리서 4장 16절 말씀을 읽고 설교를 정리하겠습니다.

"**그러므로 우리가 긍휼하심을 받고 때를 따라 돕는 은혜를 얻기 위하여 은혜의 보좌 앞에 담대히 나아갈 것이니라**"(히 4:16)

그렇습니다. 아직 죄 사함을 받지 못한 사람은 먼저 **주님의 긍휼하심을 입어야** 합니다. 마음에 죄가 있는 사람은 먼저 **죄 사함을 받고 거듭나야** 합니다. 죄인이 **물과 성령의 복음**을 믿어서 의인으로 거듭나면, 주님은 당신의 자녀에게 때를 따라 돕는 은혜를 베푸십니다. 그러므로 아직 마음에 죄가 있는 죄인들은 죄 사함을 받는 것이 가장 시급한 일입니다.

은혜의 첫 단추를 잘 꿰어야만 하나님께로부터 **때를 따라 돕는 은혜**를 입어서 그 영혼이 잘 됨과 같이 범사에 잘 되고 믿음도 장성하게 됩니다. 그래서 하나님의 자녀로서 하나님께 영광을 돌리면서 우리가 믿는 도리의 소망을 믿음으로 붙잡고 살 수 있습니다. 하나님의 자녀들은 하나님 아버지께 담대히 나아갈 수 있습니다. 어떤 문제든지 하나님께 간구하면, 그리고 그것이 **하나님의 나라와 그 의를 구하는 것이라면**, 하나님 아버지께서 다 들으시고 응답하십니다.

눈에 보이는 것만 추구하는 것은 믿음이 아닙니다. 우리의 믿음의 목적은 죄 사함을 받고 천국 영생에 들어가는 것입니다. 그러므로 아직 거듭나지 못한 분들은 먼저 마음의 죄 문제를 해결하고 거듭나야만, 그 후에는 때를 따라 도와 주시는 하나님의 은혜를 입으면서 주님의 기뻐하시는 믿음의 삶을 살 수 있습니다.

말씀을 마치겠습니다.

(2014년 3월 30일 주일예배 말씀)

영원한 속죄의 제사를 드린
하늘의 대제사장

"대제사장마다 사람 가운데서 취한 자이므로 하나님께 속한 일에 사람을 위하여 예물과 속죄하는 제사를 드리게 하나니 저가 무식하고 미혹한 자를 능히 용납할 수 있는 것은 자기도 연약에 싸여 있음이니라

이러므로 백성을 위하여 속죄제를 드림과 같이 또한 자기를 위하여 드리는 것이 마땅하니라

이 존귀는 아무나 스스로 취하지 못하고 오직 아론과 같이 하나님의 부르심을 입은 자라야 할 것이니라

또한 이와 같이 그리스도께서 대제사장 되심도 스스로 영광을 취하심이 아니요 오직 말씀하신 이가 저더러 이르시되 너는 내 아들이니 내가 오늘날 너를 낳았다 하셨고

또한 이와 같이 다른데 말씀하시되 네가 영원히 멜기세덱의 반차를 좇는 제사장이라 하셨으니

그는 육체에 계실 때에 자기를 죽음에서 능히 구원하실 이에게 심한 통곡과 눈물로 간구와 소원을 올렸고 그의 경외하심을 인하여 들으심을 얻었느니라

그가 아들이시라도 받으신 고난으로 순종함을 배워서

온전하게 되었은즉 자기를 순종하는 모든 자에게 영원한 구원의 근원이 되시고

하나님께 멜기세덱의 반차를 좇은 대제사장이라 칭하심을 받았느니라

멜기세덱에 관하여는 우리가 할 말이 많으나 너희의 듣는 것이 둔하므로 해석하기 어려우니라"(히 5:1-11)

예수 그리스도, 멜기세덱의 반차를 좇은 하늘의 대제사장

히브리서 5장의 말씀입니다. 히브리서 5장부터 10장까지의 말씀은 **"예수 그리스도는 멜기세덱의 반차를 좇은 하늘의 대제사장이시다"**라고 선포합니다. 히브리서는 이 부분에서 구약의 율법에 속한 제사 제도와 제사장의 사역들을 소개하고, 예수님이 하늘의 대제사장인 멜기세덱의 계통을 좇아 육신을 입고 이 땅에 오셔서 영원한 속죄의 제사를 드려 주심으로 우리를 모든 죄에서 단번에 구원하셨음을 선포하고 있습니다.

멜기세덱은 아브라함이 포로로 끌려가던 조카 롯을 구하고 돌아올 때에, 아브라함에게 나타났던 하늘의 대제사장입니다. 그는 장차 우리에게 보내 주실 예수 그리스도를 계시하기 위해 믿음의 조상 아브라함 앞에 현현(顯現)한 **하늘의 대제사장**입니다.

율법과 제사법

모세가 시내 산에서 하나님께로부터 받아서 백성들에게 전한 것은 "~하라, ~하지 말라"는 율법의 **계명**과 **성막 제도**(聖幕制度)였습니다. 즉, **율법의 계명**을 통해서 죄를 깨닫고 성막 제도 안에 세워 주신 **속죄 제사**를 통해서 죄 사함을 받도록 하나님께서는 당신의 **구원의 도**를 정하시고 당신의 백성들에게 이 두 제도를 세워 주셨습니다. 즉, 하나님께서는 이스라엘 백성들이 하나님의 **구원의 진리를 깨닫게 하기 위해서** 계명과 성막 제도를 주신 것입니다. 성막 제도(聖幕制度)란 "성막을 만드는 식양(式樣)과 성막 안에서 제사를 주관하는 제사장과 각종 제사의 제도를 정해 놓은 규례입니다. 따라서 성막 제도도 넓은 의미에서는 율법의 규례에 속합니다.

히브리서 5장부터 10장까지의 말씀은 땅의 성막에서 섬겼던 대제사장과 멜기세덱의 반차를 좇은 영원한 대제사장이신 예수님을 대비하면서, **예수님께서 육신을 입고 이 땅에 오셔서 단번에 드리신 영원한 속죄의 제사**가 얼마나 **완전**하고 위대한지를 말씀하고 있습니다. 하나님께서 우리를 모든 죄에서 구원하셨는데, 그 구원이 얼마나 완전한지를 히브리서의 말씀을 통해서 우리는 분명히 알 수 있습니다. 그래서 이 부분의 말씀을 읽어 보면 참으로 마음이 시원합니다. 물론 주님은 이 부분의 말씀을 통해서 우리가 어떤 믿음에 서야 하는지, 우리가 믿는 도리인 **물과 성령의 복음**을 굳게 붙들지 않으면 어떤 결과가 오는지에 대해서도 말씀하십니다. 그러나 이 부분의 주제는 "**예수 그리스도, 멜기세덱의 계통을 좇아 영원한 속죄의 제사를 드려 주신 하늘의 대제사장**"입니다.

그렇게 히브리서 10장까지 예수님께서 영원한 속죄의 제사를 드려 주신 부분을 말씀하시고, 히브리서 11장에는 온전한 믿음을 가졌던 믿음의 선배들이 열거되어 있습니다. 그래서 히브리서 11장을 "**성경의 믿음 장(章)**"이라고 부릅니다. 저는 히브리서 11장의 말씀에 등장하는 믿음의 선배들을 하나하나 바라보면서 저도 그들의 믿음을 본받기를 소망합니다. 그리고 마지막으로 히브리서 12장-13장은 믿음으로 거듭난 자들이 어떻게 행해야 하는가에 대해서 말씀합니다.

아론 계통의 대제사장의 사역

히브리서 5장 1절부터, 주님은 이 땅의 대제사장에 대해서 설명해 주십니다. 이 땅의 첫 번째 대제사장은 어떻게 세워졌습니까? 하나님께서 레위 지파에 속한 아론에게 기름을 부어서 첫 번째 대제사장으로 세우셨습니다. 그래서 아론 이후에도 레위 지파에 속한 아론의 계통을 따라 대제사장을 세우고 또 일반 제사장들도 레위 지파에서 세웠습니다. 아론에게는 나답과 아비후와 엘르아살과 이다말이라는 네 아들이 있었습니다. 그런데 나답과 아비후는 시내 광야의 성막에서 다른 불을 여호와께 드리다가 여호와의 진노를 사서 죽었고, 엘르아살과 이다말이 아버지 아론 앞에서 제사장의 직분을 행했습니다.

제사장을 직분으로 구분하면, **대제사장**과 **일반 제사장들**이 있었습니다. 대제사장은 한 명입니다. 대제사장의 복식(服飾)은 일반 제사장의 복식과 뚜렷이 다릅니다. 머리에 쓰는 두건이라든지, 금띠라든지, 가슴에 붙이는 흉배라든지, 그 받침 에봇이라든지, 아무튼 대제사장의 제복은 화려했습니다.

대제사장은 한 명뿐이고 일반 제사장은 많았습니다. 일반 제사장들은 날마다 성막에 들어가서 성막의 기구들을 관리하고 조석으로 상번제(常燔祭)를 드렸습니다. 상번제란 일 년 된 어린양을 매일 아침에 한 마리 그리고 저녁에 한 마리씩 번제로 드리는 제사입니다. 이런 상번제 외에도 백성들이 자기의 죄를 사함 받기 위해서 수시로 희생제물을 끌고 와서 제사를 드려 달라고 요청했기 때문에 제사장들의 수가 많아야 했습니다. 그래서 다윗 시대에는 레위 지파의 제사장들을 24개 반으로 편성(編成)해서 각 반(班)이 보름씩 순번에 따라 성막에 들어가서 섬기곤 했습니다.

백성들의 속죄 제사

레위기 4장에는 이스라엘 백성의 신분에 따라 각기 어떻게 제사를 드려야 죄 사함을 받는지에 대한 규례를 기록하고 있습니다. 그중의 하나가 평민이 범죄한 후에 속죄의 제사를 드려 죄 사함을 받는 규례입니다.

"만일 평민의 하나가 여호와의 금령 중 하나라도 부지중에 범하여 허물이 있었다가 그 범한 죄에 깨우침을 받거든 그는 흠 없는 암염소를 끌고 와서 그 범한 죄를 인하여 그것을 예물로 삼아 그 속죄제 희생의 머리에 안수하고 그 희생을 번제소에서 잡을 것이요.

제사장은 손가락으로 그 피를 찍어 번제단 뿔에 바르고 그 피 전부를 단 밑에 쏟고 그 모든 기름을 화목제 희생의 기름을 취한 것 같이 취하여 단 위에 불살라 여호와께 향기롭게 할지니 제사장이 그를 위하여 속죄한즉 그가 사함을 얻으리라"(레 4:27-31).

백성들이 죄를 짓고 나서 율법 앞에서 자기가 죄를 지었음을 깨닫거든, 그는 **흠 없는 암염소**를 성막으로 끌고 와서, "제사장님 제가 죄를 지었어요. 이 죄를 사함 받도록 저를 위해 제사를 드려

영원한 속죄의 제사를 드린 하늘의 대제사장   237

주세요"하고 속죄 제사를 요청합니다. 그러면 제사장은 죄를 지은 그 평민이 **흠 없는 염소의** 머리에 **안수**를 하도록 명령합니다.

이 **안수(按手)**는 죄를 제물에게 넘기는 규례입니다. 죄인이 두 손으로 염소의 머리에 **안수**하면, 그의 **죄가 염소에게로 넘어가서** 염소의 몸에 심깁니다. 즉 **안수**는 "**죄가 전가(轉嫁)된다**"라는 뜻입니다. 이것은 매우 중요한 구원의 계시입니다. 우리는 **물과 성령의 복음**을 증거할 때마다, **예수님은 인류의 어린양**으로 오셔서 **안수**의 형식으로 **세례를 받으심**으로 이 세상의 모든 죄를 단번에 넘겨받았다고 선포합니다.

이와 같이 죄를 지은 평민이 하나님께서 정하신 법대로 **염소의 머리에 안수**해서 **자기의 죄를 그 염소에게 넘기고** 나면, 이제 그 평민은 칼로 그 짐승의 목을 땄습니다. 그는 안수 받은 염소의 목을 칼로 따면서, "하나님이여, 내가 이렇게 심판을 받고 죽어야 하는데 내 죄를 이 염소에게 넘겨서 내 대신에 이 양을 죽이시고 나같이 악한 자를 살려 주시니 참으로 감사합니다" 하며 하나님의 은혜를 기억하고 감사를 드렸습니다. 이렇게 양이나 염소로 대속(代贖)의 제사를 드리면서, 그들은 장차 육신을 입고 이 땅에 오셔서 우리의 모든 죄를 영원토록 없애 주실 예수 그리스도를 바라보았습니다.

이제 그 평민이 죄를 넘겨받은 염소의 목을 따고 피를 받아서 제사장에게 주면, 그때부터는 제사장이 주관해서 속죄 제사를 마무리했습니다. "유다의 죄는 금강석 끝 철필로 기록되되 그들의 마음 판과 그들의 단 뿔에 새겨졌거늘"(렘 17:1) 하신 말씀대로, 사람의 죄는 두 곳에 기록됩니다. 그래서 제사장은 먼저 그 피를 번제단의 네 귀에 있는 단뿔에 발랐습니다. 이 **번제단의 뿔**은 하나님의 보좌 앞에 놓인 **심판책을 계시(啓示)**합니다. 그러므로 번제단의 뿔에 피를 칠하는 것은 하나님의 보좌 앞에 놓인 **심판책(행위록, 계 20:12)**에서 그 죄인의 죄가 도말(塗抹)된 것을 의미합니다.

그리고 남은 피는 번제단 밑의 **땅**에 뿌렸습니다. 땅은 영적으로 사람의 마음을 의미하므로 대속의 피가 번제단 밑의 땅에 뿌려졌다는 것은 그 대속의 피로 제사를 드린 그 죄인의 죄가 그의 마음판에서 도말(塗抹)된 것을 의미합니다. **"육체의 생명은 피에 있음이라 내가 이 피를 너희에게 주어 단에 뿌려 너희의 생명을 위하여 속하게 하였나니 생명이 피에 있으므로 피가 죄를 속하느니라"**(레 17:11)고 하신 말씀대로, 그 죄인은 죄의 대가를 대속 제물의 생명(피)으로 공의(公義)하게 치러서 죄 사함을 받았습니다.

이제 제사장은 그 염소를 쪼개서 물로 씻은 후에 번제단 위의 장작 위에 올려놓고, 그 염소의 모든 기름도 취해서 그 번제물 위에 올려놓고 불사릅니다. 이같이 제사장이 그의 범한 죄에 대하여 속죄의 제사를 드리면 하나님께서 그 제사를 받으시고 그의 죄를 사해 주셨습니다(레 4:35).

죄를 짓고 속죄 제사를 청하는 자들이 많았으므로, 제사장들은 이러한 속죄 제사를 자주 드렸습니다. 그래서 번제단 뿔에는 늘 피가 발리고 제물을 태우는 연기가 번제단에서 끊임없이 올라갔습니다. 그러나 이스라엘 백성들은 죄를 짓고도 속죄 제사를 날마다 드릴 수 없었기에 그들의 마음에는 죄가 쌓일 수밖에 없었습니다. 그래서 하나님께서 일 년에 한 차례씩 드리는 **대속죄일(大贖罪日)**의 제사를 세워 주셨습니다.

대속죄일에 드린 일 년치 속죄 제사

이스라엘 백성은 매년 제 7월 제 10일(on the tenth day of the seventh month)에 **대속죄일(大贖罪日)의 제사를** 드렸습니다. 이날의 제사는 대제사장이 홀로 주관합니다. 대속죄일에는 대제사장이 집전을 해서, 이스라엘 백성 전체가 지난 일 년 동안 지은 죄를 단번에 사함 받는 제사를 드렸습니다. 물론 대제사장인 아론도 연약한 사람이기에 죄를 지을 수밖에 없었습니다. 그래서 백성들을 위한 속죄 제사를 드리기 전에 먼저 자기의 죄를 정결하게 씻을 필요가 있었습니다. 그래서 이날 대제사장 아론은 먼저 자기와 자기 식구들을 위해서 수송아지로 속죄 제사를 드렸습니다.

대속죄일의 제사에 대해서는 히브리서 10장에서 자세히 다룰 것이므로 여기에서는 그 대략만 말씀드리겠습니다. 아론은 먼저 수송아지로 자기와 자기 권속(식구)들의 속죄 제사를 드린 후에, **수컷 염소 두 마리로 백성들을 위한 속죄의 제사를** 드렸습니다. 먼저 제비 뽑힌 한 마리는 성막 안에서 속죄제의 규례대로 제물로 드렸습니다. 그리고 다른 한 마리는 백성들이 보는 앞에서 그 **염소의 머리에 안수**해서 이스라엘 백성의 지난 일 년치 죄를 단번에 넘겼습니다. 대제사장의 안수로 이제 **이스라엘 백성 전체가** 지난 **일 년 동안 지었던 죄가** 단번에 아사셀 **염소에게 넘어갔습니다.**

"그 지성소와 회막과 단을 위하여 속죄하기를 마친 후에 산 염소를 드리되 아론은 두 손으로 산 염소의 머리에 안수하여 이스라엘 자손의 모든 불의와 그 범한 모든 죄를 고하고 그 죄를 염소의 머리에 두어 미리 정한 사람에게 맡겨 광야로 보낼찌니 염소가 그들의 모든 불의를 지고 무인지경에 이르거든 그는 그 염소를 광야에 놓을찌니라"(레 16:20-22).

여기서 주목해야 할 말씀은 이스라엘 민족의 대표자인 아론이 **대표로 아사셀 염소의 머리에 안수**했는데, 그 안수로 이스라엘 백성이 지난 일 년 동안 지은 모든 죄가 단번에 그 염소의 머리로 넘어갔다는 사실입니다. 이는 장차 **대제사장** 아론의 후손이며 여자의 몸에서 태어난 자 중에서 가장 큰 자인 (즉, **인류의 대표자인**) 세례 요한에게 예수님께서 **안수의 형식으로 세례를 받음**으로써 인류의 모든 죄를 단번에 담당할 것을 계시한 말씀이며, **"장차 오는 좋은 일의 그림자"**(히 10:1)였습니다.

"대제사장마다 사람 가운데서 취한 자이므로 하나님께 속한 일에 사람을 위하여 예물과 속죄하는 제사를 드리게 하나니 저가 무식하고 미혹한 자를 능히 용납할 수 있는 것은 자기도 연약에 싸여 있음이니라"(히 5:1-2)

대제사장은 자기도 연약해서 죄를 짓는 자이기에 백성들을 긍휼히 여기는 마음이 있었습니다. 대제사장은 이스라엘 백성과 하나님 사이에 서서 백성의 죄를 사함 받는 제사를 드렸던 **존귀한 직분의 중보자**였습니다. 그런데 아무나 스스로 대제사장이 되고 싶다고 그 존귀한 직분을 취할 수 있었던 것이 아니라, 레위 지파 중에서 아론과 같이 하나님께서 부르셔서 기름부음을 받은 자라야 했습니다. 예수 그리스도라는 영광의 이름 중에서, **"예수"**란 **"구원자"**라는 뜻이고 **"그리스도"**는 **"메시야"** 즉 **"기름부음을 받은 왕"**(단 9:24-26)이란 뜻입니다.

"또한 이와 같이 그리스도께서 대제사장 되심도 스스로 영광을 취하심이 아니요 오직 **말씀하신** 이가 저더러 이르시되 너는 내 아들이니 내가 오늘날 너를 낳았다 **하셨고 또한 이와 같이 다른데 말씀하시되 네가 영원히 멜기세덱의 반차를 좇는 제사장이라 하셨으니**"(히 5:5-6).

이 **땅의 대제사장**도 하나님의 부르심을 입은 자라야 했다면, **하늘의 대제사장인 예수님**은 더더욱 하나님 아버지께서 친히 그 존귀한 직분을 세워 주신 것입니다. 예수님도 당신 스스로 "내가 스스로 하늘의 대제사장이 되겠다"고 대제사장이 된 분이 아닙니다. 하나님 아버지께서, "너는 내 아들이니 내가 오늘날 너를 낳았다"고 하셨고 또 "네가 영원히 멜기세덱의 반차를 좇는 제사장이라"고 말씀하셨으니, 예수님은 **하나님 아버지께서 친히 세우신 하늘의 대제사장**이라는 말씀입니다.

"그는 육체에 계실 때에 자기를 죽음에서 능히 구원하실 이에게 심한 통곡과 눈물로 간구와 소원을 올렸고 그의 경외하심을 인하여 들으심을 얻었느니라"(히 5:7)

예수님은 하나님 아버지를 경외하심으로 아버지의 뜻에 순종하여 육신을 입고 이 땅에 오셨습니다. 죄를 알지도 못하시는 분께서 스스로 **흠 없는 제물**이 되셔서 당신의 육체에 **안수의 형식으로 세례를 받으심**으로 인류의 모든 죄를 담당하시고 십자가에 오르셔서 한 영원한 제사를 드려 주셨습니다.

예수님의 머리에 안수를 해서 세례를 베푼 **세례 요한**은 대제사장 아론의 후손입니다(눅 1:5). 또한 예수님은 그를 가리켜 "**여자가 낳은 자 중에 세례 요한보다 큰 이가 일어남이 없도다**"(마 11:11)라고 증거하셨습니다. 이 말씀은 세례 요한이 **인류의 대표자**라는 뜻입니다. 인류의 대표자이자 땅의 마지막 대제사장인 세례 요한이 예수님의 머리에 **안수의 형식으로 세례**를 베풀어서 이 세상의 모든 죄가 예수님께 단번에 넘어갔습니다. 안수 형식의 세례로 즉, "이와 같이 하여 **모든 의**"(마 3:15)가 이루어졌습니다. 이 세례로 예수님은 "**세상 죄를 지고 가는 하나님의 어린양**"(요 1:29)이 되셨습니다. 그리고 안수를 받아서 죄를 넘김 받은 희생양은 반드시 죽임을 당했듯이, 예수님께서는 그 죄를 대속하기 위해서 십자가에 오르셨습니다. 예수님은 우리의 죗값을 대신 치르기 위해서 당신의 모든 피를 쏟으시고, "**다 이루었다**"(요 19:30)고 크게 외치신 후 돌아가셨습니다.

예수님은 하나님이실지라도 우리의 구원을 위해서 육신을 입고 사람이 되셨기 때문에, 인류의 모든 죄를 짊어지고 하나님 아버지께로부터 심판을 받아야 했는데, 그 고통은 너무나 큰 것이었습니다. 그래서 할 수만 있으면 그 고난의 잔을 피하게 해달라고 하나님 아버지께 간절히 기도드렸습니다. 예수님의 간구가 너무 간절했기에 겟세마네 동산에서 아버지께 간구하시는 동안, 예수님의 땀이 핏방울같이 되어서 떨어졌다고(눅 22:44) 성경에 기록되어 있습니다.

"**그는 육체에 계실 때에 자기를 죽음에서 능히 구원하실 이에게 심한 통곡과 눈물로 간구와 소원을 올렸고 그의 경외하심을 인하여 들으심을 얻었느니라**"(히 5:7)고 기록된 말씀이 바로 예수님께서 겟세마네 동산에서 간구하신 부분을 의미합니다. 그리고 예수 그리스도께서는 하나님 아버지를 경외하심으로 하나님의 응답을 받았다고 말씀합니다. 이는 예수님께서 죽음의 잔을 피하게 해달라고 기도하실 때에, "**아바 아버지여 아버지께는 모든 것이 가능하오니 이 잔을 내게서 옮기시옵소서 그러나 나의**

원대로 마옵시고 아버지의 원대로 하옵소서"(막 14:36) 하고 하나님의 뜻을 순종하여 받들기를 원하셨습니다. 그리고 하나님 아버지께서는 아들인 예수님이 아버지를 경외함으로 순종하셨음을 기뻐하시고 예수님을 죽음에서 다시 살리셨습니다. 그리고 이제 성부 하나님은 예수님을 하나님 아버지의 보좌 우편에 앉히셨습니다.

하나님을 경외하십시오

경외(敬畏)라는 말은 "존경하고 두려워한다"는 뜻입니다. 하나님은 **유일한 참 신**(the only true God)이고 모든 우주 만물을 말씀 한마디로 지으신 전능한 **창조주**입니다. 우리를 하나님의 형상대로 창조하시고, 우리를 모든 죄에서 구원해서 당신의 자녀로 삼기를 원하시는 사랑의 왕이십니다. 그러므로 우리가 하나님을 경외하는 것이 마땅합니다. 우리는 하나님을 경외함으로 하나님의 말씀을 대하고, 하나님을 경외함으로 기도하고, 하나님을 경외함으로 그의 나라와 그의 의를 구해야 할 것입니다.

하나님을 만홀(漫忽)히 여기고 경외하지 않는 사람들 중에는 심지어는 "하나님이 없다"고 담대하게 지껄이는 자들이 많습니다. "어리석은 자는 그 마음에 이르기를 하나님이 없다 하도다 **저희는 부패하며 가증한 악을 행함이여 선을 행하는 자가 없도다**"(시 53:1)라고 말씀하신 대로, 그런 자들은 하나님의 심판을 받고 지옥에 갈 어리석은 자들입니다. 그런 자들은 하나님께서 주관하시는 영원한 세계를 이해조차 못합니다.

하루살이는 "내일이 없다"고 말합니다. 하루살이는 하루밖에 못 살아봤기 때문에 내일이라는 개념이 없습니다. 그래서 잠자리와 하루살이가 하루 종일 같이 놀다가 헤어지면서, 잠자리가 내일 만나자고 손을 흔들며 돌아서려는데, 하루살이는 "뭐? 내일이 뭔데?" 하고 의아해하는 것이었습니다. 잠자리는 "야, 너는 내일도 몰라? 이런 어리석은 놈아!" 하루살이는 고개를 갸우뚱하며 그렇게 사라졌습니다. 하루살이가 "내일"이 무엇인지 이해를 못한다고 내일이 없습니까?

하루살이가 사라진 후에 잠자리는 개구리와 친구가 되어서 몇 달을 함께 잘 놀았습니다. 그런데 가을이 지나고 찬 바람이 불기 시작했습니다. 잠자리는 벌써 비실비실하고 죽어 가고 있었습니다. 개구리는 동면(冬眠)에 들어가면서 잠자리에게 "친구야, 날씨가 추워지는데 내년 봄에 다시 만나자"고 작별 인사를 했습니다. 그랬더니 잠자리가 "뭐라고? 내년이 뭔데?"라고 의아해하면서 죽어 갔답니다.

잠자리가 내년을 알지 못하고 하루살이가 내일을 알지 못하듯이, 영원한 세계와 영원하신 하나님을 이해하지 못하는 사람들은 "하나님이 없다"고 단언합니다. 하나님은 영이시기에 사람의 눈에는 보이지 않습니다. 그러나 하나님은 **"창세로부터 그의 보이지 아니하는 것들 곧 그의 영원하신 능력과 신성이 그 만드신 만물에 분명히 보여 알게 되나니 그러므로 저희가 핑계치 못할찌니라"**(롬 1:20)고 말씀하셨습니다. 하나님의 영원한 능력과 신성(神性)이 대자연 속에 다 계시되어 있습니다. 그래서 하나님을 찾는 자들은 우주와 그 안의 모든 피조물들의 신묘막측(神妙莫測)한 현상들을 보면서 하나님께서 살아 계심을 깨닫고 하나님을 경외하게 됩니다. 또한 하나님께서는 성경 말씀을 통해서도 당신의 신성과 구원의 사랑을 우리에게 알게 하셨습니다.

여러 가지 고난을 만나거든

"그가 아들이시라도 받으신 고난으로 순종함을 배워서 온전하게 되었은즉 **자기를 순종하는 모든 자에게 영원한 구원의 근원이 되시고**"(히 5:8-9)

신앙생활을 하면서, 우리는 우리에게 고난이 없기를 간절히 바랍니다. 그렇지 않습니까? 우리는 하나님께서 건강도 주시고, 물질도 풍족하게 주시고, 하는 사업이나 직장 생활도 잘 풀리게 되기를 원합니다. 병치레하지 않고 그저 어려움 없이 순탄하게 잘 살다가 하나님께로 가기를 우리는 소망합니다. 저도 그렇게 되면 제일 좋겠습니다.

그러나 하나님의 말씀은 우리에게 **고난도 유익하다고** 말씀합니다. "**그가 아들이시라도 받으신 고난으로 순종함을 배워서 온전하게 되었다**"고 히브리서는 말씀합니다. 이는 "온전한 믿음은 고난을 통해서 배우게 된다"는 뜻입니다. "**무릇 그리스도 예수 안에서 경건하게 살고자 하는 자는 핍박을 받으리라**"(딤후 3:12)고 하셨습니다. 우리가 의의 복음을 섬기면서 살고자 하면, 우리는 많은 고난을 겪을 것입니다. 그리고 고난 가운데서 우리가 온전한 믿음을 갖게 되기 때문에, 우리는 고난받기를 두려워하거나 슬퍼하지 말아야 합니다. 불로 연단해도 없어지지 않을 믿음은 고난을 통해서 얻게 됩니다.

"**내 형제들아 너희가 여러 가지 시험을 만나거든 온전히 기쁘게 여기라 이는 너희 믿음의 시련이 인내를 만들어 내는 줄 너희가 앎이라 인내를 온전히 이루라 이는 너희로 온전하고 구비하여 조금도 부족함이 없게 **하려 함이라**"(약 1:2-4)

온실에서만 키우던 화초를 온실 밖에 내어놓으면 비바람에 꺾이거나 추위를 견디지 못하고 죽습니다. 그러나 싹이 틀 때부터 옥외에서 비바람을 맞으며 자라난 화초는 거친 환경을 견디며 뿌리를 내려서 끄떡없이 잘 자라납니다. 그렇듯이 우리의 믿음도 고난 가운데서 순수하고 강건하게 되어 하나님을 경외하는 바른 믿음으로 자리 잡게 됩니다.

"**도가니는 은을, 풀무는 금을 연단하거니와 여호와는 마음을 연단하시느니라**"(잠 17:3)고 하셨고, "**은에서 찌끼를 제하라 그리하면 장색의 쓸만한 그릇이 나올 것이요**"(잠 25:4)라고 말씀하십니다. 우리 마음의 찌끼들은 매서운 고난을 통해서 제거됩니다. 풀무질을 해서 도가니를 달궈 주면 금이나 은에서 찌끼가 제거되듯이, 우리가 고난을 통과하면서 우리 마음의 찌꺼기들이 제거됩니다. 그래서 하나님께서 쓰시기에 좋은 그릇이 됩니다. 마음의 찌꺼기(불순물)란 이 세상의 것들을 사랑하는 마음입니다. 마음의 찌꺼기가 제거되면 순수한 마음으로 하나님의 나라와 그 의를 사모하고 좇게 됩니다. 천국 본향을 향해 나아가는 순례자는 이 땅에서 나그네와 행인처럼 삽니다.

이 땅은 광야와 같습니다. 고난의 광야 길을 가면서 우리는 고난 가운데서 천국을 사모하는 순수한 믿음을 얻어야 합니다. 이스라엘 백성은 애굽을 탈출한 후 광야에 나와서 사십 년 동안 고난의 길을 헤맸습니다. 그런데 그들은 고난의 길을 가면서도 순종함으로 온전한 믿음을 얻지 못했습니다. 그래서 결국 그들은 광야에서 다 죽었고 그들이 겪은 고난은 헛된 것이 되고 말았습니다.

　우리에게 고난이 올 때에 우리는 그것을 절대로 헛되게 겪어서는 안됩니다. 우리에게 어려움들이 올 것이고 또 와야 합니다. 우리는 이 땅에서 어려움을 겪는 것이 영적으로는 축복인 줄 알아야 합니다. 그래도 고난이 좋은 사람은 없습니다. 그러나 고난을 두려워하면 안 됩니다. 고난도 하나님께서 주시는 것입니다. 우리가 하나님의 자녀이기에 하나님께서 징계하시고 채찍질도 하시는 것입니다.

　"또 아들들에게 권하는 것 같이 너희에게 권면하신 말씀을 잊었도다 일렀으되 내 아들아 주의 징계하심을 경히 여기지 말며 그에게 꾸지람을 받을 때에 낙심하지 말라 주께서 그 사랑하시는 자를 징계하시고 그의 받으시는 아들마다 채찍질하심이니라 하였으니 너희가 참음은 징계를 받기 위함이라 **하나님이 아들과 같이 너희를 대우하시나니** 어찌 아비가 징계하지 않는 아들이 있으리요 **징계는 다 받는 것이거늘 너희에게 없으면 사생자요 참 아들이 아니니라**"(히 12:5-8).

　고난이 올 때에는 생이빨을 뽑는 것처럼 그것을 육신의 아픔으로만 겪지 말고 그 고난을 영적인 축복으로 승화시켜야 합니다. 고난이 오면 오히려 하나님께 나아가야 합니다. 고난을 통해서 우리는 마음의 찌끼들을 제하고 우리가 돌아갈 천국 본향을 사모해야 합니다. 아직 거듭나지 못한 사람도 천국을 사모하는 마음이 있어야 죄 사함을 받습니다.

　"그가 아들이라도 받으신 **고난으로 순종함을 배워서 온전하게 되었다**"(히 5:8-9)고 말씀합니다. 여러분에게 **여러 가지 고난이 오면** 오히려 하나님을 가까이 하고 하나님의 나라를 사모하십시오.

이 땅에서 어려움이 많을수록 하나님이 우리를 위해 준비하신 영원한 천국에 들어갈 날을 더욱더 고대하십시오. 그러면 주님께서 모든 죄에서 구원하신 **물과 성령의 복음**이 너무 소중하고, 이 땅의 모든 것들을 다 잃어버린다 할지라도 우리는 구원의 하나님으로 기뻐하는 **순수하고 온전한 믿음**이 우리의 마음에 자리를 잡게 됩니다.

"내 형제들아 너희가 여러 가지 시험을 만나거든 온전히 기쁘게 여기라 **이는 너희 믿음의 시련이 인내를 만들어 내는 줄 너희가 앎이라 인내를 온전히 이루라** 이는 너희로 온전하고 구비하여 조금도 부족함이 없게 하려 **함이라**"(약 1:2-4)고 말씀하셨습니다. 거듭난 자들은 어려움 중에 더욱더 하나님을 의지하고 천국 영생을 더욱더 사모하기 때문에, 의의 말씀으로 연단을 받아 진리의 복음 위에 더욱더 굳게 섭니다. 그러므로 **고난은 절대로 헛된 것이 아닙니다.**

예수님은 하나님의 아들이었지만 **고난으로 순종함을 배워서 온전**하게 되셨습니다. 그러니 우리도 여러 가지 어려움을 겪으면서 마음의 찌끼가 제해지고 의로 연단된 온전한 믿음으로 하나님을 기쁘시게 하는 자들이 되어야 할 것입니다.

우리를 물과 성령의 복음 안에 불러 주셔서 자녀로 삼아 주신 하나님 아버지께 감사를 드립니다.

말씀을 마쳤습니다.

(2014년 4월 6일 주일예배 말씀)

복음의 원형 위에 굳게 서자

"멜기세덱에 관하여는 우리가 할 말이 많으나 너희의 듣는 것이 둔하므로 해석하기 어려우니라

때가 오래므로 너희가 마땅히 선생이 될 터인데 너희가 다시 하나님의 말씀의 초보가 무엇인지 누구에게 가르침을 받아야 할 것이니 젖이나 먹고 단단한 식물을 못 먹을 자가 되었도다

대저 젖을 먹는 자마다 어린 아이니 의의 말씀을 경험하지 못한 자요

단단한 식물은 장성한 자의 것이니 저희는 지각을 사용하므로 연단을 받아 선악을 분변하는 자들이니라

그러므로 우리가 그리스도 도의 초보를 버리고 죽은 행실을 회개함과 하나님께 대한 신앙과 세례들과 안수와 죽은 자의 부활과 영원한 심판에 관한 교훈의 터를 다시 닦지 말고 완전한데 나아갈찌니라

하나님께서 허락하시면 우리가 이것을 하리라"(히 5:11-6:3)

저는 얼마 전에 사람들이 치명적인 신종 바이러스에 감염되어 무수히 죽어 나가는 재난 영화를 본 적이 있습니다. 바이러스는 쉽게 변이를 일으키기 때문에 변이된 신종 바이러스로 인한 질병을 퇴치하는데 어려움이 많다고 합니다. 실제로도 조류독감이 동남아시아에 퍼졌을 때에, 한 종류의 병원균에 대한 백신을 미처 만들기도 전에 새로운 변종 바이러스가 등장해서 많은 사람이 사망한 적이 있습니다. 그렇게 되면 손도 쓰지 못하고 수많은 사람들이 죽기도 합니다. 어떤 질병이 나타나서 겨우 그 병원균을

대항할 백신을 만들면 또 다른 변종균이 나타나서 많은 사람들이 죽는 경우가 허다합니다. 그래서 병리학자들은 "질병이 치료법보다 20년 앞서간다"는 말을 합니다.

아직 치료법을 찾지 못한 병들도 많습니다. 어떤 병원균이 감염되면 치명적인 증상을 일으켜서 한번 감염되었다고 하면 100% 사망인데, 아직 그 병에 대한 백신을 개발하지 못한 경우가 있습니다. 에이즈 바이러스 같은 경우도 현재 백신이 없습니다. 한번 에이즈(AIDS)에 걸리면 면역 체계가 무너져서 어떤 병원균이 들어오든지 속수무책으로 감염되어 죽습니다. 그래서 에이즈 병자에게는 어떻게 하든 다른 병균이 들어오지 못하게 해서 수명을 연장하는 수밖에는 없습니다.

그래서 에이즈에 걸린 전방 지역의 한 다방 아가씨가 자기만 죽는 것이 억울해서 의도적으로 많은 사람에게 감염시키려고 한 사건마저 있었답니다. 이 아가씨는 자기가 에이즈에 걸린 걸 알고 나서, 자기에게 이 병을 옮긴 남자들을 증오하면서, 그 인근 부대의 수많은 장교와 사병들과 관계를 가졌답니다. 그러다가 그런 사실이 드러나서 그 전방 사단의 장병 전체가 에이즈 검사를 받았답니다. 제가 귀동냥으로 들은 얘기인데, 아무튼 섬뜩합니다.

에이즈는 아직 백신이 없기 때문에 걸렸다 하면 완치가 불가능합니다. 그러나 아무리 무서운 질병이 퍼져 나가도 미리 백신만 주사를 맞아놓으면 그런 질병에 걸리지 않습니다. 백신을 미리 맞은 사람은 그런 병원균이 들어와도 끄떡없이 그 병원균을 이겨 냅니다. 에이즈도 백신이 개발되면 그 병을 다 예방할 수 있고 치료도 할 수 있을 것입니다.

영적으로 보면, 오늘날 이 세상에는 **죄의 바이러스**가 만연되어 있습니다. 전 세계의 사람들이 이미 죄의 바이러스에 감염되어서 그들의 영혼이 지옥에 떨어지게 하는 **죄의 병**(sin sickness)에 걸려 있습니다. 사람들은 모두 죄의 바이러스에 감염된 보균자이기 때문에 전자동으로 죄에 감염된 자식을 낳습니다. 즉, 모든 사람은 태어날 때부터 죄의 바이러스를 가지고 태어납니다. 그래서 이 세상 모든 사람들은 죄의 병에 걸려 있고 죄 아래 갇혀 있습니다.

첫 사람 아담으로 말미암아 세상에 죄가 들어왔고, 인류 전체가 죄라는 치명적인 바이러스에 감염되어 있지만 이것을 고칠 길이 없었습니다. 죄의 병을 온전히 치료해 주는 백신이 있다는 것을 사람들이 전혀 알지 못하기 때문에, 그래서 죄의 병을 앓고 그 병이 깊어가다가 그들은 결국 지옥에 갑니다. 이와 같이 지금 모든 사람은 죄의 병이 깊어서 영적으로 절망적인 상태에 놓여 있었습니다.

죄라는 치명적인 바이러스

아담의 후손으로 태어난 모든 사람은 다 죄 가운데 태어나서, 평생에 죄만 짓다가 지옥에 갈 수밖에 없습니다. 우리는 죽을 때까지 죄를 짓는 자들입니다. 우리는 마음에 **열두 가지 죄**(막 7:20-23)를 가지고 태어났으며, 평생 동안 이 죄들을 확대재생산합니다.

성경은 우리의 실존(實存)에 대해서, **"허물과 죄로 죽었던 너희"**(엡 2:1)라고 말씀합니다. 우리가 근본 가지고 태어난 것을 **죄**(sins)라고 말하고, 그것들이 말이나 행동이나 생각으로 옮겨진 것을 **허물**(transgressions)이라고 합니다. 우리는 죄의 샘구멍들이 처음부터 마음속에 장착된 상태로 태어난 죄 덩어리들입니다. 그 죄의 샘구멍들은 어떤 환경을 만나면 계속 죄를 밖으로 쏟아내는데, 그 쏟아낸 죄가 허물입니다.

예를 한번 들어 보겠습니다. 모든 사람들처럼, 다윗의 마음에도 태어날 때부터 음란이라는 죄의 샘구멍이 달려 있었는데, 마침 대낮에 한가롭게 왕궁 옥상을 거닐다가 저 아래 옥상에서 어떤 젊은 여인이 희고 풍만한 몸을 다 드러내고 나체로 목욕하는 것을 보았습니다. 그래서 다윗이 어떻게 했습니까? 자기 부하 장수의 아내인 그 유부녀를 데려다가 간통을 하지 않았습니까? 다윗의 **마음에 있던 죄**가 어떤 환경을 만나서 **허물로 쏟아진 것**입니다.

우리도 다윗처럼 힘이 있는 왕의 자리에 있었다면 다윗과 똑같이 죄를 범했을 것입니다. 예수님께서, **"여자를 보고 음욕을 품는 자마다 마음에 이미 간음하였느니라"**(마 5:28) 하셨으니, 우리가 설령 행동으로 옮기지 않았더라도 **마음으로는** 분명히 간음을 했을 것입니다. 이것이 우리의 근본 모습입니다. 우리는 철저하게 죄에 감염되어서 태어난 존재입니다. 우리는 머리끝부터 발끝까지, 아주 속속들이 죄에 감염되어서 태어났기 때문에 평생 동안 죄를 지을 수밖에 없고 그 죄의 값으로 지옥에 갈 수밖에 없는 자들입니다.

성경은 **"죄의 삯은 사망"**(롬 6:23)이라고 말씀합니다. 죄가 있으면 반드시 지옥의 판결을 받습니다. 이것이 하나님의 **공의한 법**입니다. 하나님 나라는 거룩한 곳이고 하나님은 공의한 분이기 때문에 누구든지 죄가 있으면 절대로 하나님 나라에 들어갈 수 없습니다. **"죄의 삯은 사망"**이란 말씀은 "마음에 죄가 있으면 반드시 심판해서 지옥에 보내겠다"는 하나님의 법입니다.

가짜 백신과도 같은 "다른 복음"

복음(福音)이라는 말은 "기쁜 소식"이란 뜻입니다. 죄 때문에 모든 사람이 지옥에 갈 수밖에 없는 비참한 운명에 놓여 있을 때에, 그 모든 죄의 병을 깨끗이 치료해 주는 **참된 복음**이 있다는 소식을 들었다면 얼마나 기쁘겠습니까?

그런데 사람들은 **진리의 복음**이 있는 줄도 모릅니다. 사단 마귀가 참된 복음이 전파되는 것을 철저하게 차단해 왔기 때문입니다. 거짓 선지자들은 나름대로 **사이비(似而非) 복음**을 만들어서, "이것이 죄의 병을 온전히 치료하는 백신이다" 하면서 처방도 하고 "나는 예수님이 흘리신 십자가의 피로 죄의 병이 나았다고 확신한다"고 하면서 자기 최면을 걸기도 하지만, 그런 **사이비 복음**으로는 죄의 바이러스가 사멸(死滅)되지 않습니다. 사도 바울은 "**그러나 우리나 혹 하늘로부터 온 천사라도 우리가 너희에게 전한 복음 외에 다른 복음을 전하면 저주를 받을찌어다**"(갈 1:8)라고 엄히 경고했습니다. 그런데 불행하게도 **다른(가짜) 복음**이 오늘날의 기독교 안에서 **진짜 복음** 행세를 하고 있습니다. 그러나 **가짜 복음의 백신**으로는 절대로 죄의 병을 치료할 수 없습니다.

그러므로 **온전한 복음의 백신**이 모든 사람들에게 절실합니다. 죄의 병을 치료할 수 있는 것은 오직 **진짜 복음**뿐입니다. 온전한 복음의 백신으로 치료해야만 모든 죄를 깨끗이 씻김 받고 **의인**으로 거듭나서 하나님의 나라에 들어갈 수 있는데, 지금 이 세상에는 사이비들이 만든 **가짜 복음의 백신**들이 판을 치고 있어서 큰 문제입니다. 오늘날의 기독교는 **가짜 복음의 백신**을 가지고 죄의 병을 고치겠다고 생난리를 떨고 있으니, 그런 **가짜 백신**을 정품 치료제로 알고 열심히 치료를 받다가 지옥에 가는 영혼들을 바라보면 안타깝기 그지없습니다.

여러분도 지금까지 오랫동안 예수님 십자가의 보혈만으로 제조된 **다른(가짜) 복음의 백신으로 죄의 병**을 치료받아 보겠다고 몸부림치지 않았습니까? 그런데 그렇게 오랫동안 치료를 받고서 당신의 마음에서 **죄가 흰 눈같이** 없어졌습니까? 결코 아닐 것입니다. 정직하게 대답해 보십시오. 당신이 십자가의 보혈을 믿는다고 아무리 고백해도 마음의 죄는 그대로 당신의 마음에 남아 있지 않습니까?

이 세상의 기독교는 "이것이 죄의 병을 온전히 치료하는 진짜 복음의 백신이다"라고 하면서, 실상은 가짜 백신과도 같은 **"다른 복음"**을 전해 왔습니다. 그런데 아무리 그 **다른 복음**의 백신을 주사로 맞고 탕약으로 끓여 먹고 그것을 욕조에 풀어서 목욕을 하는 등 모든 요란을 다 떨어도, 절대로 마음의 죄는 없어지지 않았습니다. 그것은 아무 효력이 없는 **가짜 복음**이기 때문입니다.

가짜 백신의 한 예(例)

대표적으로 **다른 복음**의 한 예를 들어 보겠습니다.

국제대학생선교회(CCC)의 창립자인 빌 브라이트 박사가 출간한 『사영리』(四靈理, The Four Spiritual Laws)라는 소책자는 세계적으로 가장 많이 쓰이는 전도지로 알려져 있습니다. 저도 진리의 복음인 **물과 성령의 복음**을 만나기 전에는, 『사영리』라는 소책자를 가지고 전도를 많이 했습니다. 그때에는 버스를 타고 한 시간 정도 간다고 하면, 옆에 앉아 있는 사람에게 성경을 펴놓고 『사영리』의 메시지를 따라 전도를 하곤 했습니다.

특별히 제가 ○○○전도협회하고 함께 일을 할 때에는 "어린이용 사영리 소책자"를 많이 사용했던 기억이 납니다. 그 전도협회에서는 『사영리』를 전가(傳家)의 보도(寶刀)로 쓰고 있었는데, 어린이들은 순수하니까 『사영리』로 도식화된 전도를 받고도, "자, 여러분 중에서 예수님을 영접할 사람은 손을 드세요!" 하면 거의 모든 어린이들이 손을 번쩍 들었던 기억이 납니다.

『사영리』(四靈理)란 사람들에게 예수님을 구주로 영접하게 하기 위해서 복음을 **네 가지 명제**로 간략하게 정리한 것입니다.

그 **첫 번째 명제**는, "하나님은 당신을 사랑하시고, 당신을 향한 놀라운 계획을 가지고 계십니다"입니다.

이 첫 번째 명제만 들어도 우리의 마음은 아주 좋습니다. 우리 집안 식구조차 나에게 관심이 없고 아무도 나를 사랑해 주지 않는데, 하나님께서 나를 사랑하신다니, 그리고 나는 아무 쓸데없는 사람인 줄 알았는데 하나님이라는 신(神)이 나를 향해서 놀라운 계획을 갖고 계신다니, 귀가 솔깃해지는 말입니다.

이 **첫 번째 명제** 자체는 틀린 말이 아닙니다. 하나님께서는 우리를 사랑하십니다. 또 하나님께서 우리를 향해서 놀라운 계획을 갖고 계신다는 말도 맞는 말입니다. 하나님은 모든 사람을 지극히 사랑하기에, 우리 모두를 죄에서 온전히 구원해서 당신의 자녀로 삼고 영원토록 천국에서 행복하게 살게 하기를 원하십니다.

『사영리』의 **두 번째 명제**는 죄에 대한 것입니다―"사람은 죄에 빠져 하나님으로부터 떠나 있습니다. 그러므로 하나님의 사랑과 계획을 알 수 없고 또 그것을 체험할 수 없습니다."

이 제2 명제도 맞는 말입니다. 그러나 사람들이 **죄 사함을 받게 하려면**, 사실 죄에 대해서 좀 더 정확하고 세미하게 가르쳐서 자신이 지옥에 가야 할 **심한 죄인**인 것을 시인하게 해야 합니다. 그래도 피상적으로나마 『사영리』의 두 번째 명제가 틀린 말은 아닙니다.

그리고 **세 번째 명제**는 예수 그리스도가 인류의 유일한 구원자임을 언급합니다. "예수 그리스도만이 사람의 죄를 해결할 수 있는 하나님의 유일한 길입니다. 당신은 그를 통하여 당신에 대한 하나님의 사랑과 계획을 알게 되며, 또 그것을 체험하게 됩니다"-이것이 『사영리』의 세 번째 명제입니다.

『사영리』는, "내가 곧 길이요 진리요 생명이니 나로 말미암지 않고는 아버지께로 올 자가 없느니라"(요 14:6)는 말씀을 인용하면서 "지옥 갈 수밖에 없는 우리들이 **구원받을 유일한 길은 예수 그리스도**"라고 도표를 통해서 설명합니다. 도표의 아래쪽은 죄로 가득한 세상이고 위쪽은 하나님의 나라인데, 우리가 저 위의 하나님 나라로 올라갈 길이 없을 때에, 예수님이 십자가로 길을 놓아 주셔서 우리가 저 위에 있는 하나님의 나라로 건너가게 되었다는 도식(圖式)으로 우리의 구원을 설명합니다.

그러면서 "그러나 이상의 세 가지 원리를 아는 것만으로는 충분하지 않다"고 주장합니다. 이제 **예수님을 당신의 개인적인 구주로 영접해야 한다**는 것이 『사영리』의 네 번째 명제입니다. "우리 각 사람은 예수 그리스도를 '나의 구주, 나의 하나님으로' 영접해야 합니다. 그러면 우리는 우리 각 사람에 대한 하나님의 사랑과 계획을 알게 되며, 또 그것을 체험하게 됩니다. **"영접"**(迎接)이란 '마음으로 환영해서 받아들인다'는 뜻이므로,

예수님을 마음에 환영해서 맞이하면 여러분은 구원을 받고 하나님의 자녀가 되고 천국에 들어가게 된다는 것이 사영리(四靈理)의 마지막 명제입니다"-이렇게 그들은 『사영리』를 마무리합니다.

『사영리』의 전도자들은 이제 "예수님을 구주로 영접할 사람은 손을 드십시오"라고 권면합니다. 그리고 "예수님을 영접하겠다"고 손을 든 사람들에게 다음과 같은 **"영접 기도"**를 따라 하라고 인도합니다.

"주 예수님, 나는 주님을 나의 구세주로 믿고 싶습니다. 주님께서 십자가에서 죽으심으로 내 죗값을 담당하셨다니 참으로 감사합니다. 지금 나는 내 마음의 문을 열고 예수님을 나의 구주, 나의 하나님으로 **영접**합니다. 나의 죄를 용서하시고 영생을 주심을 감사합니다. 나를 다스려 주시고 나를 주님이 원하는 사람으로 만들어 주옵소서. 예수님의 이름으로 기도합니다. 아멘."

전도자가 이러한 **"영접 기도"**를 선창하는 대로 사람들이 한 구절씩 따라 하고 나면 전도자는, "형제(자매)님, 이제 당신은 하나님의 자녀가 되었습니다. 축하합니다. 할렐루야!" 하고 선포하고 기뻐합니다. 그리고 그 사람에게 가까운 교회에 나가서 신앙생활을 잘 하라고 권면합니다.

피상적으로는 다 맞는 말인 것 같습니다만, 한 꺼풀 벗겨내 보면 이런 복음은 아무 효험이 없는 가짜 백신과 같은 **다른 복음**입니다. 그렇게 영접 기도를 한다고 정말 그 사람의 마음에서 죄가 흰 눈처럼 깨끗이 없어지겠습니까?

가짜 백신을 예로 들어 봅시다. 여기 진짜 백신과 똑같은 라벨이 붙은 주사약 병이 있는데, 사실 그 안에 들어 있는 것은 증류수라고 칩시다. 그렇다면 그 증류수로 주사를 놓아준들 어떤 질병을 고쳐줄 수 있겠습니까? 그 무시무시한 질병을 고쳐주기는커녕, 더 악화되어서 죽게 됩니다. 가짜 백신을 맞더라도 기분은 잠시 좋을 수 있습니다. 그래도 흰 가운 입은 의사가 권위 있게 "이 주사만 맞으면 낫는다"고 하니까 그 주사를 맞은 병자의 기분은 잠시 좋겠지만, 그 병자는 결국 죽습니다.

가짜 약을 먹고서 잠시 차도를 보이는 것을 **"프라시보" 효과**(placebo effect)라고 합니다. 이 말은 위약(僞藥) 즉 가짜 약을 진짜라고 속여서 먹여도 낫는 듯한 효과를 보는 현상을 말합니다. 예를 들면, 복통이 있는 사람에게 밀가루로 가짜 약을 만들어서 진짜 약이라고 속이고 먹이면, 심리적으로 복통이 사라진 것처럼 느끼는 현상이 일어납니다. 그런 현상을 **"프라시보" 효과**라고 합니다. 그런데 그것은 어디까지나 가벼운 질병의 경우이지, 온몸이 썩어 들어가거나 어떤 내장이 녹아서 없어지는 치명적인 바이러스가 들어왔을 때에는 **"프라시보" 효과**가 통하겠습니까? 그런 치명적인 질병에는 위약(僞藥) 즉 가짜 약이 아무 효과도 없습니다. 오늘날 기독교도 이처럼 가짜 백신 같은 거짓 복음으로 교인들의 기분만 잠시 좋게 하고 있습니다.

또 **"상상임신"**이라는 말도 있습니다. 어떤 여자가 너무나 간절하게 아기를 갖고 싶어 하면, 간혹 갑자기 월경도 끊어지고, 배도 불러오고, 입덧까지 한다고 합니다. 그러나 초음파 검사를 해보면 아기집이 비어 있는데, 이런 경우를 **"상상임신"**이라고 합니다. 오늘날 기독교인들의 실상도 그렇습니다. 진리의 말씀인 복음의 씨가 마음에 들어와서 새 생명이 잉태되어야 거듭나는 역사가 일어나는데, 진리의 복음 말씀을 받은 적도 없이 어떻게 죄 사함을 받고 거듭날 수 있겠습니까?

다른 복음이라는 가짜 백신의 주사를 맞은 사람은 마음에 죄가 그대로 남아 있으니, 죄의 병이 고침을 받지 못한 것입니다. 구원의 확신이 있다는 기독교인들에게 "당신의 마음에 진정 죄가 없습니까?" 하고 정색을 하고 물어보면, 그들은 한결같이 "아니요, 내 마음에는 죄가 있습니다"라고 대답합니다. 가짜 복음의 백신을 맞은 사람들 중에도, "나는 예수님의 보혈로 죄가 깨끗이 씻겨져서 내 마음에는 죄가 없다"는 사람들이 더러는 있습니다. 그러나 그들은 **자기 확신으로** "죄가 없다"고 말할 뿐입니다. "예수님이 우리 죄를 위해서 십자가에서 돌아가셨기에 우리에게는 죄가 없는 것이 맞다"고 계속 자기 확신의 최면을 걸어서 그들은 소위 **"구원의 확신"**을 갖게 된 것입니다.

그런 사람들은 작은 소나무를 붙잡고, "주여, 믿습니다! 주님께서 내 죄를 이미 다 없애신 줄 내가 믿습니다!" 하고 그 소나무 뿌리가 뽑힐 때까지 기도합니다. 그러나 그것은 어디까지나 **자기 확신일** 뿐이고, **하나님이 인정하는 죄 사함**을 받은 것은 아닙니다. 이것은 마치 병원에 입원했던 암 환자가 스스로 다 나았다고 주장하며 퇴원을 시켜 달라고 떼를 쓰는 경우와 마찬가지입니다. 환자 자신이 다 나았다는 확신을 갖는 것은 아무 소용이 없습니다. 담당 의사가 엑스레이(X-Ray) 사진도 판독하고, 조직 검사도 하고, 혈액 검사도 해 본 후에 "완치 판정"을 내려야 병이 다 나은 것입니다.

가짜 복음으로 **구원의 자기 확신**을 가진 사람에게는 하나님 말씀을 펴놓고 죄가 무엇인지를 가르쳐 주고 하나님의 말씀이 지적하는 죄들을 하나하나 짚어가면서 그의 마음을 스스로 점검하게 해야 합니다. 그러면 그런 사람도 "나의 마음에는 죄가 있습니다" 하고 끝내 실토합니다. 그런 이에게, "마음에 죄가 있으면 구원을 받은 것입니까, 받지 못한 것입니까?" 하고 물으면, "아직 구원을 못 받은 것입니다" 하고 인정합니다.

또 진리의 복음을 믿지 않고서도, "나는 죄 사함을 받아서 죄가 없다"고 간증하는 사람들은 요한 1서 1장의 말씀 앞에서 무너집니다:

"**만일 우리가 죄 없다 하면 스스로 속이고 또 진리가 우리 속에 있지 아니할 것이요 만일 우리가 우리 죄를 자백하면 저는 미쁘시고 의로우사 우리 죄를 사하시며 모든 불의에서 우리를 깨끗케 하실 것이요** 만일 우리가 범죄하지 아니하였다 하면 **하나님을 거짓말 하는 자로 만드는 것이니 또한 그의 말씀이 우리 속에 있지 아니하니라**"(요일 1:8-10)

위의 말씀은 주님께서 **아직 죄 사함 받지 못했으면서 죄가 없다고 하는** 자들에게 **회개하라고** 하신 말씀입니다. 그래서 가짜 복음의 백신을 맞고도 "나는 죄가 없노라"고 강변하는 사람에게 이 말씀을 펴놓고 하나하나 짚어가면서 물어보면, 그동안 가짜 복음에 의지해서 쌓아 놓았던 **자기 확신의** 성벽은 맥없이 무너지고, "나는 죄가 있다"라고 실토합니다. 거짓 복음에 기초한 **자기 확신**은 거듭난 의인들이 **물과 성령의 복음** 안에서 "**능력과 성령과 큰 확신으로**" (살전 1:5) 얻은 믿음이 아니기 때문에, 좌우에 날선 검과 같은 하나님의 말씀 앞에서 그러한 **자기 확신**은 맥없이 무너질 수밖에 없습니다.

다른 복음을 믿는 기독교인들의 마음에는 분명히 죄가 있는데, 이 사실을 숨기고 "나는 죄가 없습니다! 정말 없습니다!" 하고 아무리 버텨 봐야 하나님 앞에는 아무 소용이 없습니다. 하나님의 말씀은 좌우에 날이 선 검과 같이 예리해서 관절과 골수를 찔러 쪼개기까지 하며 그 마음과 생각의 숨은 것까지 다 드러나게 하십니다. 그러니 거듭나지 못한 기독교인들의 마음을 하나님의 말씀으로 차근차근 검사를 해 보면, 그들은 결국 자기에게 죄가 있음을 실토하게 됩니다. 그리고 거듭나지 못한 사람은 "나는 아직 죄 사함을 받지 못했습니다. 내 마음에는 죄가 있습니다" 하고 **정직하게 시인해야만** 온전한 진리의 복음을 듣고 믿음으로 죄의 병을 치유받을 수 있습니다.

죄 사함을 받지 못한 자들에게 권면하는 말씀

"때가 오래므로 너희가 마땅히 선생이 될 터인데 너희가 다시 하나님의 말씀의 초보가 무엇인지 누구에게 가르침을 받아야 할 것이니 젖이나 먹고 단단한 식물을 못 먹을 자가 되었도다"(히 5:12)

지중해 연안에 흩어져 있던 히브리인들이 진리의 복음을 들은 후, 제법 세월이 많이 흘렀습니다. 그렇다면 이제는 그들의 믿음이 자라나서 다른 이들을 인도하는 장성한 믿음의 사람들이 되어 있어야 했습니다. 그런데 아직도 복음이 그들의 마음 안에서 자리를 잡지 못하고 있었습니다. 다시 말하자면, 복음을 들은 많은 히브리인들이 온전하게 **죄 사함을 받지 못했다**는 말입니다.

왜 그런 결과가 초래되었을까요? 그들이 들은 바 **진리의 복음에** 믿음으로 마음을 **화합하지 않아서** 그렇게 되었습니다. "저희와 같이 우리도 복음 전함을 받은 자이나 그러나 그 들은바 말씀이 저희에게 유익되지 못한 것은 듣는 자가 **믿음을 화합지 아니함이라**"(히 4:2)고 말씀하십니다. 그들은 하나님의 말씀을 간절한 마음으로 받지 않고 건성으로 들었기 때문입니다. 그러면 그들이 왜 하나님의 말씀을 믿음으로 화합하지 않고 귓등으로 들었을까요? 그것은 그들의 관심이 하나님의 말씀보다는 이 땅의 것들에 쏟아져 있었기 때문입니다.

우리도 마찬가지입니다. 우리의 관심이 오로지 육신적인 일에만 가 있으면, 아무리 귀한 하나님 말씀이 들려와도 그 말씀이 자기의 **마음에 믿음으로 화합**될 수 없습니다. 그러면 아무리 오랫동안 하나님의 말씀을 들었어도, 그 말씀은 다 떠내려가고 마음에 믿음으로 남아 있는 말씀이 없게 됩니다. 그래서 이런 사람은 여전히 젖이나 먹고 단단한 식물을 못 먹는 영적 수준에 머물러 있게 됩니다.

"**대저 젖을 먹는 자마다 어린아이니 의의 말씀을 경험하지 못한 자요**"(히 5:13)

젖을 먹는 사람은 아직 온전히 죄 사함 받지 못한 자들입니다. "**의의 말씀을 경험하지 못한 자**"란 진리의 복음을 오랫동안 반복적으로 들었지만 하나님께서 베푸시는 죄 사함의 은혜에 온전히 들어가지 못한 자를 가리키는 말입니다. 그래서 하나님께서는 안타까운 마음으로 그런 자들이 진리의 복음 위에 굳게 서야 한다고 권면하십니다.

그런 자들도 일단 복음의 터 위에 굳게 서면 거듭나게 되고 자라나서 믿음이 **장성한** 자가 됩니다. "**단단한 식물은 장성한 자의 것이니 저희는 지각을 사용하므로 연단을 받아 선악을 분변하는 자들이니라**"(히 5:14)고 말씀하셨는데, 죄 사함 받고 믿음이 장성한 자는 진리의 말씀이 그의 마음 안에 살아 있어서 하나님과 동일한 선악의 기준을 갖게 되고 모든 일을 바르게 분별합니다. 그래서 그들의 어그러졌던 다리가 고침을 받고 **의의 길**을 걸어가게 됩니다.

온전한 복음, 즉 원형복음(the Original Gospel)은 무엇인가?

주님은 이제 히브리서 6장에서 **복음의 원형(原形)**은 어떤 것인지에 대해서 말씀합니다. 이 말씀을 통해서 오늘날 기독교는 주님이 주셨던 **원형의 복음**이 무엇인지를 제대로 깨닫고 회개해서, 이 진리의 복음을 믿는 믿음을 가져야 합니다.

고대의 유물들을 발굴하다 보면 어떤 유물은 너무나 귀한 것인데, 그 유물의 일부가 깨지고 손상된 경우가 있습니다. 그러면 고고학자들과 고미술학자, 유물복원사(遺物復元士) 등이 합심해서 고증을 하고 기록들을 보면서 다시 원래의 모습을 되찾게 하는 작업을 하는데, 그런 작업을 **복원(復元)**이라고 합니다. 역사적 유물의 옛 모습을 복원해서 다시 원래의 모습으로 회복시키는 것은 아주 값진 일입니다.

사도 바울은 "그러나 우리나 혹 하늘로부터 온 천사라도 **우리가 너희에게 전한 복음 외에 다른 복음을 전하면 저주를 받을찌어다**"(갈 1:8)라고 엄히 경고했습니다. 그러나 오늘날의 기독교가 전파하고 있는 복음은 예수님이 우리에게 완성해 주셨고 초대교회의 사도들이 전했던 **원형복음(the Original Gospel)**과는 **다른 복음**입니다. 그러므로 우리는 지금 기독교 안에 퍼져 있는 다른 복음이 원형복음과 어떻게 다른가를 분별하고 복원된 원형복음을 믿어야 합니다. 그리고 모든 가짜 복음은 단호하게 폐기 처분을 해야 합니다.

"그러므로 우리가 그리스도 도의 초보를 버리고 죽은 행실을 회개함과 하나님께 대한 신앙과 세례들과 안수와 죽은 자의 부활과 영원한 심판에 관한 교훈의 터를 다시 닦지 말고 완전한데 나아갈찌니라"(히 6:1-2).

이 두 절의 말씀은 초대교회의 사도들이 전했던 원형복음의 내용을 고스란히 담고 있습니다. 그러므로 우리도 이 성경 구절을 자세히 살펴봄으로써 복음의 원형을 복원할 수 있습니다.

먼저 "그러므로 우리가 그리스도 도의 초보를 버리고"라고 말씀하신 부분을 우리는 주목해야 합니다. "그리스도 도의 초보"(the elementary teachings about Christ ; NIV, the principles of the doctrine of Christ ; KJV)라는 말은 예수 그리스도를 믿는 도(道, 복음)의 기초적인 교훈들을 의미합니다. 그리고 그 말씀 다음에 "그리스도 도의 초보"가 어떤 내용으로 구성되어 있는지에 대하여 열거되어 있습니다.

"그리스도 도의 초보"란 예수님께서 가르쳐 주셨고 사도들이 받아 전했던 원형의 복음(the Original Gospel)을 말하는데, 그 원형의 복음은 다음과 같은 내용으로 구성되어 있다는 말씀입니다.

1) 죽은 행실을 회개함에 대한 교훈
2) 하나님께 대한 신앙에 관한 교훈
3) 세례들에 관한 교훈
4) 안수에 관한 교훈
5) 죽은 자의 부활에 관한 교훈

6) 영원한 심판에 관한 교훈

먼저 짚고 넘어가야 할 부분은, "그리스도 도의 초보를 버리고"에서 "버리고"라는 말씀입니다. 이 말씀은 "그리스도 도의 초보"는 너무 기초적인 지식이므로 한번 들은 것으로 족하니 "내던져 버려라"(to discard)는 말씀이 결코 아닙니다. 우리 성경에서 "버리고"라고 번역된 부분은 영어 성경에서 "떠나서"(leaving)라는 뜻입니다. 즉 히브리인들은 복음을 들은 후 많은 시간이 흘렀으니 복음의 초보를 다시 닦는 일을 더 이상 하지 말고, 그런 단계를 "**떠나서 완전한 데**"로 나아갈 것을 권면하신 말씀입니다.

복음을 들은 히브리인들이 왜 복음의 기초를 다시 닦는 일을 반복해야만 했습니까? 한번 복음의 기초를 닦아 놓으면 그 기초가 견고하게 자리를 잡아야 되는데, 복음을 들었던 히브리인들은 어떤 상태였습니까? 그들의 마음에는 복음의 기초조차도 제대로 놓이지 못해서 반복적으로 복음의 기초에 속한 말씀을 다시 가르쳐 주어야만 했습니다. 그래서 하나님께서는 그들에게 "이제는 복음의 기초를 견고하게 놓아서 복음의 기초를 다시 확인하는 일은 제발 그만 하자"고 권면하신 것입니다.

따라서 "**(복음의 초보에 관한) 교훈의 터를 다시 닦지 말고 완전한데 나아갈찌니라**"(히 6:2)는 말씀은, "너희가 진리의 복음을 듣고 그토록 오랜 시간이 지났는데, 아직도 복음의 기초조차 제대로 놓이지 못해서 헤매고 있느냐? 제발 이제는 복음의 기초만은 견고하게 놓고 그 위에 믿음의 집을 짓는 일을 좀 하자"는 말씀입니다.

이렇게 "**그리스도 도의 초보**"는 온전한 진리의 복음, 즉 **원형의**

복음을 의미합니다. 그리고 그 **원형복음**은 죽은 행실을 회개함에 관한 교훈, 하나님께 대한 신앙에 관한 교훈, 세례들에 관한 교훈, 안수에 관한 교훈, 죽은 자의 부활에 관한 교훈 그리고 **영원한 심판에 관한 교훈**-이렇게 여섯 가지 교훈으로 구성되어 있습니다.

사도들을 비롯한 초대교회의 하나님의 종들은 이런 내용으로 영혼들에게 **진리의 복음**을 전했습니다. 이 온전한 복음은 『**사영리**』(四靈理)의 네 가지 명제로 구성된 **변형된 복음**과는 많은 차이가 있습니다. "그리스도 도의 초보", 즉 **원형복음**을 믿음으로 받았던 자들은 모든 죄가 흰 눈같이 사함 받고 거듭나서 믿음의 **장성한 자**로 자라났습니다. 그러나 어떤 자들은 그 온전한 **원형복음**을 믿음으로 받지 않아서, 복음을 오랫동안 듣고도 여전히 복음의 기초가 흔들렸고 죄 사함을 받지 못했기에, 하나님의 종들이 너무 안타까워했습니다. 그래서 "이제는 제발 복음의 터를 견고하게 다져 놓음으로써 그것을 다시 닦는 일은 그만하고, 완전한 믿음으로 나아가자"고 권면하신 것입니다.

원형의 복음에는 어떤 내용이 담겨 있었나?

첫째, **죽은 행실을 회개함에 관한 교훈**입니다.

"**죽은 행실**"(the acts that lead to death)이란 "우리를 사망으로 이끄는 행실"인데, 그것은 한마디로 **죄**입니다. 초대교회의 사도들은 복음을 전할 때에 제일 먼저 **죄**에 대해서 가르쳤습니다. 우리가 죄 가운데 태어났다는 것, 그리고 이 죄 때문에 우리는 장차 지옥 가야 한다는 진리를 가르쳤습니다. 그래서 죄의 병이 얼마나 무서운 것인지를 깨닫게 해서 영혼들이 하나님의 구원을 바라도록 인도했습니다. 하나님의 은혜로 죄를 사함 받게 해달라고 하나님께로 돌아서는 것이 바로 **"죽은 행실을 회개함"**입니다.

여기서 말씀하는 **회개**는 "하나님, 내가 이런 죄를 지었습니다. 이 죄를 용서해 주십시오" 하는 소위 **회개 기도**를 의미하지 않습니다. **"회개"**라는 말은 그리스어로 **"메타노이아"** (metanoia)입니다. 이 말은 "뒤로 돌아서다"라는 뜻인데, "저는 지금까지 이 세상에 속한 육신의 정욕과 안목의 정욕과 이생의 자랑만을 좇으며 살아왔는데, 이것이 악한 줄 깨닫고 이제 하나님께로 돌아섭니다. 하나님, 저는 죄 때문에 지옥 갈 자인데 저를 구원해 주십시오" 하고 자기 삶의 방향을 근본적으로 돌이켜서 하나님께 나아가는 것이 진정한 **회개**입니다.

사도들을 비롯한 초대교회의 종들은 첫째로 "너희는 하나님께로 돌이켜야 한다"고 가르쳤습니다. 그 사도 바울도 사도행전 말미에서, 자기가 다메섹 도상(途上)에서 주님을 만나 거듭난 후 평생 동안 전파한 복음의 사역은 오직 "하나님께 대한 **회개**와 우리 주 예수 그리스도께 대한 믿음"(행 20:21)이었다고 증거했습니다. 이와 같이 **원형복음**의 제일 첫 교훈은 **하나님께 대한 회개**, 즉 죽을 행실을 회개함에 대한 교훈입니다.

둘째, 하나님께 대한 신앙에 관한 교훈

원형복음의 두 번째 교훈은 "하나님께 대한 신앙"에 관한 교훈입니다. 하나님께 대한 신앙이 무엇입니까? "하나님이 반드시 계시다는 것과 하나님이 자기에게 나아오는 자에게 반드시 구원의 상을 베푸신다는 것"(히 11:6)을 믿는 것이 하나님께 대한 신앙입니다.

　여러분은 **하나님께 대한 신앙**이 있습니까? 여러분은 하나님께서 살아 계시다고 믿습니까? 하나님은 반드시 살아 계십니다. 영이신 하나님이 우리의 눈에는 안 보인다고 해도, 하나님께서 행하신 일들을 보면 우리는 하나님께서 살아 계심을 인정할 수밖에 없습니다.

　어제 제가 TV에서 공상 과학 영화를 한 편 보았습니다. 사람들이 우주선을 타고 멀리 우주로 떠나면서 대기권 밖에서 자기들이 떠나온 지구를 바라보는데, 지구라는 행성(行星)은 너무나 아름다웠습니다. 우리가 살고 있는 이 **지구라는 행성**(the Planet Earth)은 오직 전능하신 하나님께서만이 만드시고 운행하실 수 있는 최고의 걸작품입니다. 지구의 신비에 대해서 얘기하자면 끝도 없습니다. 지구는 그 궤도를 기준으로 지축(地軸)이 약 23.27°로 기울어서 태양 주위를 돈다고 합니다. 과학자들은 이 기울기가 너무너무 신비한 각도라고 말합니다. 지구가 그렇게 기울어진 상태로 태양 주위를 돌기 때문에, 지구에 사계절이 나타나고 대자연이 순환하면서 아름답고 신묘막측한 질서들이 생겨났다고 그들은 말합니다. 지축의 기울기가 몇 도 몇 분 몇 리까지 정확하게 유지되고 있는데, 이 신비한 각도로 지구는 수십억 년 동안 한치의 흐트러짐도 없이 계속해서 태양 주위를 돌고 있습니다.

　그런 신비한 대자연의 현상들을 눈으로 보면서도, "하나님은 없다"고 말하는 자들은 **벽을 문이라고 우기는 자들**과 같습니다. 그런 자들은 그렇게 고집을 부리고 회개하지 않다가 지옥에 갈 것입니다.

하나님께 대한 신앙은 하나님이 반드시 계시다는 것과 그 하나님은 자기에게 나아오는 자에게 반드시 구원의 상을 베푸시는 분이라는 사실을 믿는 것입니다. 하나님 앞에, "하나님, 나는 죄인입니다. 나를 구원해 주십시오. 나를 불쌍히 여겨 주십시오" 하고 나아오는 자에게 하나님은 반드시 상(賞)을 주시는데, 그 상은 **죄 사함의 축복이며 구원의 상**입니다. 하나님은 천국 영생을 선물로 주시는 하나님이신 줄 우리는 믿어야 합니다. 이것이 **하나님께 대한 신앙**에 관한 교훈입니다.

세 번째, 세례들에 관한 교훈

"세례들과 안수와" (히 6:2)라고 말씀하셨지만, "세례들"이 따로 떨어진 하나의 교훈입니다. "세례들"이라고 복수로 말씀하신 것에 우리는 유념해야 합니다. 왜 "세례들"에 관한 교훈이라고 복수형으로 말씀하셨습니까?

성경에는 몇 가지의 **세례들**이 기록되어 있습니다. 세례 요한이 그 당시의 백성들에게 베푼 세례, **예수님께서 세례 요한에게 받으신 세례**, 그리고 믿는 자들이 구원의 표로 받는 세례가 그것입니다. 그래서 "세례들"이라고 복수로 말씀하셨습니다. 그중에서 제일 중요한 세례는 **예수님께서 세례 요한에게 받으신 세례**입니다.

세례 요한이 누구입니까? 세례 요한은 "여자가 낳은 자 중에 **세례 요한보다 큰이가 일어남이 없도다**"(마 11:11)라고 예수님께서 증거하신 바, 그는 **인류의 대표자**입니다. 그리고 세례 요한은 아론의 반차(班次)를 좇은 이 땅의 **마지막 대제사장**입니다.

세례 요한은 아버지가 아비야 반열의 제사장 사가랴였고 그 어머니도 아론의 후손이었으니(눅 1:5) 그의 부모가 모두 첫 번째 대제사장 아론의 진골(眞骨) 후손이었습니다.

세례 요한은 인류의 마지막 대제사장으로 하나님의 택함을 받아서 예수님보다 6개월 먼저 이 땅에 태어났습니다. 그리고 세례 요한은 엘리야의 심령으로 사람들의 마음을 하나님께로 돌이키게 하는 **회개의 세례**를 요단강에서 베풀며, 장차 메시아 곧 그리스도로 오실 주님의 길을 예비하고 있었습니다. 그때에 예수님께서 그의 앞에 나타나셨습니다.

"**이 때에 예수께서 갈릴리로서 요단강에 이르러 요한에게 세례를 받으려 하신대 요한이 말려 가로되 내가 당신에게 세례를 받아야 할 터인데 당신이 내게로 오시나이까**
예수께서 대답하여 가라사대 이제 허락하라 우리가 이와 같이 하여 모든 의를 이루는 것이 합당하니라 **하신대 이에 요한이 허락하는지라**
예수께서 세례를 받으시고 곧 물에서 올라 오실쌔 하늘이 열리고 하나님의 성령이 비둘기 같이 내려 자기 위에 임하심을 보시더니 하늘로서 소리가 있어 말씀하시되 이는 내 사랑하는 아들이요 내 기뻐하는 자라 하시니라"(마 3:13-17).

인류의 대표자가 예수님에게 **안수의 형식으로 세례**를 베풀었습니다. **안수**(按手)란 죄를 희생제물의 머리 위로 옮기는 하나님의 법입니다. 예수님이 인류의 모든 죄를 지고 가는 하나님의 어린양이 되기 위하여 이 땅에 오셨을 때, 세례 요한은 인류의 대표자로서 예수님에게 안수의 형식으로 세례를 베풀어서 인류의 모든 죄를 다 예수님께로 넘겼습니다. 이것이 바로 예수님께서 받으신 세례의 역사(役事)입니다.

초대교회의 하나님의 종들이 전했던 **원형의 복음**에는 세 번째로 "**세례들에 관한 교훈**"이 분명히 포함되어 있었습니다. 이 부분이 **원형복음**의 중요한 구성 요소인데, 오늘날의 **다른(가짜) 복음**에는 이 부분이 완전히 사라졌습니다. 사단 마귀는 **원형복음**에서 예수님의 세례를 제거해서 사이비 복음으로 변질시킨 후에 이제는 편안히 쉬고 있습니다. 기독교인들이 아무리 전도를 많이 하고 전 세계를 복음화한다고 열심을 내도 그런 변형된 복음으로는 영혼들이 절대로 죄 사함을 받을 수 없다는 것을 사단 마귀가 알기 때문입니다.

네 번째, 안수에 관한 교훈

또한 초대교회의 하나님의 종들은 **예수님이 받은 세례의 능력**을 깨닫게 하려고 구약의 속죄 제사에서 죄인의 죄를 희생제물에게 넘기는 방법인 "**안수**"(按手)에 대해서 자세히 가르쳤습니다.

만일 평민의 하나가 죄를 범하고 그 죄를 깨달았으면, 그는 흠 없는 암염소를 성막으로 끌고 와서 제사장이 보는 앞에서 **그 염소의 머리에 안수해서** 자기의 **죄를 넘겨야** 했습니다. 그리고 그 사람이 그 염소의 목을 따서 피를 받고 그 피를 제사장에게 주면, 제사장이 그 피를 번제단 뿔에 바르고 남은 피를 단 밑에 쏟고 염소의 고기는 번제단 위에서 불태워 드림으로, 그 사람이 죄 사함을 받았습니다 (레 4:27-31).

하루치 죄는 그렇게 사함을 받았지만, 백성들은 날마다 죄를 짓기 때문에 죄가 그들의 마음에 쌓여 갔습니다. 그래서 하나님께서는 이스라엘 백성 전체의 일 년치 죄를 단번에 사함 받는 **대속죄일(大贖罪日)**의 제사를 세워 주셨습니다. 이 대속죄일의 제사는 **대제사장 아론**이 이스라엘 **백성을 대표해서 홀로 주관**해서 드렸습니다.

대속죄일에 대제사장은 자기도 죄를 짓는 연약한 사람이었기 때문에 먼저 자기와 자기 식구들의 죄를 사함 받는 제사를 드렸습니다. 그는 **수송아지의 머리에 안수**해서 자기와 자기 가족의 죄를 넘긴 후에, 그 수송아지를 잡아서 그 피를 들고 성소와 지성소에 들어가서 성막의 기구에 피를 바르고 뿌리는 예식을 행함으로 죄 사함을 받았습니다.

대제사장이 자기와 자기 식구들의 속죄를 마친 후에, 대제사장은 미리 준비해 놓은 두 마리 염소로 백성들을 위한 제사를 드렸습니다. 먼저 한 마리는 **성막 안에서 안수하고** 잡은 후에 수송아지를 드렸던 것과 같은 방식으로 성소와 지성소를 위해서 속제의 제사를 드렸습니다.

그 후에 대제사장 아론은 다른 한 마리, 즉 아사셀 염소를 끌고 성막 밖으로 나옵니다. 대제사장 아론은 이제 백성들이 보는 앞에서 그 **아사셀 염소의 머리에** 안수하여 이스라엘 백성이 지난 일 년 동안 지은 모든 죄를 고하고 **그 죄를 그 염소의 머리에 두어** 미리 정한 사람에게 맡겨 광야에 내다 버렸습니다(레 16:20-22). 그러면 그 아사셀 염소는 이스라엘 백성들의 일 년치 죄를 다 짊어지고 광야를 헤매다가 죽습니다. 그렇게 아사셀 염소는 죽음으로 백성의 일 년치 죗값을 대속했습니다.

이렇게 구약의 대제사장이 대표로 **안수했을** 때에 이스라엘 백성의 일 년치 죄가 아사셀 염소에게 넘어갔다는 **"안수에 관한 교훈"**이 세례 요한에게 **안수의 형식으로 받은 예수님의 세례**가 전 인류의 죄를 담당하는 세례였음을 죄인들이 깨닫게 했습니다. 이는 대제사장 아론의 후손이고 인류의 대표자인 세례 요한이 어린양으로 오신 예수 그리스도에게 **안수의 형식으로 세례를** 베풀었을 때에 이 세상의 모든 죄가 예수님에게 넘어갔음을 가르치는 말씀입니다.

예수님께서 세례 요한에게 세례를 베풀라고 명령하신 말씀이 마태복음 3:15에 기록되어 있습니다: **"예수께서 대답하여 가라사대 이제 허락하라 우리가 이와 같이 하여 모든 의를 이루는 것이 합당하니라 하신대 이에 요한이 허락하는지라"**(마 3:15). 여기서 **"우리가 이와 같이 하여"**라는 말씀은 **"너(요한)는 내 머리에 안수하고 나는 그 안수를 받음으로"**라는 말씀입니다. **안수**는 속죄제물에게 **죄를 넘기는 하나님의 법**입니다. 인류의 대표자이고 대제사장 아론의 후손인 세례 요한이 인류의 어린양으로 오신 예수님의 머리에 안수했으니, 세상 죄는 이때에 예수님에게 다 넘어갔고, 이 세상에는 **"모든 의"**가 공의하게 이루어진 것이 **확실합니다**.

이와 같이 **원형의 복음**, 즉 초대교회의 사도들과 하나님의 종들이 전했던 진리의 복음에는 반드시 **세례들과 안수에 관한 교훈**이 포함되어 있었습니다.

다섯 째, 죽은 자의 부활에 관한 교훈

예수 그리스도께서 받으신 세례로 우리의 모든 죄를 담당하신 후, 십자가에 오르셔서 **"다 이루었다"**(요 19:30) 하기까지 대속의 피를 흘리시고 죽으심으로 우리의 모든 죄를 대속(代贖)하셨기에, 누구든지 이 사실을 믿음으로 죄 사함을 받고 영생을 얻는다고 하나님의 종들은 가르쳤습니다. 우리는 죄와 허물로 지옥에 갈 수밖에 없었던 자들이었지만, 주님께서 자신의 몸을 드려 이루신 영원한 속죄의 제사를 믿음으로 우리가 죄 사함을 받았고 **죽었던 영이 부활**했다는 진리가 **"죽은 자의 부활에 관한 교훈"**입니다.

"예수 그리스도의 **세례와 십자가**의 피를 믿는 너희 영혼은 이제 죽은 영이 아니라 부활(復活)한 영이다. 너희들은 죽더라도 예수님이 다시 이 땅에 오시는 날에, 너희 육체도 반드시 신령한 몸으로 부활한다. 그때에는 주님께서 천년왕국을 펼치시고 너희와 더불어 왕 노릇할 것이다. 그리고 천 년이 지나면 죄인들과 사단 마귀에게 최후의 심판을 베풀고, 주님은 너희와 함께 영원한 천국으로 들어갈 것이다." 이렇게 영생의 부활에 대한 소망을 갖도록 하나님의 종들은 가르쳤습니다.

여섯 째, 영원한 심판에 관한 교훈

마지막으로 **원형복음**은 영원한 심판을 받을 자들이 누구인가에 대하여 가르쳤습니다. **"그러나 두려워하는 자들과 믿지 아니하는 자들과 흉악한 자들과 살인자들과 행음자들과 술객들과 우상 숭배자들과 모든 거짓말 하는 자들은 불과 유황으로 타는 못에 참예하리니 이것이 둘째 사망이라"**(계 21:8). 지옥에 가는 자들은 한마디로 말해서 **원형복음**인 **물과 성령의 복음**을 거부하고 믿지 아니하는 자들입니다. 물과 성령의 복음을 믿지 않아서 죄 사함을 받지 못한 자는 반드시 하나님의 심판을 받고 둘째 사망인 영원한 지옥에 떨어진다는 교훈이 바로 **"영원한 심판에 관한 교훈"**입니다.

이렇게 여섯 가지의 교훈으로 구성된 것이 **"그리스도 도의 초보"**이며 원형복음(the Original Gospel)입니다. 이것이 **물과 성령의 복음**이며 사도들과 하나님의 종들이 초대교회 시대에 외쳤던 진짜 복음입니다. 그런데 이 귀한 **원형복음**은 사단 마귀의 계략으로 다 변질되고 사이비 가짜 복음이 판을 치는 세상이 되었습니다. **사이비**(似而非)라는 말은 **"비슷하지만 아니다"**라는 뜻입니다. **사이비 복음**은 아무리 오래 믿어도 마음의 죄가 씻겨지지 않습니다. 주님께서는 알곡과 가라지에 대해서 말씀하셨는데, 이 세상에는 가라지와 같은 **사이비 복음**이 무성해서 생명의 알곡인 **원형복음**은 찾아보기 힘들게 되었습니다. 그래서 오늘날의 기독교인들은 평생 동안 예수님을 믿고도 죽음을 직면하면, 자기 마음의 죄 때문에 지옥에 갈 것을 **"두려워하는 자들"**(계21:8)이 된 것입니다.

저는 하나님께 진실로 감사를 드립니다. 저도 진리의 복음인 이 **원형복음**을 만나기 전에는, 내 열심과 나의 의로 국내외의 여러 교회와 노방에서 사이비 복음을 전파하러 다녔고, 사영리(四靈理), 내적 치유 사역, 성령 운동, 공동체 운동 등의 여러 가지 가짜 백신들을 가지고 복음을 전한다고 부지런을 떨던 사람입니다.

그러나 이제는 이 **복음의 원형**을 만나서 이 복음이 진리의 복음인 줄을 깨닫고 믿게 되었습니다. 진실로 **원형복음**, 우리의 죄의 병을 근본적으로 치료할 수 있는 진짜 백신의 복음은 바로 **물과 성령의 복음**입니다. 이 **원형복음**에는 **"세례들과 안수에 관한 교훈"**이 필수적 요소입니다. 이토록 중요하고 필수적인 **"세례들과**

안수에 관한 교훈"이 오늘날의 기독교회가 전파하는 **다른 복음**에는 전혀 없습니다. 그래서 그런 가짜 복음은 아무 효력이 없습니다. 그것은 죄 사함을 얻게 하는 하나님의 능력이 전혀 없는 **사이비 복음**이기 때문에 아무 효력이 없습니다. 가짜 백신으로 된 복음의 주사는 아무리 맞아 봤자 죄의 병은 결코 치료될 수 없습니다.

우리는 오늘 히브리서 6장의 1-2절 말씀을 통해서 초대교회의 하나님의 종들이 전했던 **복음의 원형**을 만나게 되었습니다. 우리는 특별한 은혜를 입은 자들이며 진리의 복음을 가졌다는 것에 대해 큰 자긍심을 갖습니다. 이 비밀을 아는 특권은 아무에게나 허락된 것이 아닙니다. 그러므로 이 진리의 복음을 알고도 믿지 않는 것은 하나님 앞에서 큰 죄를 짓는 것입니다.

여러분은 오늘 소개한 **원형복음**, 즉 **물과 성령의 복음**이 진리의 복음인 것을 믿습니까? 주님은 "**천국은 마치 밭에 감추인 보화와 같으니 사람이 이를 발견한 후 숨겨 두고 기뻐하여 돌아가서 자기의 소유를 다 팔아 그 밭을 샀느니라**"(마 13:44)고 말씀하셨습니다. 우리는 밭에 감춰진 천국의 보화를 발견한 자들입니다. 이 **원형복음**은 너무 귀한 것이기 때문에 우리가 다른 것들을 다 잃어버린다고 해도 이것만은 꼭 마음에 지켜야 합니다. 우리는 **의의 복음**을 경험한 자가 되어야 합니다. "**의의 말씀을 경험한 자요**"(히 5:13)라는 말씀은 진리의 복음을 자기 것으로 삼은 자라는 말씀입니다. **의의 말씀**이 바로 **원형복음**입니다. 우리는 **원형복음**을 온전히 믿음으로, 그것을 내 것으로 삼아야 합니다.

"완전한데 나아갈찌니라"

"너희는 그리스도 도의 초보로 구성된 **원형복음**의 터(기초)를 날마다 다시 닦고, 또 다시 닦는 어리석은 짓은 하지 말라"고 주님이 말씀하십니다. **참된 복음**을 믿는 믿음이 우리 마음에 견고하게 기초를 잡고 놓여져야 합니다. 그리고 이제는 이 복음의 터 위에서 믿음으로 의로운 삶을 살아야 합니다. **하나님의 나라와 그의 의**를 위하는 삶이 의롭고 완전한 삶입니다.

여러분이 아직도 "**그리스도 도의 초보**"가 제대로 마음에 자리를 잡지 못해서 온전하게 거듭나지 못했다면, 믿음을 달라고 하나님께 간절하게 기도해야 합니다. 여러분이 "**세례들과 안수에 관한 교훈**"도 깨달았고, **복음의 원형**이 무엇인지도 다 아는데, 마음에 온전히 믿지를 않아서 죄 사함을 받지 못했다면, 여러분은 "하나님, 저에게 믿음을 더하여 주십시오" 하고 하나님께 간구해야 합니다. 죄 사함은 하나님께서 우리의 온전한 믿음을 보시고 베푸시는 은혜입니다. 내가 복음을 지식적으로 안다고 죄 사함을 받는 것이 아닙니다. 우리의 믿음이 하나님이 인정하시는 온전한 믿음일 때에, "**소자야, 네 죄 사함을 받았느니라**"고 하나님께서 인정해 주셔야 우리가 죄 사함을 받습니다.

"**소자야 네 죄 사함을 받았느니라**"는 주님의 시원한 판결이 우리 마음에 임해야 죄 사함을 받고 거듭나게 됩니다. "**그 안에서 너희도 진리의 말씀 곧 너희의 구원의 복음을 듣고 그 안에서 또한 믿어 약속의 성령으로 인치심을 받았으니**" (엡 1:13) 하신 바와 같이, "**성령으로 인치심을 받는다**"라는 말씀은 "**죄 사함을 받는다**"는 말씀과 같은 뜻입니다. 성령님은 거룩한 하나님이시기 때문에 죄 사함을 받지 않은 죄인의 마음에는 절대로 임하시지 않습니다(행 2:38). 주님께서 "소자야 네 죄 사함을 받았느니라" 하고 판결하시는 동시에 주님은 우리의 마음에 성령으로 인을 치십니다.

성령으로 인을 치시면 그때부터는 그의 믿음은 흔들리지 않습니다. 이제는 복음의 터가 견고하게 놓여져서 이 터 위에 믿음의 집을 짓는 일을 하게 됩니다. 거듭난 자는 **원형복음의 터** 위에서 모든 것을 계획하고 추진하기 때문에 하나님이 선하다 하시는 것을 자기도 선하다 하고, 하나님이 악하다 하시는 것은 자기도 악하다고 분별하게 됩니다. **의의 말씀을 경험한 자**는 그렇게 **선악을 분변**하게 됩니다. 우리가 연약하기 때문에 인간의 인정과 육정에 끌려 잘못 나가다가도 **선악을 분변**하고 다시 돌이켜서 복음의 터 위에 서게 됩니다. 그리고 "이건 아니다! 이건 이렇게 해야 한다" 하고 자기 삶의 방향을 수정합니다.

그래서 히브리서 6장 1-2절에서 **원형복음에** 담긴 교훈의 내용들을 열거한 다음에, 이런 교훈에 관한 터를 다시 닦지 말고 **완전한 데 나아가라**고 주님께서 권면하시는 것입니다. **"완전한 데 나아가라"**는 말씀은 죄를 전혀 짓지 않는 완벽한 삶을 살라는 말씀이 아닙니다. 이제는 우리가 의의 복음의 터 위에 견고하게 서서, 선악을 분변하면서, 믿음으로 의의 복음을 전파하는 삶을 살기 바란다는 말씀입니다. 그래서 우리 모두가 같은 믿음과 같은 마음으로 주님과 연합해서 복음을 전파하는 아름다운 삶을 살다가 주님 앞에 가기를 바라는 간절한 소원이 제게도 있습니다.

하나님은 우리가 복음의 터를 견고히 놓고 그 위에서 의의 복음을 전파하는 의로운 삶을 살기 원합니다. **원형복음**인 **물과**

성령의 복음을 전파하는 일꾼의 삶을 하나님께서 기뻐하시기 때문에, 우리가 이 사역을 위해서 필요한 은사와 물질을 달라고 기도하면 하나님은 반드시 다 들어주십니다. 저는 우리가 문서로 진리의 복음을 전파하는 일이 우리가 구하는 것이나 생각하는 것에 더욱 넘치도록 이루어질 것을 확신합니다.

복음의 원형을 회복하라

지금 이 기독교 안에서 전파되고 있는 복음은 **사이비 복음**이며 **다른 복음**입니다. 이미 기독교 안에서는 **원형복음**의 중심 내용인 **"세례들과 안수에 관한 교훈"**은 온데간데없이 다 사라져 버렸습니다. 이 세상은 거짓 선지자들이 가짜 복음을 낳고 그 가짜들이 변형되어서 다른 가짜를 낳았기 때문에 무수한 사이비와 가짜 복음들이 판을 치고 있습니다. 그래서 사이비끼리 서로를 이단이라고 비난하며 이전투구(泥田鬪狗)를 하는 꼴이 참으로 가관입니다.

하나님께서 우리에게 **진리의 복음**을 만나게 하셨고, 이 **원형의 복음**이 다시 번성하게 하는 사명을 우리에게 주셨습니다. 그런데 지금 사람들이 죄의 병으로 다 죽어 가고 있는데도, 만일 진짜 복음의 백신을 가진 자들이 자기만을 위해서 살면서 멸망하는 영혼들에 대해서는 "나 몰라"라고 한다면, 그것은 하나님 앞에서 진정 악한 죄입니다. 그것은 마치 한 달란트를 주님께로부터 받은 후에 땅에 묻어 둔 자와 똑같은 죄악입니다. 주님이 돌아오셨을 때, **"이 악하고 게으른 종을 바깥 어두운 데 내어 쫓으라"**고 판결하실 것입니다.

우리는 주님께서 완성하셔서 사도들과 하나님의 종들에게 주셨고 그들이 목숨을 바쳐서 전파했던 **원형복음**을 만났습니다. 우리의 마음에서 모든 죄를 단번에 없애 주는 능력의 복음을 우리가 갖고 있기 때문에, 첫째는 우리 자신이 이 진리의 복음을 온전히 믿어서 **의의 말씀을 경험한 자들**이 될 것이요, 둘째로는 자기에게 있는 **원형복음**의 백신을 많은 사람들에게 나눠 주는 일을 해야 합니다. 이것이 가장 복되고 아름답고 의로운 삶입니다.

우리는 갈 바를 알지 못하고 나아갔었는데, 하나님께서 우리를 의의 길로 인도하신 것에 감사를 드립니다.

말씀을 마쳤습니다.

(2014년 4월 13일 주일예배 말씀)

하늘에 소망을 두고 믿음을 지키자

"한번 비췸을 얻고 하늘의 은사를 맛보고 성령에 참예한바 되고

하나님의 선한 말씀과 내세의 능력을 맛보고

타락한 자들은 다시 새롭게 하여 회개케 할 수 없나니 이는 자기가 하나님의 아들을 다시 십자가에 못 박아 현저히 욕을 보임이라

땅이 그 위에 자주 내리는 비를 흡수하여 밭 가는 자들의 쓰기에 합당한 채소를 내면 하나님께 복을 받고

만일 가시와 엉겅퀴를 내면 버림을 당하고 저주함에 가까와 그 마지막은 불사름이 되리라

사랑하는 자들아 우리가 이같이 말하나 너희에게는 이보다 나은 것과 구원에 가까운 것을 확신하노라

하나님이 불의치 아니하사 너희 행위와 그의 이름을 위하여 나타낸 사랑으로 이미 성도를 섬긴 것과 이제도 섬기는 것을 잊어버리지 아니하시느니라

우리가 간절히 원하는 것은 너희 각 사람이 동일한 부지런을 나타내어 끝까지 소망의 풍성함에 이르러

게으르지 아니하고 믿음과 오래 참음으로 말미암아 약속들을 기업으로 받는 자들을 본받는 자 되게 하려는 것이니라"(히 6:4-12)

이번에 진도 앞바다에서 일어난 세월호 침몰 사건으로 제주도로 수학여행을 가던 많은 학생들과 일반 승객들이 목숨을

하늘에 소망을 두고 믿음을 지키자   283

잃었습니다. 우리나라 국민 모두가 너무나 큰 충격을 받았고 우리의 마음이 슬프고 먹먹합니다. 가까스로 구조되어 죽음을 면한 학생이 찍었던 동영상에는 수학여행을 가던 안산 단원고등학교 2학년 학생들이 배가 갑자기 기울어지자 절박하게 비명을 지르며 쓰러지지 않으려고 안간힘을 다해 버티는 장면이 있었습니다.

그런 긴박한 상황인데도, 선내 방송에서는 "곧 구조대가 오니 움직이지 말고 가만히 있으라"고 했습니다. 그런데 순진한 학생들이 그 방송만 믿고 선실 안에 그대로 남아 있다가 갑자기 배가 뒤집히면서 물이 들어오자 익사해서 모두 죽었습니다. 그 학생들에게 도움의 손길이 얼마나 절박했겠습니까? 곧 구조대가 오리라는 희망으로 버티다가 차오르는 물에 마지막 숨을 몰아쉬며 절규했을 어린 학생들을 생각하면 가슴이 아리고 먹먹합니다. 우리의 마음도 이런데, 눈에 넣어도 아프지 않을 자식을 졸지에 잃은 부모들의 마음은 또 어떻겠습니까?

아침에 한라수목원에 산책을 다녀오면서, "이런 끔찍한 재난 앞에서 우리는 무엇을 생각해 봐야 하는가?" 하는 질문을 나 스스로에게 던져 보았습니다. 유대 총독 빌라도가 두 명의 갈릴리 사람을 쳐죽인 사건이 있었습니다. 그 당시에는 그 사건이 큰 이슈였었나 봅니다. 그래서 어떤 자들이 와서 이 사건을 예수님에게 고했더니, 예수님이 다음과 같이 말씀하셨습니다.

"너희는 이 갈릴리 사람들이 이 같이 해 받음으로써 모든 갈릴리 사람보다 죄가 더 있는 줄 아느냐 너희에게 이르노니 아니라 너희도 만일 회개치 아니하면 다 이와 같이 망하리라 또 실로암에서 망대가 무너져 치어 죽은 열 여덟 사람이 예루살렘에 거한 모든 사람보다 죄가 더 있는 줄 아느냐 너희에게 이르노니 아니라 너희도 만일 회개치 아니하면 **다 이와 같이 망하리라**"(눅 13:2-5).

예루살렘의 실로암 못가에 망대가 있었는데, 그 망대를 건축하다가 무너졌는지 보수 공사를 하다가 무너졌는지는 잘 모르겠습니다만, 아무튼 망대가 무너져서 그 사고로 열여덟 사람이 죽었답니다. 그 당시에는 아주 큰 사건이었습니다. 그 사건에 대해서 예수님은, "그들이 예루살렘에 사는 모든 다른 사람들보다 죄가 더 많아서 죽은 줄 아느냐? 그렇지 않다! 너희도 회개하지 아니하면 그와 같이 망하리라"고 말씀하셨습니다.

우리는 어떤 재난으로 타인의 죽음을 목도할 때마다 나도 머지않아 죽는다는 사실을 생각해 보아야 합니다. 주님은 **"한번 죽는 것은 사람에게 정하신 것이요 그 후에는 심판이 있으리니"**(히 9:27)라고 말씀하셨습니다. 우리 모두는 반드시 죽습니다. 그리고 죽은 후에는 반드시 하나님의 준엄한 심판이 있습니다. 세월호가 침몰해서 많은 학생들이 꽃다운 나이에 유명을 달리한 안타까운 사건을 우리가 접하면서, 나도 불원간(不遠間)에 반드시 죽는다는 사실을 기억해야 합니다. 우리 모두는 죽을 운명을 타고난 존재들입니다. 인간은 한 번 죽도록 하나님께서 정하셨습니다.

그러면 우리가 죽은 다음엔 무엇이 우리 앞에 있느냐? **죽으면 그냥 끝인가?** 그냥 무(無)로 돌아가고 나의 존재 자체가 사라지면 끝나는 것인가? 아닙니다. **한번 죽는 것은 하나님께서 정하신 것이요 그 후에는 심판이 있다**고 성경은 말씀합니다. 죄가 있는 사람에게는 하나님의 심판이 반드시 임하기에, 우리가 그 준엄한 심판을 피하려면 아직 목숨이 붙어 있을 동안에 **회개하고 죄 사함을 받아야** 합니다. 우리는 하나님께서 정하신 죽음과 죄에 대한 심판을 바라보면서 **참된 회개**를 해야 합니다. "너희도 회개치 않으면 이와 같이 망하리라"고 말씀하셨는데, 여기에서 **망한다**는 말씀은 둘째 사망, 곧 지옥의 불 못에 던져져서 영원토록 절규하는 형벌을 받게 된다는 뜻입니다. 우리의 육신이 반드시 한 번 죽는데, 죽기 전에 회개하지 아니하면 우리의 영혼이 영원한 지옥불에 떨어져서 영원토록 이를 갈면서 고통을 겪을 것입니다.

그래서 어떤 참사들을 보면서 **아직 죄 사함을 받지 못한 사람**은 반드시 **참된 회개**를 하고 하나님의 진리의 복음을 믿음으로 죄 사함을 받고 하나님의 심판을 면해야 합니다. **죄 사함을 얻게 하는 참된 회개**는 기독교인들이, "하나님, 내가 누구를 미워했습니다. 다시는 그런 죄를 짓지 않겠으니 이 죄를 용서해 주세요"라고 기도하는 소위 **"회개의 기도"**와는 다릅니다. 성경에서 말씀하는 **참된 회개**는 하나님 앞에서 **자기는 근본 죄 덩어리이기 때문에 지옥에 갈 수밖에 없는 자임을 인정하고, 하나님의 긍휼을 바라며 하나님께로 돌아오는 것입니다.** 하나님을 떠나서 자기의 욕망만을 좇아서 살아왔던 자가 하나님 앞에 돌아와서 무릎을 꿇고 하나님의 자비하신 구원을 바라는 것이 **참된 회개**입니다.

예수께서 성전에 들어가 가르치실 때에, 대제사장들과 백성의 장로들이 나아와서 예수님에게, "네가 무슨 권세로 이런 일을 하느뇨 또 누가 이 권세를 주었느뇨?"라고 물었습니다. 그러자 예수님께서 비유로 말씀하셨습니다.

"그러나 너희 생각에는 어떠하뇨 한 사람이 두 아들이 있는데 맏아들에게 가서 이르되 얘 오늘 포도원에 가서 일하라 하니 대답하여 가로되 아버지여 가겠소이다 하더니 가지 아니하고 둘째 아들에게 가서 또 이같이 말하니 대답하여 가로되 싫소이다 하더니 그 후에 뉘우치고 갔으니 그 둘 중에 누가 아비의 뜻대로 하였느뇨 가로되 둘째 아들이니이다 예수께서 저희에게 이르시되 내가 진실로 너희에게 이르노니 세리들과 창기들이 너희보다 먼저 하나님의 나라에 들어가리라

요한이 의의 도로 너희에게 왔거늘 너희는 저를 믿지 아니하였으되 세리와 창기는 믿었으며 너희는 이것을 보고도 종시 뉘우쳐 믿지 아니하였도다"(마 21:28-32).

대제사장들과 백성의 장로들, 그리고 바리새인들은 자기들이 세리와 창녀들보다 훨씬 더 의롭다고 생각하며 예수님께 나아와서 예수님을 시험했습니다. 예수님께서는 그들을 깨닫게 하려고 비유를 들어 말씀하셨습니다.

어떤 사람에게 두 아들이 있는데 첫째 아들한테, 포도원에 나가서 일을 하라고 시켰습니다. 그러자 그 첫째 아들이 대답은 "예" 하고는 돌아와서는, 아버지의 말씀은 무시하고 자기 할 일에만 몰두했습니다. 그런데 둘째 아들은 동일한 명을 받고서, 처음에는 싫다고 대답했지만, 나중에는 "아, 내가 잘못했구나" 하고 돌이켜서 아버지의 말씀에 순종했습니다.

주님께서 말씀하신 **참된 회개**란 여기 등장하는 둘째 아들처럼 **자기의 악함을 인정하고 돌이켜서 하나님의 말씀에 순종하는 것입니다.** 만일 나 자신이 지금까지 하나님의 말씀에 대해 "아니오"라고 대답하고 내 생각과 고집만을 좇아서 살아왔다면 회개해야 합니다. 우리는 자기의 생각이 옳은 줄로 생각합니다. 그래서 자기가 옳다고 여기는 바를 고집하며 살아왔습니다. 그러나 내 생각은 사실 마귀가 우리에게 불어넣어 준 가치관과 논리에서

나온 것이기에, 내 생각은 사단 마귀의 생각입니다. 그래서 내 생각은 악하며 나를 멸망으로 인도하는 첩경입니다.

그래서 하나님께서는 **"그 멸망의 길에서 돌이키라"**고 우리에게 말씀하시는 것입니다. 주님께서는 우리의 모든 죄를 다 없애 놓으시고 우리에게 돌이켜 하나님께서 베푸시는 하늘의 축복을 받으라고 말씀하십니다: "내가 네 허물을 **빽빽한 구름의 사라짐 같이**, 네 죄를 안개의 사라짐 같이 도말하였으니 너는 내게로 돌아오라 내가 너를 구속하였음이니라"(사 44:22).

참된 회개는 **하나님을 등지고 떠났던 자가 하나님께로 돌아서는 것**입니다. 지금까지는 내 고집대로, 내 욕망대로, 마귀가 이끄는 대로 살아왔지만, 그 길은 멸망의 길인 것을 깨닫고 그 길에서 돌아서서 하나님께로 향하는 것이 **참된 회개**입니다. 자기 육신의 생각을 꺾어 버리고 하나님 말씀에 순종을 하는 것이 회개입니다. 하나님을 경외함으로 하나님께 머리를 조아리고, 하나님이 이끄시는 축복의 길을 따르겠다고 돌아서는 것이 바로 **참된 회개**입니다.

진리의 복음을 맛보고 타락한 자

이렇게 **참된 회개**에 이른 자란 자기 뜻대로 살다가 하나님께로 돌이킨 사람을 지칭한다면, 그 반대로 **"하나님의 은혜와 능력을 맛보고 타락한 자"**란 하나님의 뜻을 따르다가 저버린 자를 지칭합니다. 하나님 앞에서 **참된 회개**를 하고 **물과 성령의 복음**을 마음으로 믿으면 죄 사함을 받습니다. 그러면 성령을 선물로 받고, 하늘의 모든 축복들을 맛봅니다. 그런데 물과 성령의 복음, 즉 온전한 진리의 복음을 마음으로 믿어서 한번 죄 사함을 받았던 자가 다시 타락하면 그런 사람은 다시는 구원에 이를 수 없다고 주님께서는 엄히 경고하십니다.

"**한번 비췸을 얻고 하늘의 은사를 맛보고 성령에 참예한바 되고 하나님의 선한 말씀과 내세의 능력을** 맛보고 타락한 자들은 다시 새롭게 하여 회개케 할 수 없나니 **이는 자기가 하나님의 아들을 다시 십자가에 못 박아 현저히 욕을 보임이라**"(히 6:4-6).

어떤 자들이 자기의 욕망을 좇아 자기 좋을 대로 살았던 삶에서 돌이켜서, 하나님의 구원의 복음을 듣고 믿어서 마음에 죄 사함을 받습니다. 그런데 그들이 다시 세상으로 갔습니다. 그들은 하나님의 구원의 말씀을 부인하고, 마귀가 이끄는 대로 세상을 사랑하며 자기 욕망을 좇아 사는 길로 다시 돌아갔습니다. 그렇게 하나님을 버리고 떠난 자들을 주님은 "**한번 비췸을 얻고 하늘의 은사를 맛보고 성령에 참예한바 되고 하나님의 선한 말씀과 내세의 능력을** 맛보고 타락한 자들"이라고 지적합니다.

이렇게 진리의 복음을 믿음으로 하나님의 은혜와 능력을 "**맛보고 타락한 자들**"은 **다시 새롭게 해서 회개하게 할 수 없다**고 주님께서는 단언하셨습니다. 차라리 아직 죄 사함 받지 못한 사람에게는 구원을 받을 기회가 남아 있지만, "이게 진짜 복음이로구나! 그리고 정말 하나님은 나의 모든 죄를 깨끗이 없애 주셨구나!" 하고 진리의 복음을 믿어서 죄 사함을 한번 받았던 사람이 다시 복음을 부인하고 하나님을 떠나가면 그런 자는 결코 다시 구원을 받지 못하고 **영원한 지옥의 판결을 받는다**는 무서운 경고의 말씀입니다.

인간은 연약합니다. 영적으로 깨어 있어서 믿음을 지키지 않으면 우리는 순식간에 타락할 수 있습니다. 죄 사함을 받은 자도 거듭난 것은 영이지, 육신은 죄의 본성을 그대로 지닌 연약한 존재입니다. 다만 **물과 성령의 복음**을 믿어서 죄 사함을 받은 자에게는 성령이 마음에 임해서, 성령께서 하나님의 선한 뜻을 따라가도록 격려하고 인도하시기 때문에 죄를 멀리하고 하나님의 기뻐하시는 일에 자신을 드리게 되는 것뿐입니다. 거듭난 것은 우리의 영이고, 거듭난 자라도 그의 육신은 죽을 때까지 죄를 짓습니다.

그래서 성경은, **"물은 예수 그리스도의 부활하심으로 말미암아 이제 너희를 구원하는 표니 곧 세례라** 육체의 더러운 것을 제하여 버림이 아니요 **오직 선한 양심이 하나님을 향하여 찾아가는 것이라"**(벧전 3:21)고 말씀합니다. 예수 그리스도께서 받으신 세례를 믿음으로 죄 사함을 받았어도 육신의 속성은 그대로 더러울 뿐입니다. 다만 죄 사함 받은 마음에는 성령이 임하시고 선한 양심이 자리 잡아서 하나님의 기뻐하시는 뜻을 좇게 됩니다.

다윗을 보십시오. 다윗은 하나님의 종이었고 하나님의 은혜를 많이 입은 자였습니다. 그런데 나라가 견고해지고 안정되니까, 다윗 왕은 직접 전쟁에 나가지 않고 편안하게 왕궁 옥상을 거닐고 있다가 시험에 빠졌습니다. 우리아라는 자기 부하 장수의 아내인 밧세바가 자기 집 옥상에서 벌거벗고 목욕을 하고 있었습니다. 다윗의 눈이 휘둥그래졌고 그의 마음에 음란한 생각이 솟구쳐서 밧세바를 데려다가 간통을 했습니다. 그녀의 남편은 자기를 위해서 전쟁터에서 혈투를 벌이고 있는데, 다윗은 그런 추악한 짓을 하고 말았습니다.

그뿐 아니라, 밧세바가 임신을 하게 되자, 다윗은 자기의 간통 사실이 드러날까 염려해서, 밧세바의 남편 우리아에게 특별 휴가를 주었습니다. 그러나 우리아는 동료들이 전장에서 목숨을 바쳐서 싸우고 있는데, 자기만 아내를 품을 수 없다고 하며, 집으로 가지 않고 왕궁 문에서 야영을 했습니다. 그러자 다윗은 작전을 바꿔서 우리아를 전투가 가장 치열한 곳으로 보내서 싸우게 하다가 아군을 모두 철수시켜서 죽게 만듭니다. 다윗은 적의 손을 빌어서 우리아를 살해한 것입니다.

지옥에 가게 되는 "타락"

다윗의 악행은 명백한 **범죄**입니다. 그렇지만 그것은 다윗도 연약한 인간이었기에 지은 범죄입니다. 그 죄는 하나님이 자신을 모든 죄에서 구원한 진리의 말씀을 부인한 죄는 아닙니다. 인간의 도덕과 의를 기준으로 생각해 보면, 다윗은 너무 더럽고 끔찍한 죄를 저질렀기에 돌로 쳐 죽일 놈입니다. 그러나 그런 죄도 예수님께서 세례로 다 담당하시고 십자가에서 흘린 피로 이미 다 갚아 놓으신 죄이기 때문에, 사람이 그런 **허물의 죄** 때문에 지옥에 가는 것은 아닙니다.

그렇다고 예수님이 우리의 모든 죄를 이미 다 없애 놓으셨으니 **죄를 마음대로 지으라는 말은 절대로 아닙니다**. 율법을 범한 모든 악행이 죄입니다. 그리고 모든 불법은 분명히 죄입니다. 죄를 죄로 여기지 않는 자는 **양심에 화인(火印)을 맞은 자**입니다. 하나님의 구원의 사랑을 입은 자는 마음에 성령이 임하셔서 책망하시기에 죄를 지으면 더 민감하게 죄를 깨닫습니다. 또 하나님께서는 죄를 미워하시기에, 그로 말미암아 다윗도 간통으로 얻은 아이가 죽임을 당하는 징벌도 받았습니다.

히브리서 6장 6절에서 말씀하는 **"(하늘의 은사들을) 맛보고 타락한 자들"**이란, **물과 성령의 복음**을 마음으로 믿지만 육신의 연약 때문에 죄를 지은 자들을 가리키는 말이 아닙니다. 이는 진리의 복음을 믿었다가 이 복음을 부인하고 다시 멸망의 길로 돌아간 자들을 말합니다. 그리고 이런 죄가 바로 **"사망에 이르는 죄"**(요일 5:16-17)입니다.

누가 성령을 받는가?

"**한번 비췸을 얻고 하늘의 은사를 맛보고 성령에 참예한바 되고 하나님의 선한 말씀과 내세의 능력을 맛보고**"(히 6:4-5)라는 말씀에 열거된 영적 축복들은 하나님의 선한 말씀인 **물과 성령의 복음을 믿을 때에 하나님께서 주시는 은사들**(선물)입니다. 흑암(죄) 가운데 헤매던 어떤 사람의 영혼에 진리의 빛이 비춰져서 하늘의 은사(선물)인 **죄 사함**을 받음으로 **성령**을 선물로 받았고 내세에서 **천국 영생**을 얻은 바 되었다는 말씀입니다. **성령님**은 **거룩한 하나님**입니다. 그러므로 죄가 있는 마음에는 성령님이 절대로 임하실 수 없습니다. 마음의 모든 죄가 흰 눈같이 씻기는 죄 사함을 받으면 그 거룩해진 마음에 성령님은 전자동으로 임하십니다. 거듭난 자의 마음에 예외 없이, 하나님께서 성령님을 선물로 보내 주십니다.

혹자는 베드로가 오순절에 행한 설교 말미에서, "너희가 회개하여 **각각** 예수 그리스도의 이름으로 세례를 받고 죄 사함을 얻으라 그리하면 성령을 선물로 **받으리니**"(행 2:38)라고 말씀한 부분에 주목해서, 자기가 지은 죄를 낱낱이 철저하게 회개할 때에 성령의 충만을 받게 된다고 가르칩니다. 그러나 베드로의 설교에서 말씀한 **회개**는 소위 성화교리(聖化敎理)에서 주장하는 **철저한 회개기도**가 아닙니다. 여러분, 정직하게 대답해 보십시오. 철저하게 회개기도를 한다고 마음의 죄가 없어집니까? 자기가 지은 죄를 다 생각해내서 자기의 잘못을 미주알고주알 고백하고 하나님의 용서를 구하는 것이 **철저한 회개**라면, 그것 또한 인간의 행위이고 인간의 의에 불과합니다.

예수님이 십자가에서 돌아가실 때에, 한편 강도가 회개하고 주님을 믿었습니다. 그는 자기가 지금까지 살아온 삶이 악했음을 인정하고 주님이 자기를 모든 죄에서 구원한 구세주라는 사실을 마음으로 믿었습니다. 십자가 상에서 그 강도가 그동안 지은 죄들을 하나하나 열거하면서 용서를 구하지 않았지만 주님은 그 강도에게, "**내가 진실로 네게 이르노니 오늘 네가 나와 함께 낙원에 있으리라**"고 말씀하셨습니다.

오순절에 행했던 베드로의 설교에서 "너희가 회개하여"라는 부분은 "**예수 그리스도의 이름으로 세례를 받고 죄 사함**"을 얻는 전제 조건입니다. 그리고 여기에서의 "**회개**"는 하나님을 등지고 자기 생각을 좇아 살았던 악한 길에서 근본적으로 돌아서는 것을 뜻합니다. "하나님, 나는 지옥에 가야 할 자입니다. 나를 불쌍히 여겨 주옵소서" 하고 자기가 근본 죄 덩어리임을 시인하고 하나님의 구원을 바라며 하나님에게로 돌이키는 것이 "**죄 사함을 얻게 하는 회개**"(눅 24:47)입니다.

북한에서 남파한 간첩이 남한에 와서 남한의 발전상과 남한 시민들의 자유롭고 풍요한 삶을 보고서 충격을 받았습니다.

남파훈련을 시켜 주던 교관들로부터 남한 사람들은 헐벗고 굶주려 있다고 배웠던 것은 모두 다 거짓말이었고 공산주의 북한 정권이 인민을 세뇌시키고 수탈하는 잘못된 독재체제인 줄을 깨닫게 되었습니다. 그래서 그 간첩은 경찰서로 찾아가서 "나는 간첩인데 자수하러 왔습니다" 하고 자수하면 우리나라 정부 당국은 그동안의 간첩 행위에 대해서는 다 용서해 주고 반갑게 맞아 줍니다. 법적으로도 우리나라 국민이 되도록 조치해 주고 모든 보호와 지원을 다 해 줍니다.

그러면 한 번 자수한 이 간첩이 아침마다 다시 경찰서를 찾아가서, 미처 고백하지 못한 간첩 행위를 자백하고 날마다 자수를 해야 합니까? 그렇지 않습니다. 이와 같이 **죄 사함을 얻게 하는 회개**는 한 번 하는 것입니다. 하나님을 등지고 육신의 생각만을 좇아 살았던 악한 길에서 근본적으로 돌아서서 구원을 바라며 하나님께로 향하는 것이 **참된 회개**입니다. 그리하면 하나님께서는 회개한 자에게 **물과 성령의 복음**을 주셔서 그 복음의 진리로 그의 모든 죄를 씻어 주십니다.

"너희가 회개하여 **각각 예수 그리스도의 이름으로 세례를 받고 죄 사함을 얻으라 그리하면 성령을 선물로 받으리니**"(행 2:38)라고 말씀하셨습니다.

"**세례**"(洗禮)라는 말은 "씻는 예식"이라는 뜻입니다. 그리고 "세례"(baptism; 그리스어=βάπτισμα, baptisma)란 "씻긴다, 넘어가다, 장사 지내다"라는 뜻입니다. 신약의 **세례**는 구약의 **안수**입니다. 구약시대의 속죄제사에서는, 죄인이 희생제물의 머리에 안수하면, 그 죄인의 죄가 희생양에게 넘어갔습니다. 그래서 그 양이 대신 죽임을 당함으로 희생제물의 머리에 안수했던 그 사람은 죄 사함을 받았습니다.

　사도 요한은 예수님을 **"물과 피로 임하신 자"**(요일 5:6)라고 소개했습니다. 예수님께서 이 땅에 오셔서 행하신 구원의 사역은 **"물과 피"**의 사역입니다. 예수님께서 **"물로 임하셨다"**는 말씀은, 예수님께서 **요단강 물**에서 인류의 대표자이고 대제사장 아론의 후손인 세례 요한에게 안수의 형식으로 **세례를 받으심**으로 세상 죄를 단번에 담당하셨다는 뜻입니다. 그리고 **"피로 임하셨다"**는 말씀은 예수님께서 인류의 모든 죄를 세례로 짊어진 채로 십자가에 오르셔서 흘리신 피로 인류의 모든 죄를 깨끗하게 대속해 주셨다는 뜻입니다.

　따라서 **"예수 그리스도의 이름으로 세례를 받고 죄 사함을 얻으라"**는 말씀은, **"예수님이 물과 피로 임하셔서 우리의 죄를 없애 주신 사역을 믿음으로 죄 씻음을 받으라"**는 말씀입니다. 누구든지 물과 성령의 복음을 믿음으로 마음의 모든 죄가 흰 눈같이 씻김을 받아야 죄 사함을 얻게 됩니다.

　이렇게 진리의 복음을 믿음으로 죄가 깨끗이 씻겨져서 거룩해진 **성도(聖徒)**에게만 성령님이 임하십니다. 오늘날 기독교인들이 **성도(聖徒)**라는 호칭을 아무에게나 붙여 주는데, **성도**라는 호칭은 마음에 죄가 흰 눈같이 씻겨진 의인(義人)들에게만 붙여 주는 영광의 호칭입니다. 마음에 죄가 조금이라도 있다면 **죄도(罪徒)**이지 결코 **성도(聖徒)**가 될 수 없습니다.

진리의 복음을 믿고 성령을 받았던 자가
왜 타락하는가?

　안타까운 일이지만, 믿음으로 죄 사함을 받고 성령을 선물로 받았던 자도 복음을 부인하는 경우가 있습니다. 그런 경우는 다시는 죄 사함의 은총을 회복할 길이 없다고 하나님은 엄히 경고합니다. 우리에게 다시는 구원받을 길이 없다는 것보다 더 무서운 저주는 없습니다. 그런데도 그런 저주의 길을 가는 자들이 있기에 하나님께서 이렇게 엄히 경고하시는 것입니다.

그러면 왜 그렇게 귀한 복음을 부인하게 될까요?

　어떤 사람이 진리의 복음을 진심으로 믿었다가 다시 부인할 수 있는데, 그것은 그가 **세상을 하나님보다 더 사랑하기 때문**입니다. 사실 하나님보다 세상을 더 사랑하면 하나님의 사랑이 그런 사람의 마음에 거할 수 없습니다. 하나님보다 세상을 더 사랑하는 사람은 결국 하나님이 인정하시는 믿음에 이르지도 못합니다. 그런데 하나님을 경외함으로 회개하고 잠시 물과 성령의 복음을 믿었던 어떤 사람이 다시 하나님보다 세상을 더 사랑하고, 하나님의 말씀보다 세상의 욕망에 마음이 더 쏟아지게 되면, 믿었던 복음을 다시 부인하는 경우가 있습니다. 이런 사람이 바로 한번 구원의 은혜를 맛보고 다시 **"타락한 자들"**입니다. 이렇게 **"타락한 자들"**은 다시는 구원을 회복할 길이 없다고 주님은 분명하게 말씀합니다.

　그러므로 차라리 아직 죄 사함을 받지 못한 사람이 이런 자들보다 낫습니다. 아직 죄 사함을 받지 못해서 성령님을 선물로 받지 못한 사람에게는 아직 구원받을 기회가 남아 있습니다. 그러나 진리의 복음을 믿음으로 한번 죄 사함을 받은 후에 다시 복음을 부인하고 구원의 은혜를 저버린 자에게는 다시는 구원을 얻을 기회가 없습니다. 개가 토한 것을 다시 먹듯이, 죄 사함 받았다가 다시 세상의 더러운 욕망을 따라감으로 하나님의 진리의 복음을 부인하거나 저버린 자가 바로 **"타락한 자들"**이며 그런 자들은 **"다시 새롭게 하여 회개케 할 수 없다"**고 주님은 단언하십니다. 그런 자의 죄는 **"하나님의 아들을 다시 십자가에 못 박아 현저히 욕을 보인 죄"**라고 정죄하십니다.

그러므로 **물과 성령의 복음**을 믿었다가 다시 부인하는 죄가 가장 두려운 죄이고 지옥에 가는 죄입니다. 이 죄는 금세에서나 내세에서나 결코 사함을 받을 수 없는 가장 끔찍한 죄입니다. 차라리 아직 죄 사함을 받지 못한 사람에게는 거듭날 기회가 남아 있습니다. 그런 사람은 죽기 전까지 죄 사함을 받으면 되니까요! 그런데 한번 죄 사함을 받은 사람이 세상을 더 사랑하기 때문에 그 믿음을 지키지 못하고 진리의 말씀을 저버린다면 그런 자에게는 주님의 긍휼 없는 심판이 임합니다.

죄 사함을 받으면 "아, 하나님께서 믿는 자에게 약속하신 성령을 내게 주셨구나!" 하고 큰 확신을 갖게 됩니다. 거듭난 자는 자기의 마음에 하나님이신 성령님이 계신 것을 확신하게 되고, 성령께서 자신을 의의 길로 인도하시는 것을 세미하게 느끼게 됩니다. 그리고 물과 성령의 복음을 믿어서 거듭난 후에는, **"복음에는 하나님의 의가 나타나서 믿음으로 믿음에 이르게 하나니 기록된바 오직 의인은 믿음으로 말미암아 살리라 함과**

같으니라"(롬 1:17)고 하신 말씀대로 거듭난 자의 믿음이 자라나고 하나님의 나라와 그 의를 추구하는 삶이 시작됩니다. 거듭난 자에게는 자원(自願)함으로 하나님의 말씀을 좇아가는 의인의 삶이 시작됩니다.

그러나 이렇게 진리의 빛에 한번 들어갔던 자가 다시 어두움의 세상을 좇으며 복음을 저버리고 타락하면 다시는 그를 회개하게 해서 구원할 길이 없다고 주님은 말씀하십니다. "그러면 차라리 섣불리 복음을 믿지 않는 것이 낫겠네요?" 하고 반문하는 사람도 있습니다. 그러나 그렇게 잔머리를 굴리면 안됩니다. 우리가 진리의 복음을 믿어서 영원한 생명을 얻는 것이 얼마나 큰 축복입니까?

연약하고 유한한 우리 인생

이 세상이나 이 세상에 있는 것들은 다 지나가는 것입니다. 우리의 인생도 순식간에 다 지나갑니다. **"들으라 너희 중에 말하기를 오늘이나 내일이나 우리가 아무 도시에 가서 거기서 일년을 유하며 장사하여 이를 보리라 하는 자들아 내일 일을 너희가 알지 못하는도다 너희 생명이 무엇이뇨 너희는 잠깐 보이다가 없어지는 안개니라**"(약 4:13-14).

그렇습니다. 우리는 아침에 잠깐 피었다가 사라지는 안개와 같이 허무한 존재인데도 자꾸 이 땅의 삶이 영원할 것처럼 생각하기 때문에, 우리는 이 땅에서 잘 먹고 잘 사는 것에 마음을 온통 빼앗기기 쉽습니다. 그렇지만 하나님 앞에서 한번 곰곰이 생각해 보십시오. 하나님은 신사적인 분입니다. 하나님께서는 욥에게, "너는 대장부처럼 허리를 묶고 내가 네게 묻는 것을 대답할찌니라"(욥 38:3)고 말씀하셨습니다. 하나님께서 우리에게 한번 이성적으로 변론해 보자고 말씀하십니다. "너희가 이 땅에서 산들 얼마나 오래 살겠느냐? 내가 너희들을 내 자녀로 삼고 영원한 천국의 상속자들로 삼아주려고 모든 영광을 다 준비해 놓았다. 너희가 마음을 돌이켜서 회개하고 나의 긍휼을 바라면 이 모든 하늘의 선물을 주기를 원하는데 왜 그렇게 미련을 떨며 멸망의 길로 가려고 하느냐?"라고 주님은 타락하려는 자들에게 간곡히 말씀하십니다. 물과 성령의 복음을 들은 자들은 주님의 말씀을 청종하고 지켜야 합니다.

또한 아직 죄 사함을 받지 못한 사람은 진정으로 **"죄 사함을 얻게 하는 회개"**를 하고 **물과 성령의 복음**을 믿어서 죄 사함을 받아야 합니다. 사람은 자기 생각이 옳은 줄 알지만, 정말 자기 생각만큼 거짓되고 악하며 어리석은 것이 없습니다. 자기 생각은 근본 마귀로부터 온 것입니다. 그러므로 내 생각은 절대적으로 악하고 하나님의 말씀만이 절대적으로 선하다는 사실을 우리는 분명히 인정하고 믿어야 합니다.

자기의 악함을 인정해야

하나님은 "(사람의) 마음의 생각의 모든 계획이 항상 악할 뿐"(창 6:5)이라고 말씀하십니다. 그런데 우리는 미련하게도 내 생각이 늘 옳다고 믿기 때문에 하나님 말씀을 저버리기 일쑤이고, 하나님께서 아무리 간곡히 말씀하셔도 그의 말씀을 마음에 두지 않습니다. 그래서 우리 마음에 하나님의 말씀이 거할 곳이 없다고 주님은 한탄하십니다. 왜 하나님의 말씀이 우리 마음에 있을 곳이 없습니까? 이미 우리의 마음이 자기의 생각과 계획으로 꽉 차있기 때문에 하나님 말씀이 우리 마음에 자리 잡을 여지(餘地)가 없습니다.

우리는 지난 주에 히브리서의 말씀에서, "**때가 오래므로 너희가 마땅히 선생이 되어야 할 터인데 아직도 죄 사함도 못 받았다**"고 주님께서 책망하시는 말씀을 읽었습니다. 왜 그런 안타까운 현상이 일어납니까? 진정으로 **자기의 생각이 악하고 더러운 줄을 인정하지 않기 때문**입니다. 내 생각의 세계는 사단 마귀가 지금까지 나를 속여온 온갖 거짓말들로 지어진 집입니다. 마귀가 내 마음 안에 집을 짓고 자기의 악한 생각과 논리들을 채워 놓았는데, 그것을 모르고 자기 생각이 옳은 줄 아는 사람은 결코 자기 생각이 악하다고 시인하고 돌이킬 수 없습니다.

그러므로 양심에 악을 깨닫고 마음에 죄 사함을 받으려면 자기 옳음과 고집을 부인하고 하나님께로 돌아서서 "하나님 저를 불쌍히 여겨 주십시오"하고 하나님의 긍휼을 구해야 합니다. 주님께서 "**무릇 있는 자는 받아 풍족하게 되고 없는 자는 그 있는 것까지 빼앗기리라**"(마 25:29)고 말씀하셨습니다. 하나님을 경외함으로 자기의 악한 길에서 돌이키고자 하는 마음이 조금이라도 있으면 하나님께서 그의 마음을 이끌어서 더욱 풍성한 믿음과 은혜를 주십니다. 겨자씨만한 믿음이라도 있으면 하나님이 그것을 자라게 해서 믿음의 큰 나무가 되게 하십니다. 겨자씨만한 믿음, 그것조차 없기 때문에, 어떤 이는 진리의 말씀을 들은 지 오래되었는데도 죄 사함을 못 받는 것입니다.

하늘의 은사를 "**맛보고 타락한 자들**"이란 창녀촌에 다니는 자나 살인범이나 마약사범 같은 범죄자들을 가리키는 말이 아닙니다. 하늘의 은사들을 **"맛보고 타락한 자들"**은 한번 죄사함을 받았다가 다시 사단 마귀를 좇아간 자들입니다. 사단 마귀의 생각, 즉 자기의 생각을 좇아가는 것이 타락입니다. "많은 사람들이 마귀를 따라간다"고 말씀드렸는데, 여러분들 중에는, "나는 그렇지는 않다"고 항변하는 분도 있을 것입니다. 그러나 하나님의 말씀을 버리고 자기 생각을 따라가는 것이 사단 마귀를 따라가는 것입니다. 사람들이 자기 생각을 고집하면서, "우리는 아브라함의 후손이다. 우리 아버지는 아브라함이다"라고 항변하자, 예수님은 **"아니다 너희 아비는 마귀니라"**(요 8:44)고 말씀을 하셨습니다.

주님께서는 우리들에게 경고하십니다. 아직 거듭나지 못한 사람은 지금 이 순간, **오늘이라고 하는 이때에** 돌이켜야 합니다. 거듭나지 못한 죄인은 하나님 앞에서, "내 생각과 계획을 따라가는 것이 타락의 길이다. 내 마음의 생각과 계획은 항상 악하며 그것은 사단 마귀가 준 것이다"라고 인정하고 내 생각을 꺾어 버리고 하나님 앞에 무릎을 꿇어야 합니다. 그것이 참된 회개이며 **"죄사함을 얻게 하는 회개"**입니다.

은혜의 비를 자주 내려 주시는 하나님

"땅이 그 위에 자주 내리는 비를 흡수하여 밭 가는 자들의 쓰기에 합당한 채소를 내면 하나님께 복을 받고 만일 가시와 엉겅퀴를 내면 버림을 당하고 저주함에 가까와 그 마지막은 불사름이 되리라"(히 6:7-8).

주님께서 우리에게 은혜의 비를 자주 내려 주십니다. 우리에게 **"자주 내리는 비"**는 **"궁창 위의 물"**(창 1:7)인 하나님의 **순수한 말씀**입니다. 기독교인들은 자주 예배를 드리고 새벽기도도 드리면서 은혜의 비를 자주 맞는다고 생각하지만, 그들이 맞고 있는 비는 **"궁창 아랫물"**이며 사단 마귀의 더러운 교훈입니다. 그런 오염된 비는 아무리 맞아도 하늘에 속한 신령한 은혜를 결코 받을 수 없고 오히려 그런 비를 맞으면 맞을수록 영적으로 더 혼돈되고 오염됩니다.

그러나 하나님께서는 **참된 회개**에 이른 자들에게 **궁창 위의 물**을 비처럼 자주 내려 주십니다. 우리 마음은 진리의 복음 말씀과 그 복음을 기초해서 자주 내려 주시는 모든 생명의 교훈의 비를 흡수해서 좋은 열매를 맺습니다. **씨 뿌리는 자의 비유**에서 주님께서 말씀하셨듯이, 성경에서 **땅**이나 **밭**은 우리의 마음을 말합니다. 우리의 마음에 얼마나 자주 은혜의 비가 내립니까? 제 마음에도 주님께서 궁창 위의 물과 같이 순수한 진리의 말씀을 내려 주셔서 늘 제 마음을 촉촉히 적셔 주십니다.

그러나 각자의 마음이 자주 내리는 은혜의 비를 어떻게 맞느냐에 따라서 결과는 판이합니다. 동일한 말씀의 비를 맞고서도 어떤 땅은 밭 가는 자의 쓰기에 **유익한 채소**를 내고 어떤 땅은 **가시와 엉겅퀴**만 냅니다. **"밭 가는 자"**는 예수 그리스도입니다. 예수님은 우리 마음밭을 갈아엎어서 그 마음밭이 좋은 땅이 되게 하시는 분입니다. 주님은 우리의 마음이 구원의 결실을 맺어서 하나님께 **찬미의 제사**를 드리기를 원합니다.

씨 뿌리는 자의 비유 말씀에서, 네 가지 밭 중 세 가지 밭은 **"결실치 못하는 자"**의 마음을 가리킵니다. 예수님께서 진정으로 기뻐하시는 마음밭은 구원의 열매를 맺는 마음입니다. 우리 마음에 구원의 열매를 맺게 하시려고 주님은 먼저 하나님의 말씀으로 우리의 마음밭을 뒤집어엎어 줍니다. 그렇게 하셔서, "너희들의 마음이 이렇게 더럽고 악하다"는 것을 우리로 깨닫게 하십니다. 그리고 또한 강퍅해진 마음의 모든 고집과 악한 생각의 덩어리들을 깨뜨리셔서 좋은 밭을 만들어 주십니다. 그리고 그렇게 마음밭이 준비되면, 복음 말씀의 씨앗을 뿌리시고 그 씨가 싹이 나고 자라서 결실을 맺게 하십니다.

주님은 말씀으로 은혜의 비를 자주 내려 주시지만 마음이 너무나 강퍅한 사람에게는 그 비가 아무 소용이 없습니다. 어떤 밭은 생명의 말씀을 자주 들으면서도 아무 쓸모가 없는 가시와 엉겅퀴만 냅니다. 자주 내리는 비를 맞으면서도 이와 같이 끝내 황무지가 된다면, **"경작하는 이"**가 불을 놓아서 확 태워 버리고 맙니다. "내가 비를 자주 내려 주고 씨를 뿌리는데도 씨만 버리는구나!" 하고 그런 땅을 불태워 버립니다. 땅이 자주 내리는 비를 맞으면서도 끝내 회개치 아니하고 가시와 엉겅퀴밖에 내지 않는다면 영원한 지옥의 불 맛을 보게 될 것입니다.

아직 죄 사함을 받지 못한 이들은 오늘의 본문 말씀 앞에서 자신을 돌아보고 하나님께로 돌이켜야 합니다. 자기의 마음이 내 생각대로, 내 고집대로, 마귀가 이끄는 대로 따라갔던 그 악한 길에서 돌아서야 합니다. 내 고집과 생각을 따라가는 것이 멸망의 길인 줄 깨닫고 돌아서야 합니다. 그것이 **참된 회개**입니다. 이 세상이나 이 세상에 있는 것들을 사랑하고 그것들만 좇아가는 삶이 바로 타락의 길이고 사단 마귀를 좇는 길입니다. 우리가 끝까지 그 길을 고집하면 우리의 운명은 **"저주함에 가까워**

불사름이 되리라"(히 6:8)고 주님께서 경고하십니다. 또 주님께서는 **"존귀에 처하나 깨닫지 못하는 자는 멸망하는 짐승과 같다"**고 경고하십니다.

믿음을 북돋아 주시고 격려하시는 주님

"사랑하는 자들아 우리가 이같이 말하나 너희에게는 이보다 나은 것과 구원에 가까운 것을 확신하노라 하나님이 불의치 아니하사 너희 행위와 그의 이름을 위하여 나타낸 사랑으로 이미 성도를 섬긴 것과 이제도 섬기는 것을 잊어버리지 아니하시느니라 우리가 간절히 원하는 것은 너희 각 사람이 동일한 부지런을 나타내어 끝까지 소망의 풍성함에 이르러 게으르지 아니하고 믿음과 오래 참음으로 말미암아 약속들을 기업으로 받는 자들을 본받는 자 되게 하려는 것이니라"(히 6:9-12)

주님은 유약한 우리의 마음을 격려하고 북돋아 주십니다. 우리에게서 조금이라도 희망이 보이면 그 희망의 불씨를 살려서 하나님의 의를 좇아가도록 인도하십니다. 초대교회 시대에 복음을 들은 히브리인들 중에는 타락한 자들이 많았습니다. 물과 성령의 복음을 듣고 처음에는 반가워하며 잠시 믿었다가 복음을 다시 부인하고 세상으로 나간 자들이 많았다는 말씀입니다. 그러나 자주 내리는 비처럼, 진리의 말씀을 들으면서 조금이라도 하나님 편에 서려고 하는 자들도 있었습니다. 주님은 그런 이들의 마음을 북돋아 주시려고 격려하십니다: "사랑하는 자들아 우리가 이같이 말하나 너희에게는 이보다 나은 것과 구원에 가까운 것을 확신하노라"(히 6:9).

주님은 "무릇 있는 자들은 더 받아 풍성하게 되고, 없는 자는 그 있는 것마저 빼앗기리라"고 말씀하셨습니다. 우리에게 하나님께 대한 믿음, 또 하나님께 대한 소망, 그리고 하나님께 대한 사랑이 조금이라도 있으면, 우리 하나님은 절대로 그것을 무시하지 않고 북돋아 주십니다. 주님은 우리의 연약함을 아시기 때문에 상한 갈대도 꺾지 아니하고 꺼져 가는 등불도 끄지 않으십니다. 그래서 우리가 하나님의 말씀을 믿고 따르고자 하는 마음이 조금이라도 있으면, 하나님께서는 그러한 우리의 마음을 북돋아 주시고 믿음의 마음을 일으켜 주십니다.

그러므로 믿음이 없으면 하나님께 믿음을 더하여 달라고 기도해야 합니다. 히브리서 11장에 열거된 믿음의 선배들처럼, 우리도 믿음의 사람이 되기를 원합니다. 에녹, 노아, 아브라함, 또는 모세와 같은 믿음의 선배들은 눈에 보이지 않는 하나님을 눈으로 보는 것같이 믿었습니다. 그들은 바랄 수 없는 중에 하나님을 바라고 믿었습니다. 어떤 자들은 그 마음에 믿음이 견고히 서 있어서 극형을 당하되 구차히 목숨을 구걸하지 않고 당당하게 순교를 당했습니다. 그들에게 더 나은 영생의 축복이 천국에서 기다리고 있다는 하나님의 말씀을 그들은 진정 믿었습니다.

지금 우리에게 그렇게 큰 믿음은 없을지라도, 작은 믿음이라도 붙들고 믿음을 더해 달라고 하나님께 구하면 우리 하나님께서는 우리의 믿음을 자라게 하십니다. 그래서 우리의 믿음이 견고해지고 자라나면 우리도 하나님을 눈으로 보는 것같이 믿는 견고한 믿음 위에 서게 될 것입니다.

소망의 닻

주님은 이제 "우리가 간절히 원하는 것은 너희 각 사람이 동일한 부지런을 나타내어 끝까지 소망의 풍성함에 이르러"(히 6:11)라고 소망에 대해서 말씀을 하십니다. 여기서 말씀하는 **"소망의 풍성함"**은 우리가 천국 영생에 들어가는 소망입니다. 천국 영생의 소망이 거듭난 우리 앞에 예비되어 있습니다. 하나님이 우리에게 천국의 혼인잔치를 예비해 놓았습니다. 우리는 그 잔치에 들어가도록 허락을 받은 자들인데, 지금 우리는 그날을 기다리고 있습니다.

이 소망이 마음에 있으면 그 소망으로 말미암아 우리의 믿음도 자라고 어떤 역경도 견딜 수 있습니다. 자기 앞에 큰 소망이 있으면 지금 현재 당하는 어떤 고난이나 역경은 아무것도 아닙니다. 하늘에 소망을 둔 자는 이 땅에 있는 것들을 아주 가볍게 여길 수 있습니다. 이 땅에 있는 것들에 마음을 빼앗기지 않습니다. 이 세상에 있는 것들은 다 지나가는 것이기 때문입니다.

하나님의 약속의 말씀을 믿는 것이 믿음인데, 하나님의 약속을 믿으면 소망이 생겨납니다. 천국 영생의 소망이 마음 가운데 견고히 자리를 잡아야 합니다. 이 소망으로 인해서 믿음이 자라나고 믿음이 지켜집니다. 그래서 천국에 소망을 두는 믿음이 우리에게 참 귀합니다.

하나님께서는 분명히 말씀하십니다: "내가 영원한 천국을 예비해 놓았다. 그리고 너희들이 천국에 들어올 수 있도록 내가 너희의 구원을 완벽하게 완성해 놓았다. 나는 너희들 모두가 이 천국에 들어오길 원한다. 내 아들 예수를 너희에게 보내서 이 세상의 모든 죄를 다 없애 놓았다. 나의 아들이 육신을 입고 너희들에게 가서 인류의 대표자인 세례 요한에게 세례 받음으로 너희들의 모든 죄와 허물을 단번에 다 담당했다. 그리고 십자가에 못 박혀서 '다 이루었다' 하고 피 흘려 죽기까지 너희의 모든 죄를 온전하게 없애 놓았다. 이제는 마음을 돌이켜서 내 앞에 나오너라. 내가 너희들의 죄를 온전히 없애 놓았다고 선포하는 **물과 성령의 복음**을 마음으로 믿어서 죄 사함을 받고 하늘에 소망을 두어라."

하나님 말씀을 생명처럼 믿는 것이 믿음입니다. 하나님의 말씀을 듣고서, "그렇구나! 음~, 그렇겠지" 하고 마는 것은 믿음이 아닙니다. 하나님의 말씀을 통해서 눈에 보이지 않는 하나님을 보는 것같이 믿는 것이 믿음입니다. 그런 믿음을 가진 사람들이 죄 사함을 받고 하나님의 자녀가 됩니다. 우리 마음에 소망이 견고히 자리 잡아서 그 **소망의 풍성함**이 우리를 이끌어 주는 견인차가 되기를 바랍니다. 소망이 있는 자는 천국에 들어갈 그날을 사모하기 때문에 하루하루를 믿음으로 살아갑니다.

"**우리가 이 소망이 있는 것은 영혼의 닻 같아서 튼튼하고 견고하여 휘장 안에 들어가나니**"(히 6:19)—천국 영생의 소망이 우리들의 믿음을 지켜 주는 "**영혼의 닻**"입니다. 배에서 닻줄을 내려 배를 고정시키면 그 배는 흔들리지 않고 떠내려가지도 않습니다. 우리도 천국에 들어갈 소망의 닻줄을 의지하면, 우리 영혼이 표류하지 않고 하나님 나라에 넉넉히 들어가게 됩니다. 우리 마음에 항상 천국의 소망이 있어서 그 소망으로 인해 항상 기뻐하며 모든 어려움을 넉넉히 견딥니다. 또한 소망이 우리를 마귀의 궤계(詭計)에 빠지지 않게 합니다. 마음에 천국 영생의 소망이 있는 것은 참으로 아름답고 귀한 일입니다.

천국에 소망을 두고 복음을 생명처럼 믿고 지키며, 우리 마음이 자주 내리는 비를 맞아서 더욱더 믿음이 자라나는 은혜와 축복이 여러분 모두에게 있기를 바랍니다.

말씀을 마쳤습니다.

(2014년 4월 20일 주일예배 말씀)

멜기세덱의 반차를 좇은
영원한 대제사장

"이 멜기세덱은 살렘 왕이요 지극히 높으신 하나님의 제사장이라 여러 임금을 쳐서 죽이고 돌아오는 아브라함을 만나 복을 빈 자라

아브라함이 일체 십분의 일을 그에게 나눠주니라 그 이름을 번역한즉 첫째 의의 왕이요 또 살렘 왕이니 곧 평강의 왕이요

아비도 없고 어미도 없고 족보도 없고 시작한 날도 없고 생명의 끝도 없어 하나님 아들과 방불하여 항상 제사장으로 있느니라

이 사람의 어떻게 높은 것을 생각하라 조상 아브라함이 노략물 중 좋은 것으로 십분의 일을 저에게 주었느니라

레위의 아들들 가운데 제사장의 직분을 받는 자들이 율법을 좇아 아브라함의 허리에서 난 자라도 자기 형제인 백성에게서 십분의 일을 취하라는 명령을 가졌으나

레위 족보에 들지 아니한 멜기세덱은 아브라함에게서 십분의 일을 취하고 그 약속 얻은 자를 위하여 복을 빌었나니

폐일언하고 낮은 자가 높은 자에게 복빎을 받느니라

또 여기는 죽을 자들이 십분의 일을 받으나 저기는 산다고 증거를 얻은 자가 받았느니라

또한 십분의 일을 받는 레위도 아브라함으로 말미암아 십분의 일을 바쳤다 할 수 있나니

이는 멜기세덱이 아브라함을 만날 때에 레위는 아직 자기

조상의 허리에 있었음이니라

　레위 계통의 제사 직분으로 말미암아 온전함을 얻을 수 있었으면 (백성이 그 아래서 율법을 받았으니) 어찌하여 아론의 반차를 좇지 않고 멜기세덱의 반차를 좇는 별다른 한 제사장을 세울 필요가 있느뇨

　제사 직분이 변역한즉 율법도 반드시 변역하리니

　이것은 한 사람도 제단 일을 받들지 않는 다른 지파에 속한 자를 가리켜 말한 것이라

　우리 주께서 유다로 좇아 나신 것이 분명하도다 이 지파에는 모세가 제사장들에 관하여 말한 것이 하나도 없고

　멜기세덱과 같은 별다른 한 제사장이 일어난 것을 보니 더욱 분명하도다

　그는 육체에 상관된 계명의 법을 좇지 아니하고 오직 무궁한 생명의 능력을 좇아 된 것이니

　증거하기를 네가 영원히 멜기세덱의 반차를 좇는 제사장이라 하였도다

　전엣 계명이 연약하며 무익하므로 폐하고

　(율법은 아무것도 온전케 못할찌라) 이에 더 좋은 소망이 생기니 이것으로 우리가 하나님께 가까이 가느니라

　또 예수께서 제사장 된 것은 맹세 없이 된 것이 아니니

　(저희는 맹세 없이 제사장이 되었으되 오직 예수는 자기에게 말씀하신 자로 말미암아 맹세로 되신 것이라 주께서 맹세하시고 뉘우치지 아니하시리니 네가 영원히 제사장이라 하셨도다)

　이와 같이 예수는 더 좋은 언약의 보증이 되셨느니라

　저희 제사장 된 자의 수효가 많은 것은 죽음을 인하여 항상

있지 못함이로되

　예수는 영원히 계시므로 그 제사 직분도 갈리지 아니하나니

　그러므로 자기를 힘입어 하나님께 나아가는 자들을 온전히 구원하실 수 있으니 이는 그가 항상 살아서 저희를 위하여 간구하심이니라

　이러한 대제사장은 우리에게 합당하니 거룩하고 악이 없고 더러움이 없고 죄인에게서 떠나 계시고 하늘보다 높이 되신 자라

　저가 저 대제사장들이 먼저 자기 죄를 위하고 다음에 백성의 죄를 위하여 날마다 제사 드리는 것과 같이 할 필요가 없으니 이는 저가 단번에 자기를 드려 이루셨음이니라

　율법은 약점을 가진 사람들을 제사장으로 세웠거니와 율법 후에 하신 맹세의 말씀은 영원히 온전케 되신 아들을 세우셨느니라"(히 7:1-28)

　히브리서 7장부터 10장까지의 말씀은 구약의 제사 제도를 중심으로, 하늘의 대사장인 **예수 그리스도가** 이 땅의 대제사장들보다 **월등히 높은 분**이라고 선포합니다. 예수님께서 친히 하늘의 대제사장이 되셔서 당신의 몸을 우리 모든 인류의 속죄제물로 드려 주심으로써 우리의 모든 죄를 영원히 씻어 주셨습니다.

　히브리서의 1차 독자는 초대교회 시대에 지중해 연안에 흩어져 살고 있던 히브리인-기독교인들(the Hebrew-Christians)이었습니다. 그런데 초대교회의 히브리인-기독교인들이 예수 그리스도를 구세주로 온전히 믿고 따르는 데에는 몇 가지 장애가 있었습니다. 그 첫째는 그들 가운데 만연되어 있었던 **천사숭배**

사상이었습니다. 히브리인들은 천사를 매우 숭배했기에 예수님이 그들의 마음에 구세주로 견고하게 자리 잡지 못하는 경우가 많았습니다. 그래서 히브리서는 **"예수 그리스도는 천사와는 비교할 수도 없이 탁월한 하나님의 아들이다"**라는 가르침으로 시작하고 있습니다.

또한 그들은 아브라함이나 모세 같은 **믿음의 조상들을 매우 높이는 경향**도 있었기에, 하나님이신 예수 그리스도를 자기들의 조상들보다 홀대하는 자들이 많았습니다. 그러니 어떻게 예수님이 그들의 마음에 **구원의 하나님**으로 자리 잡을 수 있었겠습니까? 그래서 예수님은 창조주 하나님으로 **집(우주)을 지은** 분이고 모세는 하나님의 **집을 맡은 사환**으로 충성한 것에 불과하다고 히브리서는 가르칩니다. 즉, "예수님은 믿음의 조상 아브라함이나 하나님께로부터 율법을 받아 전해 준 모세와는 비교도 할 수 없이 존귀하고 탁월한 창조주 하나님이다"라고 히브리서는 말씀합니다.

히브리인들은 또한 "우리는 하나님의 백성이다"라는 **선민의식(選民意識)**이 충만했습니다. 선민의식은 그들의 자부심이었고, 그런 자부심의 중심에 자기 민족에게만 있는 **제사 제도에 대한 자부심**이 자리 잡고 있었습니다. 그들은 **예루살렘에 하나님의 성전(聖殿)**을 가지고 있다는 것에 대해 자부심이 대단했고 또 그 성전에서 하나님께 제사를 드렸던 **대제사장과 제사장들을 매우 존귀**하게 여겼습니다.

그래서 지중해 연안에 흩어져 살았던 그들은 율법이 정해준 3대 명절(무교절, 초실절, 수장절)이 돌아오면 반드시 예루살렘 성전에 올라가서 제사와 예물을 드리고 돌아왔습니다. 그런 종교적인 규례들을 지키면서, 그들은 어마어마한 규모의 성전과

찬란한 예복을 입은 대제사장과 엄숙하고 정연한 종교 예식에 압도되어서 자기들이 보고 느낀 **유대교의 장엄한 카리스마**에 심취해 있었습니다.

그러니 대속죄일(大贖罪日)에 권위 있는 예식을 통해서 자기들의 일 년치 죄를 씻어 주는 제사를 드려 주는 이 **땅의 대제사장**을 그들은 너무 존경했습니다. 즉, 히브리인들은 참 것의 그림자에 불과했던 이 땅의 성전과 제사 제도와 제사장들의 권위에 마음을 빼앗겨서 **하나님의 언약의 본체**이시며 자기들을 **모든 죄에서 영원토록 구원하신 하늘의 대제사장인 예수님**을 그들보다 등한히 여겼습니다.

그래서 히브리서는 "구약에 속한 제사 제도는 장차 오는 좋은 일의 그림자에 불과한 것이다. 그 그림자의 본체이신 예수님은 멜기세덱의 계통을 좇아오신 **하늘의 대제사장**이라고 증거하고 있습니다. 예수님은 당신의 몸을 영원한 속죄의 제물로 드리기 위해서, 요단강에서 세례 요한에게 **안수의 형식으로 받으신 세례**로 인류의 모든 죄를 담당하시고 **십자가에서 피** 흘려 돌아가심으로 전 인류를 위한 **영원하고도 완전한** 속죄를 이루셨습니다.

제도화와 세속화의 길로 타락한 기독교

히브리인들은 예루살렘 성전의 제사장들과 제사 의식에 대한 신뢰와 자부심이 대단했습니다. 그들은 대제사장이 주관하는 엄숙하고 정연한 **성전의 예식**에 마음을 빼앗겼습니다. 거듭나지 못한 사람들은 **눈에 보이는 현란한** 것에 마음이 끌리게 되어 있습니다. 믿음이 없는 이들은 **눈에 보이는 신**(神)을 마음에 두고 싶어 합니다. 그리고 웅장하고 화려한 예배당이나 질서 정연한 종교 예식에서 자기들의 믿음의 근거를 찾으려고 합니다. 예를 들어, 가톨릭 교회는 거대하고 아름다운 대성당들을 수도 없이 건축했고 교황 이하 모든 성직자들은 화려한 복식(服飾)을 제도화시켰고 그들의 종교 의식을 장엄하게 제도화한 것을 볼 수 있습니다. 그리고 개신교회들도 암암리에 그러한 양상을 따라가고 있습니다.

눈에 좋아 보이는 것을 믿고자 하는 경향은 이스라엘 백성이 애굽에서 탈출해서 시내 산에 이르렀을 때에 일어난 사건에서도 그 예를 찾아볼 수 있습니다. 하나님의 종 모세가 하나님의 말씀을 받으러 시내 산에 올라가서 오랫동안 내려오지 않자, 백성들이 아론을 충동질해서 금송아지를 만들고 "이것이 우리를 애굽에서 인도한 하나님이다" 하며 그 **금송아지를 신으로** 섬기지 않았습니까?

또 여로보암은 이스라엘의 열 지파를 이끌고 북 왕국 이스라엘을 세워서 남쪽의 유다 왕국과 대치했을 때에, 백성들의 마음이 성전이 있는 유다 왕국의 예루살렘으로 향하는 것을 막기 위해서 금송아지 둘을 만들었습니다. 그리고 그 하나는 자기 왕국의 남쪽 끝인 **벧엘**에, 또 하나는 북쪽 끝인 **단**에 세우고 그 금송아지를 신으로 섬기게 하지 않았습니까? 여로보암은 백성들의 마음이 다른 곳을 바라보지 못하도록 육신의 욕망에 가두어 두고 그 마음이 자신에게로 향하게 의도한 것입니다. 금송아지는 힘(권력)과 부의 화신입니다. 모든 사람이 갖고 싶어 하는 가치를 형상화해서 그들의 마음이 하나님을 떠나서 우상을 숭배하도록 꾸민 사단 마귀의 계략이 우상숭배입니다.

오늘날의 기독교도 똑같은 동기에서 교인들이 금송아지를 섬기게 합니다. 여러분은 혹시 "오중복음 삼중축복"이라는 말을 들어 보셨습니까? 수많은 목회자들이 **"사랑하는 자여 네 영혼이 잘 됨같이 네가 범사에 잘되고 강건하기를 내가 간구하노라"**(요삼 1:2)고 하신 말씀을 근거로, 예수님을 믿으면 1) 영혼이 잘 되고, 2) 사업 등 범사가 잘 되고, 3) 건강 장수한다고 주장합니다. 그러나 교인들은 하나님 앞에서 **영혼이 잘 되는 것이** 무슨 뜻인지도 모르고, 그저 **"예수님을 믿으면 범사가 잘 되고 건강하게 된다"**는 말씀에만 마음을 둡니다. 정직하게 말하자면, 그런 믿음은 자기들이 세속적으로 성공하기 위해서 예수님의 이름을 부르는 것입니다. 그런 믿음은 **금송아지를 섬기는 우상숭배**와 다를 것이 없습니다.

금송아지는 부와 권력의 상징입니다. 모든 사람들의 공통적 욕망이 부와 권력을 추구하는 것이므로 사람들은 자기가 좋아하는 것을 신으로 섬기게 되어 있습니다. 여기 제주도의 삼방산에도 금으로 도색한 어마어마한 크기의 좌불상(座佛像)이 있는데, 여행객 중에는 합장을 하고 그 불상에 절하는 사람들이 많습니다. 그들은 금송아지를 신으로 섬겼던 이스라엘 백성과 다를 것이 없습니다. 사실 모든 종교는 **부과 권력이라는 세속적 가치**를 추구하게 되어 있습니다. 또 한편으로 모든 종교는 그 종교를 스스로 **권위 있게 하기 위해서** 화려한 예식과 성직 제도를 지향하는데, 이것이 바로 모든 종교에서 나타나는 **제도화와 세속화 현상**입니다.

지금도 거듭나지 못한 기독교인들은 웅장하고 화려한 예배당이나 장엄한 예배의식에 매료됩니다. 그렇기 때문에 기독교라는 종교도 결국 **제도화**와 **세속화**의 길을 가고 있는 셈입니다. 종교개혁의 기치를 들고 나온 개신교가 지금 얼마나 가톨릭교회의 외형과 제도를 모방하고 있습니까? 언제부터인가 목사들이 신부(神父)들의 로만칼라(Roman Collar)를 따라 하고, 설교할 때에는 가톨릭의 신부들처럼 홍대(紅帶)를 목에 걸지 않습니까? 개신교 성직자들이 복식(服飾)의 제도화를 통해서 자신들의 권위를 세우려고 그렇게 하는 것입니다.

사람이 제도화된 종교의 틀에 매료되면, 참된 것을 알아보고 받아들일 수 없습니다. **"묵은 포도주를 마시고 새 것을 원하는 자가 없나니 이는 묵은 것이 좋다 함이니라"**(눅 5:39)고 하신 주님의 말씀대로, 종교의 제도와 화려한 외형에 매료된 사람의 마음에는 진리의 말씀이 들어갈 자리가 없습니다. 지금도 많은 기독교인들의 마음에는 이미 세속화되고 제도화된 기독교의 권위가 자리를 잡고 있어서 온전한 진리의 복음이 그 안에 들어갈 자리가 없습니다.

실례를 한번 들어서 말씀드리겠습니다. **물과 성령의 복음**은 우리에게 온전한 구원을 가져다 주는 **복음의 원형**이고 진리의 말씀입니다. 그러므로 어느 누가 **물과 성령의 복음**을 전해 주었든지 그 복음을 붙들고 지금까지 믿었던 거짓된 것들은 모두 버려야 합니다. **예수님의 피만을 믿는 복음**은 아무리 믿어도 마음의 죄가 그대로 남아 있는 **사이비** 복음입니다. 그런 사이비 복음을 전해 주는 목회자는 회개기도와 성화교리를 가르칩니다. 회개기도를 하면 잠시 마음이 시원한 것 같지만 야곱의 우물물을 마셨던 사마리아 수가성의 여인이 다시 목말랐듯이 사람들이 날조한 회개교리와 성화교리의 교훈으로는 영혼의 죄 문제나 갈증을 결코 해소할 수 없습니다. 이는 이스라엘 백성들이 제사장들이 주관했던 제사를 드리고 집에 돌아오면 그날로 다시 죄인이 되었던 것과 다를 것이 없습니다.

제사장의 정통성

구약시대에는 아무나 제사장이 될 수 없었습니다. 율법을 따라 레위 지파에 속한 자라야 제사장으로 위임될 수 있었습니다. 레위 지파의 제사장만이 합법적인 제사장으로 정통성이 있었다는 말입니다. 그러나 북쪽에 이스라엘 왕국을 세우고 왕이 된 여로보암은 레위 지파가 아닌 보통 사람들을 제사장으로 세웠습니다.

오늘의 기독교인들은 어떤 **사역자의 정통성** 여부를 판단할 때에, 그가 어느 신학교 출신이냐를 따집니다. 그래서 기독교인들은 정부에서 인정하는 정규 신학대학 출신이 아닌 사역자를 하나님의 종으로 인정하지 않습니다. 그런 기독교인들에게 **물과 성령의 복음**을 전해 주면, "당신의 말씀을 들어보면, 예수님의 세례가 우리의 모든 죄를 담당한 **구원의 표(벧전 3:21)**라는 말씀은 맞는 것 같다. 그리고 **물과 성령의 복음**을 믿으면 죄가 없는 의인으로 거듭난다는 것도 일리가 있다. 그렇지만 독일의 유명한 신학대학 출신인 우리 목사님은 그렇게 가르친 적이 없다. 우리 목사님은 예수님을 믿어도 마음에 죄가 있는 것이 맞다고 말씀하는데, 당신은 왜 죄가 없다고 하느냐? 혹시 당신은 구원파가 아니냐?" 하고 경계하며 복음의 진리를 받아들이지 않습니다. **구원파는** 다른 기독교들과 마찬가지로

예수님의 세례의 복음을 전하지 않습니다. 그리고 다시 한번 말씀드리지만, 저는 구원파라는 이단 무리와는 아무 상관이 없는 사람입니다.

여러분, 예수님이 신학교라는 것을 세웠습니까? 신학교가 생겨난지는 몇백 년도 안됩니다. 물과 성령으로 거듭나지 못한 자들이, 즉 **영적 소경들**이 철학과 인문학을 도입해서 성경을 해석하고 체계화시킨 것이 **신학**입니다. 마치 대학의 학과들이 커리큘럼을 짜듯이 성서개론, 구약학, 신약학, 설교학, 목회론 등등의 강좌로 구성한 교과 과정을 만들고 가르쳐서 시험을 치르고 학점을 이수하면, 전도사 시험, 목사 시험을 통해서 합격자에게 목회자의 자격을 주는 곳이 오늘날의 신학교입니다. 신학교라는 제도는 성경에 근거한 것이 아닙니다. 신학교는 기독교가 종교화되면서 나타난 필연적 현상 중의 하나입니다.

신앙은 하나님께로부터 온 것이지만, 종교는 사람이 만들어낸 것입니다. 사람들은 종교를 만들고 그 종교가 권위를 갖게 하려고 그 종교에 제도를 덧입힙니다. 제도화가 가장 잘된 종교가 가톨릭교회입니다. 가톨릭교회는 이 세상의 어떤 정부(政府)보다도 체계화된 조직과 위계질서(hierarchy)가 있습니다. 교황청에는 교황과 각 부서를 맡은 추기경들이 있고 전 세계를 교구로 나누어 교구장들이 다스립니다. 구약시대에 대제사장과 일반 제사장들의 복식(服式)이 엄격히 구별되어 있었듯이, 교황이나 추기경, 대주교, 교구장, 일반 신부들의 복식도 다 엄격하게 규정되어 있습니다. 그런 것이 종교입니다.

그런데 사람들은 그렇게 질서 정연한 제도를 보면서, **눈에 보이는 것들**에 **권위**와 **정통성**을 부여합니다. 우리가 TV를 통해서 북한의 실상을 보면, 북한에서는 군사 퍼레이드나 대규모 카드섹션 같은 것들을 많이 합니다. 평양에 엄청난 인민들이 모여서 거대한 행사를 질서 정연하게 거행하는데, 사실은 그런 행사를 통해서 북한의 지도자는 북한 인민들에게 북한 정권의 권위를 과시하고 백성들이 통치자에게 복종하도록 만드는 것입니다.

오늘날에도 **눈에 보이는 제도적 권위에 사로잡힌 사람들**의 마음에는 진리의 말씀이 들어갈 자리가 없듯이, 초대교회의 히브리인들의 마음에는 이 땅 대제사장의 외형적 권위가 **선명한 잔상(殘像)**으로 자리 잡고 있어서 하늘의 대제사장으로 오신 예수님이 그들의 마음에 들어갈 자리가 없었습니다. 그래서 히브리서는, "이 땅의 제사 제도는 예수 그리스도께서 이 땅에 오셔서 이루어줄 영원한 속죄제사의 **그림자에 불과한** 것이다. 그리고 이 땅의 대제사장의 직분은 예수 그리스도의 영원한 제사 직분에 비하면 아무것도 아니다"라고 선포합니다. 그리고 그들에게 **"이 사람(예수님)의 어떻게 높은 것을 생각하라"**(히 7:4)고 권면하신 것입니다.

잡초와 엉겅퀴가 밭을 덮고 있다면, 그런 밭에 씨를 뿌려 보았자 헛일입니다. 사단 마귀는 사람들의 마음속에 엉겅퀴와 가시를 뿌려 놓았는데, 이것들이 너무 뿌리를 깊이 박아서 하나하나 **뽑아** 주지 않으면 주님의 **의의 복음**은 사람들의 마음에 뿌리를 내릴 수 없습니다. 어떤 사람이 이 세상의 제도화된 종교적 교훈이 옳다고 확신하고 있으면, 그런 사람의 마음에는 복음의 씨앗을 뿌려 봤자 아무 소용이 없다는 것을 저는 많이 경험해 보았습니다.

저는 기독교에서 현재에도 사역하고 있는 목사님들이나

선교사님들에게도 진리의 복음을 전해 보았습니다. 그들에게 하나님의 말씀을 펴놓고 물과 성령의 복음을 전해 주면, 그들이 성경 말씀으로는 반박할 수 없기 때문에, 제도적 권위를 가지고 대적합니다. "아니 그러면 정통 신학을 공부한 이 수많은 신학박사들과 기독교인들의 신앙이 틀렸다는 말이냐? 전 세계적으로 10억이 넘는 사람들이 하나님을 잘못 믿고 있다는 말이냐?" 하고 그들은 반박합니다.

어떤 교설(教說)이든지 그 교리를 신봉하는 사람이 많다고 그것이 진리가 되는 것은 아닙니다. 교황을 비롯한 모든 사람이 "지구는 평편하고 태양이 지구 주위를 돈다"는 **천동설(天動說)**을 믿고 있을 때에 갈릴레오 갈릴레이(Galileo Galilei)와 같은 극소수의 과학자들이 지구는 둥글며 지구가 태양 주위를 돈다"고 **지동설(地動說)**을 주장했습니다. 그 결과 갈릴레이는 종교 재판에 회부되었습니다. 그 당시의 세계 인구가 10억 명이었다면, 1대 1,000,000,000의 싸움인 셈입니다. 그런데 **진리는 다수결로 결정되지 않습니다.** 진리는 갈릴레이가 주장한 지동설입니다. 어떤 것이 영원불변의 참이기 때문에 진리가 되는 것이지, 지지하는 사람의 숫자가 많다고 거짓이 진리가 되는 것은 결코 아닙니다.

멜기세덱의 반차를 좇은 하늘의 대제사장

"이 멜기세덱은 살렘 왕이요 지극히 높으신 하나님의 제사장이라 여러 임금을 쳐서 죽이고 돌아오는 아브라함을 만나 복을 빈 자라"(히 7:1).

멜기세덱은 하늘의 대제사장이며 신비에 싸인 분입니다.

아브라함의 조카 롯이 아브라함을 떠나 소돔 땅에 가서 살다가 전쟁 포로가 되어서 끌려가고 있었습니다. 이 소식을 전해 들은 아브라함은 훈련된 가병(家兵) 318명을 데리고 추격해서 연합군을 다 무찌르고 끌려가던 조카 롯과 그 가족을 되찾아서 돌아왔습니다. 그런데 아브라함은 승전하고 돌아오는 길에서 멜기세덱을 만납니다. 멜기세덱은 믿음의 조상 아브라함을 축복하려고 내려온 하늘의 대제사장입니다.

멜기세덱이라는 이름은 "**의의 왕**" 또는 "**살렘 왕 즉 평강의 왕**"이라는 뜻입니다. 그리고 **의와 평강의 왕**은 예수 그리스도입니다. 예수님은 육신을 입고 오셔서 인류의 대표자인 세례 요한에게 **안수의 형식으로** 세례를 받으심으로 우리에게 "**모든 의**"(마 3:15)를 이루어 주셨습니다. 그러므로 **예수님은 의의 왕**입니다. 우리는 죄 덩어리로 태어나서 평생 죄만 짓다가 지옥 갈 운명이었는데, 예수님께서는 당신의 육체를 우리를 위한 속죄의 제물로 드려서 우리와 하나님 사이를 가로막았던 **모든 죄를 없애 주시고** 우리를 하나님과 **화평**하게 해 주셨습니다. 이제 우리는 예수님께서 우리에게 완성시켜 주신 **하나님의 의를 믿음으로 죄 사함을 받고** 다시는 지옥의 심판이 없는 **평강을** 얻게 되었습니다. 그래서 **예수님은 또한 살렘왕 즉 평강의 왕**입니다.

(멜기세덱은) "아비도 없고 어미도 없고 족보도 없고 시작한 날도 없고 생명의 끝도 없어 하나님 아들과 방불하여 항상 제사장으로 있느니라"(히 7:3).

멜기세덱은 하늘의 영원한 대제사장입니다. 하늘의 대제사장은 오직 예수 그리스도 한 분입니다. 하나님 아버지께서, "**너는 멜기세덱의 반차를 좇아 영원한 제사장이라 하셨도다**"(시

110:4)라고 하셨고, **"너는 내 아들이라 오늘날 내가 너를 낳았도다"**(시 2:7)라고 말씀하셨으니, 아브라함 앞에 나타났던 멜기세덱은 하나님의 독생자인 **예수 그리스도의 현현(顯現)**이었습니다.

이 땅의 제사법이나 제사장들은 언제 어떻게 세워졌습니까? 모세의 인도로 출애굽한 이스라엘 백성이 시내 산에 이르렀을 때에 하나님이 모세를 시내 산으로 불러서 모세를 통해서 **율법과 제사법**을 주셨습니다. 그리고 그때 시내 산 앞 광야에서, 성막을 섬기는 일이나 모든 제사의 규례를 담당할 대제사장과 일반 제사장들이 율법을 따라 세워졌습니다.

모세와 아론은 레위 지파에 속해 있었고, 첫 번째 대제사장은 모세의 형인 아론이었습니다. 하나님께서는 레위 족속 중에서도 아론의 계통에서 대제사장과 일반 제사장을 세우도록 규례를 정해 주셨습니다. **대제사장은 한 명뿐**입니다. 아론이 죽자 그의 아들 엘르아살이 대제사장의 직임을 계승하기 위해서 기름부음을 받았습니다. 그러나 날마다 상번제를 드리며 성막의 기구를 관리했던 일반 **제사장은 여러 명**이 필요했습니다. 이렇게 백성들이 광야에서 방황했던 시대부터 가나안 땅에 들어간 후 사사 시대를 지내기까지, 대제사장과 일반 제사장들이 **성막**에서 제사를 드렸습니다.

그 후에 다윗의 아들 솔로몬 왕은 예루살렘에 **성전**을 지었습니다. 그때부터 대제사장과 제사장들은 성전에서 제사를 드렸습니다. 그런 율법에 속한 제사 제도는 이스라엘 백성들에게 신앙의 중심이 되었고 그 제사를 주관하는 자들이 율법의 규례대로 복식을 갖춰 입고 장엄하고 권위 있게 제사를 드렸습니다. 그래서 유대인들은 성전의 장엄함과 제사장들의 권위에 매료되고 그들을 자랑스럽게 여겼습니다.

성전보다 더 큰 분, 예수 그리스도

예수님 시대에도 성전에서 제사를 드리고 하나님께서 맡기신 여러 가지 직무를 수행하던 제사장들이 있었습니다. 그러나 그들은 이미 타락해서 성전은 환전상들과 희생제물을 파는 장사꾼들의 소굴이 되어 있었습니다. 그래서 예수님은 성전 마당에서 환전상들의 상을 뒤엎고 장사꾼들을 내쫓았습니다. 이로 인해서 제사장들과 바리새인들은 한통속이 되어 예수님을 핍박하고 죽이게 됩니다.

예수님께서 우리의 죄를 다 없애시는 구원의 사역을 완수하시고 승천하신 후, 사도들이 복음을 전했던 **초대교회 시대에도 제사장 제도가** 여전히 있었습니다. 그들은 열심한 바리새인들과 연합해서 그리스도인들을 핍박하고 멀리 지중해 연안에 흩어져 있던 히브리인들의 디아스포라(Diaspora)까지 쫓아가서 그리스도인들을 잡아들이기도 했습니다. 사실은 **"전엣 계명이 연약하며 무익하므로 폐하고"**(히 7:18)라고 말씀하신 대로 예수님께서 하늘의 대제사장으로 오셔서 영원한 속죄의 제사를 드린 후에는, **"참 것의 그림자"**(히 9:24)인 이 땅의 성전과 제사장 제도는 폐해져야 마땅했습니다.

그런데도 히브리인들의 마음속에는 항상 예루살렘 성전의 웅장함과 제사장들의 권위가 각인되어 선명하게 자리를 잡고 있었습니다. 그래서 성경은 히브리인들에게 이 땅의 대제사장과 예수 그리스도의 직분을 비교하면서, 예수님은 우리가 감히 바라볼 수도 없을 정도로 위대하고 존귀한 하늘의 대제사장이심을 깨우쳐 주고 있습니다. 예수님의 제사장 직분이 얼마나 높은지를 말씀하려고, 히브리서는 멜기세덱을 소개한 것입니다. 멜기세덱은 하늘의 영원한 대제사장인데, 아브라함이 전쟁에서 이기고 포로로 끌려가던 조카 롯을 구출해서 돌아오는 길에 아브라함에게 나타나서 그를 축복했습니다. 멜키세덱은 높은 자로서 낮은 자인 아브라함에게 복을 빌어 주었습니다.

또한 아브라함이 멜기세덱에게 모든 전리품의 십분의 일을 드렸는데, 이는 레위 지파인 제사장들이 아직 태어나기도 전에, 즉 그들이 아브라함의 허리에 있을 때였습니다. 그러므로 모든 제사장들은 아브라함과 함께 멜기세덱에게 십일조의 예물을 드린 셈이라고 히브리서는 말씀합니다. 레위 지파 제사장들은 백성들에게 십일조를 받았지만, 멜기세덱은 모든 제사장들에게 이미 십일조의 예물을 받았다는 말씀입니다. 그러니 멜기세덱의 계통을 따라 오신 예수님의 제사장 직분이 얼마나 위대합니까?

"레위 계통의 제사 직분으로 말미암아 온전함을 얻을 수 있었으면 (백성이 그 아래서 율법을 받았으니) 어찌하여 아론의 반차를 좇지 않고 멜기세덱의 반차를 좇는 별다른 한 제사장을 세울 필요가 있느뇨"(히 7:11).

레위 후손 제사장들이 이 땅에서 드렸던 속죄 제사로는 아무도 온전한 죄 사함을 받을 수 없었습니다. **"이런 것은 먹고 마시는 것과 여러 가지 씻는 것과 함께 육체의 예법만 되어 개혁할 때까지 맡겨 둔 것이니라"**(히 9:10)고 말씀하셨듯이 그 제사들은 행위로 짓는 죄만 그때그때 씻어 주는 제사였고, 마음의 죄를 근본적으로 씻어 주는 영원한 제사가 아니었습니다. 그런 제사들은 예수님이 당신의 몸을 제물로 드린 영원한 제사로 **구원의 법을 개혁할 때까지** 하나님께서 잠정적으로 허락하신 것입니다.

제사장들이 드렸던 불완전한 제사

땅의 제사장들이 드렸던 제사가 온전하지 못한 것이었다는 부분에 예를 들어 설명하겠습니다. 율법에 속한 제사 제도의 정수(精髓)는 **대속죄일(大贖罪日)의 제사**입니다. 일 년에 한 차례, 매년 제 7월 제 10일에 대제사장은 이스라엘 백성 전체의 일 년치 죄를 사함 받는 대속죄일의 제사를 드렸습니다.

이 날에 대제사장은 자기도 연약해서 죄를 지었기 때문에, 먼저 자기와 자기 가족들의 죄를 씻기 위해서 수송아지 한 마리로 속죄의 제사를 드렸습니다. 아론은 1) **흠 없는 수송아지**를 취해서, 2) 그 머리에 **안수해서 죄를 넘기고**, 3) 그 수송아지를 잡은 후에 그 **피**를 가지고 성소에 들어가서 언약궤를 덮고 있는 속죄소와 그 동편에 피를 일곱 번 뿌렸습니다. 또 남은 피를 성소의 기구들에도 뿌리고 번제단의 뿔에도 바르고 번제단에도 뿌렸습니다.

여기에서 다시 확인해야 할 말씀은, 하나님께서 열납하는 대속(代贖)의 제사에는 반드시 3가지 조건이 충족되어야 했습니다 - 1) **흠 없는 제물, 2) 안수(죄를 넘김), 3) 제물이 피를 흘리고 대신 죽음**. 이 3가지 조건이 다 만족되어야만 합법 제사였다는 말씀입니다. 만일 제물에 흠이 있거나, 죄인이 제물의 머리에 안수를 해서 죄를 넘기지 않았거나, 죄를 담당한 제물을 죽이지 않았다면, 그런 제사는 **불법 제사**가 됩니다.

속죄 제사에서 우리가 가장 간과(看過)하기 쉬운 것이 **안수의 규례**입니다. 구약의 속죄 제사에는 언제나 "**그가 번제물의 머리에 안수할찌니 그리하면 열납되어 그를 위하여 속죄가 될 것이라**"(레 1:4)는 규례가 기록되어 있습니다. 이는 안수를 통해서 죄를 넘기지 않으면 **불법을 행하는 것**이기 때문입니다. 전 인류의 속죄제물이 되기 위하여 흠 없는 어린양으로 오신 예수님은 인류의 마지막 대제사장인 세례 요한에게 **안수의 형식으로 세례**를 받아서 "**세상 죄를 지고 가는 하나님의 어린양**"(요 1:29)이 되어 주셨습니다. 그러므로 예수님께서 받으신 세례의 능력을 믿지 않는 모든 기독교인들은 사실 **불법을 행하는 자들**입니다. 그리고 주님은 진리의 말씀인 **원형복음**을 믿지 않는 자들에게, "**내가 너희를 도무지 알지 못하니 불법을 행하는 자들아 내게서 떠나가라 하리라**"(마 7:23)고 판결하실 것입니다.

레위기 16장의 말씀에 대속죄일의 제사가 자세히 기록되어 있습니다.

"**그 지성소와 회막과 단을 위하여 속죄하기를 마친 후에 산 염소를 드리되 아론은 두 손으로 산 염소의 머리에 안수하여 이스라엘 자손의 모든 불의와 그 범한 모든 죄를 고하고 그 죄를 염소의 머리에 두어 미리 정한 사람에게 맡겨 광야로 보낼찌니 염소가 그들의 모든 불의를 지고 무인지경에 이르거든 그는 그 염소를 광야에 놓을찌니라**"(레 16:20-22)

대제사장 아론은 수송아지를 제물로 자기와 자기 식구들의 죄를 사함 받는 제사를 드린 후에, 그는 이제 **이스라엘 백성 전체가** 지난 **일 년 동안** 지은 모든 죄를 사함 받는 제사를 드립니다. 이 제사는 숫염소 두 마리로 드립니다. 먼저 염소 두 마리 중에서 제비를 뽑아 그 한 마리는 수송아지로 드린 것과 같이, 성막 안에서 그 염소의 머리에 안수하고 잡아서 제사를 드립니다. 그 후에 남은 한 마리의 염소를 백성들 가운데로 끌고 나와서 백성들이 보는 앞에서 대제사장 아론이 그 염소의 머리에 안수하고 **백성들의 죄를 고합니다**. 이 **안수**로 지난 일 년 동안 이스라엘 백성 전체가 지은 무수한 죄들이 다 **염소의 머리로 넘어갔습니다**. 그러면 미리 정한 사람에게 이 염소를 맡겨서 멀리 광야에 내다 버려 죽게 합니다.

하나님께서는 이렇게 대제사장의 **안수로 백성들의 일년 치 죄를 넘겨받은 아사셀 염소를** 대신 죽이시고 **이스라엘 백성들은 값없이 죄 사함을 받게** 하셨습니다. 그러면 이렇게 지난 죄를 사함 받은 백성들이 다시는 죄를 짓지 않았습니까? 아닙니다. 제사를 드리고 돌아가는 길에 벌써 죄를 짓습니다. 어떤 이는 자기 돈을 떼어먹고 도망친 놈을 만나서 한바탕 멱투잡이를 하기도 하고, 또 어떤 이는 다른 남자와 결혼한 첫사랑 여인을 만나서 음란한 죄를 짓기도 합니다. 그러니 방금 드린 제사는 그날로 무효가 되고 다시 마음에 죄가 쌓여갈 수밖에 없었습니다.

"전엣 계명이 연약하며 무익하므로 폐하고 (율법은 아무것도 온전케 못할찌라) 이에 더 좋은 소망이 생기니 이것으로 우리가 하나님께 가까이 가느니라"(히 7:18-19). 이 땅의 제사장들이 율법에 기록된 규례대로 드렸던 속죄 제사는 아무 효과가 없었다고 말씀합니다. 땅의 성막에서 드렸던 제사들은 **장차 오는 좋은 일의 그림자**(예고편)일 뿐이라는 말씀입니다. 그래서 멜기세덱의 반차를 좇는 별다른 한 제사장을 세우셔서 **단번에 영원토록 효력이 있는 한 속죄의 제사**를 드려 주셨는데, 그분이 바로 하늘의 대제사장인 멜기세덱의 반차를 좇은 예수 그리스도입니다.

단 한 분의 영원한 대제사장, 예수 그리스도

"저희 제사장 된 자의 수효가 많은 것은 죽음을 인하여 항상 있지 못함이로되 예수는 영원히 계시므로 그 제사 직분도 갈리지 아니하나니"(히 7:23-24)

이 땅의 제사장들은 수명이 다하면 죽었기 때문에, 레위 지파 아론의 자손 중에서 새로 제사장들을 세워야 했습니다. 그래서 수많은 제사장들이 세워졌고 그 숫자가 많을 수밖에 없었습니다. 그러나 예수님은 영원하신 하나님입니다. 예수님은 하나님 아버지의 뜻을 따라 이 땅에 육신을 입고 오셔서 당신의 육체에 **안수의 형식으로 세례를 받아 세상 죄를 단번에 담당**해 주셨습니다. 주님은 받으신 세례로 인류의 모든 죄를 당신의 육체에 짊어지고 십자가에 오르셔서 온몸의 피를 다 쏟으신 후, **"다 이루었다"**(히 19:30)고 크게 외치신 후 숨을 거두셨습니다. 이와 같이 하여 우리의 죄를 단번에 영원히 없애셨기에, 예수님께서는 다시 부활하셔서 이제는 하나님 보좌 우편에 앉아 계시면서 우리를 위해서 간구하십니다. 예수님은 영생하시는 하나님이기에, 예수님의 제사 직분은 갈리지 않습니다.

이제 **예수님께서 당신의 몸을 제물로 삼아 드리신 영원한 속죄의 제사**를 믿는 사람은 마음의 죄가 흰 눈같이 씻어졌습니다. 세상 죄가 주님께서 받으신 세례로 온전히 주님께 넘어갔기 때문입니다. 그래서 **히브리서는** "이 뜻을 좇아 예수 그리스도의 몸을 단번에 드리심으로 말미암아 우리가 거룩함을 얻었노라"(히 10:10)고 말씀하고, 또 "저가 한 제물로 거룩하게 된 자들을 영원히 온전케 하셨느니라"(히 10:14)고도 말씀합니다. 당신을 제물로 드린 영원한 제사로 말미암아 **영원한 거룩함**이 우리 모든 믿는 자들에게 임했습니다.

그리고 우리의 거룩함은 잠시 동안만 주어진 것이 아닙니다. **예수님의 세례**와 **십자가의 피**를 믿는 우리는 천국에 이르기까지, 아니 천국에서도 영원토록 거룩함을 누립니다. 이제는 우리 마음에서 죄를 찾아보려야 찾아볼 수 없게 되었습니다. 주님이 세례 요한에게 안수로 세례를 받으실 때에 **나의 모든 죄를 포함해서 세상의 모든 죄**는 완벽하게 주님에게 넘어갔기 때문입니다. 예수님의 영원한 속죄의 제사를 믿어서 거듭난 자는 **결코 정죄함이 없는 생명의 법**(롬 8:1) 아래 들어간 자들입니다. 주님의 완전한 제사를 믿어서 죄 사함을 받은 자들은 하나님 앞에서 의인입니다.

"이 사람의 어떻게 높은 것을 생각하라"(히 7:4)

예수 그리스도는 우리의 모든 죄를 단번 만에 없애 주신 **영원한 하늘의 대제사장**입니다. 히브리인들이 성전의 웅대함과 아름다움에, 그리고 땅의 대제사장의 화려한 복식과 권위에 매료되어 하늘의 대제사장인 예수 그리스도를 경홀히 여겼던 것을 보면서, 우리는 그들의 우매함을 타산지석으로 삼아야 합니다. 우리들도 이 땅의 종교가 자랑하는 전통이나 권위적인 제도에 마음을 빼앗긴다면, 초대교회 시대의 어리석은 히브리인들과 다를 것이 없습니다. 그런 사람은 영원한 생명을 얻지 못하고 세상의 조류와 함께 멸망으로 흘러 떠내려갈 것입니다.

　우리는 육신의 눈에 보이는 권위나 화려함을 쫓을 것이 아니라, **멜기세덱의 반차를 좇아오신 하늘의 대제사장인 예수 그리스도를** 마음으로 믿고 "**물과 피로 임하신**"(요일 5:6) 그분의 구원의 사역을 깊이 감사해야 할 것입니다.

　말씀을 마쳤습니다.

(2014년 4월 27일 주일예배 말씀)

더 좋은 약속으로 세우신
더 좋은 언약

"이제 하는 말의 중요한 것은 이러한 대제사장이 우리에게 있는 것이라 그가 하늘에서 위엄의 보좌 우편에 앉으셨으니

성소와 참 장막에 부리는 자라 이 장막은 주께서 베푸신 것이요 사람이 한 것이 아니니라

대제사장마다 예물과 제사 드림을 위하여 세운 자니 이러므로 저도 무슨 드릴 것이 있어야 할찌니라

예수께서 만일 땅에 계셨더면 제사장이 되지 아니하셨을 것이니 이는 율법을 좇아 예물을 드리는 제사장이 있음이라

저희가 섬기는 것은 하늘에 있는 것의 모형과 그림자라 모세가 장막을 지으려 할 때에 지시하심을 얻음과 같으니 가라사대 삼가 모든 것을 산에서 네게 보이던 본을 좇아 지으라 하셨느니라

그러나 이제 그가 더 아름다운 직분을 얻으셨으니 이는 더 좋은 약속으로 세우신 더 좋은 언약의 중보시라

저 첫 언약이 무흠하였더면 둘째 것을 요구할 일이 없었으려니와

저희를 허물하여 일렀으되 주께서 가라사대 볼찌어다 날이 이르리니 내가 이스라엘 집과 유다 집으로 새 언약을 세우리라

또 주께서 가라사대 내가 저희 열조들의 손을 잡고 애굽 땅에서 인도하여 내던 날에 저희와 세운 언약과 같지 아니하도다 저희는 내 언약 안에 머물러 있지 아니하므로 내가 저희를 돌아보지 아니하였노라

또 주께서 가라사대 그날 후에 내가 이스라엘 집으로 세울 언약이 이것이니 내 법을 저희 생각에 두고 저희 마음에 이것을 기록하리라 나는 저희에게 하나님이 되고 저희는 내게 백성이 되리라

또 각각 자기 나라 사람과 각각 자기 형제를 가르쳐 이르기를 주를 알라 하지 아니할 것은 저희가 작은 자로부터 큰 자까지 다 나를 앎이니라

내가 저희 불의를 긍휼히 여기고 저희 죄를 다시 기억하지 아니하리라 하셨느니라

새 언약이라 말씀하셨으매 첫 것은 낡아지게 하신 것이니 낡아지고 쇠하는 것은 없어져가는 것이니라"(히 8:1-13)

하나님께서 우리에게 참으로 많은 은혜를 베푸셨습니다. "너희는 여호와의 선하심을 맛보아 알찌어다"라고 말씀하셨는데, 하나님의 사랑과 은혜를 맛보며 사는 사람이 있고 그렇지 않은 사람이 있습니다. 하나님 앞에서 **자기의 악함과 부족**을 아는 사람은 하나님의 사랑과 은혜를 맛보며 살아갑니다. 아브라함은 하나님의 말씀을 따라갔기 때문에 늘 하나님의 은혜와 사랑을 맛보며 살았습니다. 그러나 가인이나 에서같이 교만한 사람, 즉 "나는 하나님 없이도 내 힘만으로도 충분히 잘 살 수 있다"라고 확신하는 사람들이 있습니다. 그런 사람들은 하나님의 은혜와 사랑을 맛보지 못합니다.

우리는 자기 자신이 머지않아 죽어야 할 존재인 것을 늘 기억하고 하나님을 바라봐야 합니다. 전도서에 "너는 **청년의 때 곧 곤고한 날이 이르기 전, 나는 아무 낙이 없다고 할 해가 가깝기**

전에 너의 창조자를 기억하라"(전 12:1)고 말씀하십니다. 우리가 청년의 때에 가졌던 건강이나 능력, 기억력 등도 다 없어지고 우리에게도 곤고한 날이 반드시 옵니다. 허리는 구부러지고 눈은 침침해지고 이도 빠지고 온몸에 힘도 없어지고 땀샘마저도 말라버릴 때가 곧 옵니다. 그때에는 **"메뚜기도 짐이 될 것이며 원욕이 그치리니 이는 사람이 자기 영원한 집으로 돌아가고 조문자들이 거리로 왕래하게 됨이라"**(전 12:5)고 말씀합니다. 메뚜기도 짐이 될 정도로 사람이 힘이 없게 되면 그에게 죽음이 임박한 것입니다.

우리도 머지않아 죽음을 맞이하고 이 땅에서 사라질 것입니다. 오늘 아침에 저는 손톱을 깎았습니다. 손톱 끝에서 깎아낸 손톱 조각들을 모아서 쓰레기통에 넣으면서 "나도 이 손톱 조각처럼 언젠가는 이렇게 산 자들의 무리에서 떨어져 나가 사라지겠구나" 하는 생각을 했습니다. 사람의 수명은 기껏해야 양초 한 자루와 같다고 할 수 있습니다. 양초 한 자루가 다 타면 저절로 꺼지듯이, 우리의 수한(壽限)이 다 되면 우리의 생명의 촛불도 꺼집니다. 처음에는 온전한 한 자루의 초였는데, 시간이 지날수록 초는 짧아져서 동강이 초가 됩니다. 그리고 그 동강이마저도 다 타고나면 우리의 생애도 끝납니다.

"내 수명이 다해서 죽음을 맞이할 때가 분명히 있다"는 이 명백한 진실을 직시(直視)하는 사람은 하나님을 바라보게 됩니다. 우리 육신의 수명이 다해서 없어지고 나면 죽음의 순간을 맞게 될 것입니다. 그런데 죽으면 끝입니까? 죽음은 우리가 그냥 무존재(無存在)로 돌아가는 것입니까? "죽으면 끝"이라면 차라리 다행입니다. 그러나 "죽으면 끝"이 아닙니다. 사람이 한 번 죽는 것은 하나님께서 정하신 일이지만, 그 후에는 심판과 영생이 있습니다.

하나님은 당신의 형상을 따라 사람을 창조하되 사람을 **영원한 존재로, 영적인 존재로** 만들었습니다. 성삼위(聖三位)의 하나님께서 "우리의 형상을 따라 우리의 모양대로 **우리가 사람을 만들고 그로 바다의 고기와 공중의 새와 육축과 온 땅과 땅에 기는 모든 것을 다스리게 하자**"(창 1:26)고 결의하시고 우리를 하나님처럼 영적 존재로 만들었습니다. 그렇게 하신 것은 하나님께서 우리 인류의 모든 죄를 없애 주시고 믿는 자들을 당신의 자녀로 삼아서 영원토록 당신과 더불어 행복하게 살게 하시려는 아름다운 계획을 세우셨기 때문입니다.

가인족(族)과 아벨족(族)

그런데 거의 대부분의 사람들은 자신이 **영원한 존재**인 것을 믿지 않고, 또 죽으면 천국과 지옥이 있다는 것을 믿지 않기 때문에 가인이나 에서처럼 하나님을 의뢰하지 않고 **자기 힘만을 의지해서** 살아갑니다. 자기 힘만을 의지하고 사는 사람은, "하나님이 어디 있느냐? 하나님을 믿느니 나는 내 주먹을 믿겠다. 내 힘으로 사슴도 잡고 산돼지도 잡아서 그 고기도 먹고 그 가죽으로 옷도 해 입겠다"는 가인과 같은 자들입니다. 그리고 대부분의 사람들은 **가인족(族)**입니다.

그러나 어떤 이들은 자기가 얼마나 연약하고 부족한지를 깨닫고 하나님께 자신을 의뢰합니다. 아주 소수이지만 이런 사람들은, "예, 하나님의 말씀이 맞습니다! 저는 연약하고 죄가 많습니다. 저는 기껏해야 백 년도 못 살고 죽을 자이고, 죽은 후에는 하나님의 심판을 받고 영원한 지옥에 떨어질 자입니다. 하나님 나를 불쌍히 여겨 주십시오!"라고 간청하며 하나님께 나아가는 자들입니다. 이런 자들이 **아벨족(族)**인데, 아벨족에 속한 사람들은 하나님의 은혜와 사랑을 맛보게 되며 죄 사함을 받고 거듭나서 하나님의 자녀가 됩니다.

"**너희는 하나님의 선하심을 맛보아 알지어다**"라고 하셨습니다. 하나님의 은혜를 맛보는 삶은 정말 아름답습니다. 하나님의 은혜를 맛보는 삶은 비록 가진 것은 별로 없을지라도 늘 기쁨이 충만하고 행복합니다. 그런데 가인은 하나님 앞을 떠나 놋 땅에 거했습니다(창 4:16). 가인은 스스로 하나님과 단절된 길을 갔습니다. 모든 것을 다 가졌을지라도 **하나님께로부터 끊어진 자**는 결국 지옥 불에 들어갈 것입니다. 구약의 말씀에 보면, "(어떤 죄를 지은 자들은) **이스라엘 백성 중에서 끊쳐지리라**" 하신 말씀이 자주 나오는데, 이 말씀은 **하나님께로부터 단절**된다는 뜻입니다. 하나님과 단절되어 지옥에 떨어지는 것이 제일 무서운 형벌이고 저주입니다.

그러므로 아직 하나님이 기회를 주셨을 때에, 아직 살아 있을 때에 마음을 하나님께로 돌이켜서 하나님의 은혜를 구해야 합니다. 하나님의 말씀을 생명처럼 붙들어서 복음의 씨를 마음에 심고, 때를 따라 하늘에서 내리는 은혜의 비를 흡수해서 싹을 틔우고 자라게 해서 구원의 열매를 맺어야 합니다. 그래서 우리가 다 하나같이 하나님의 선하심을, 즉 **주님의 은혜와 사랑을 맛보아 아는 자들**이 되기를 바랍니다.

히브리서는 "**마음은 은혜로 굳게 함이 아름답다**"(히 13:9)고 말씀합니다. 우리의 마음은 하나님의 은혜로 충만할 때에 가장 아름답고 행복합니다. 사람이 연애를 할 때에는 아무 가진 것이 없을지라도 행복하고, 들판의 들꽃 한 송이조차 그토록 아름답게 느껴집니다. 그렇듯이 우리 마음에 하나님의 은혜가 들어와서 자리 잡고 그것이 마음에 충만하면 모든 것이 다 아름답습니다. **하나님의 은혜로 충만한 사람**은 믿음도 자라나서 하나님께 늘 감사로 제사를 드리게 됩니다.

지금 이 시간에 자신의 마음을 한번 들여다보면서 스스로에게 물어보십시오. "내 마음이 황무지같이 거칠고 메마른가? 아니면 내 마음에 주님의 은혜가 충만한가? 주님께서 나 같은 자를 영원한 천국에 들어가게 하시려고 당신의 몸을 제물로 드려 이루신 **하나님의 의로** 나를 덮어 주셨는데, 주님의 그 사랑과 은혜가 단비처럼 내 마음을 촉촉히 적시고 있는가?"

물론 죄 사함 받은 사람도 세상살이의 어려움 때문에 마음이 번잡해지면 잠시 주님을 잃어버리기도 합니다만, 거듭난 자는 곧 자기의 마음 동산에 주님께서 거닐고 계시는 것을 다시 깨닫게 됩니다. 그래서 주님을 다시 만나 자기의 어려움을 토로하면, 주님께서는 **"너희는 여호와의 선하심을 맛보아 알찌어다"**라고 말씀하시며, 당신 가까이로 우리를 이끌어 주십니다.

우리 마음과 생각에 기록해 주신 새 언약의 말씀

"또 주께서 가라사대 그날 후에 내가 이스라엘 집으로 세울 언약이 이것이니 내 법을 저희 생각에 두고 저희 마음에 이것을 기록하리라 나는 저희에게 하나님이 되고 저희는 내게 백성이 되리라"(히 8:10)

히브리서 8장은 낡아지고 사라져가는 **옛 언약**과 주님께서 우리를 불쌍히 여기셔서 베풀어 주신 구원의 **새 언약**에 대해서 말씀합니다. 즉 오늘의 본문은 모세를 통해서 하나님께서 이스라엘 백성에게 주셨던 **옛 언약**과 예수 그리스도를 통해서 모든 인류에게 주신 **새 언약**을 비교하면서, **새 언약이 얼마나 완전하고 탁월한지**를 말씀합니다.

첫 언약이 흠이 없었더라면 둘째 언약, 즉 새 언약을 주실 필요가 없었습니다. 그런데 첫 언약은 흠이 있었습니다. 흠이 있는 것은 불완전하고 쓸모가 없으니 내다 버려야 합니다. 첫 언약이 우리가 구원을 얻는데 있어서 부족함이 없었더라면, 굳이 하나님께서 우리에게 둘째 언약을 주실 필요가 없었습니다. 그러나 우리의 육신은 연약해서 첫 언약으로는 도저히 **하나님의 의**에 도달할 수 없었습니다.

첫째 언약이 무엇입니까? 첫째 언약은 하나님께서 모세를 통해서 이스라엘 백성에게 주신 **율법**입니다. 이스라엘 백성이 모세의 인도를 받아서 종살이를 하던 애굽에서 탈출했습니다. 하나님께서 애굽 사람들에게 10가지 재앙을 내리시고 이스라엘 백성들에게는 홍해가 갈라지는 역사를 베풀어 주셔서, 그들은 마른 땅을 딛고 바다를 건너 아라비아 사막으로 나왔습니다. 당시에 애굽에서 아라비아 사막으로 탈출해 나온 이스라엘 백성은 대략 2, 3백만 명이었습니다. 그들은 모세의 인도를 받아서 시내 산(Mt. Sinai)에 이르렀습니다. 그때에 하나님께서 모세를 시내 산 위로 불러올리셨고, 거기서 모세는 십계명을 받아서 내려옵니다.

이 십계명은 **첫째 언약**, 즉 **율법의 요체**(要諦)입니다. 성경학자들은 성경에 613개 조항의 명령(~하라)과 금령(~하지 말라)이 있다고 합니다. 이 첫 언약은 "너희는 이 계명들을 다 지켜 행하라. 그러면 너희들이 살리라"고 말씀합니다. 이것들을 다 지켜 행하면 구원, 즉 영생을 얻는다는 말입니다.

그런데 사람이 **율법의 계명들을 다 지켜 행할 수 있느냐?** 도저히 할 수 없습니다. 즉, 첫 언약은 흠이 있는 약속이었습니다. 그래서 **"저 첫 언약이 무흠하였더면 둘째 것을 요구할 일이 없었으려니와"**(히 8:7)라고 말씀하신 것입니다. 첫 언약으로 우리가 구원을 얻는데 아무 문제가 없었다면 하나님께서 우리에게 둘째 언약, 즉 **새 언약**을 주실 필요가 없었을 것입니다. 그런데 첫째 언약으로는 아무도 하나님의 의에 이를 수 없었기 때문에 폐하시고, 하나님께서 우리에게 새로운 언약인 둘째 언약을 주셨습니다.

첫째 언약을 주신 하나님과 이스라엘 백성 사이에 **중보자(仲保者)는** 모세였습니다. 모세가 하나님께로부터 율법의 말씀을 받아서 백성들에게 읽어 주고, 이것을 다 지켜 행하라고 했더니 이스라엘 백성들은 "예, 다 지키겠습니다!" 하고 큰 소리로 자신만만하게 대답했습니다. 그러자 모세는 소를 잡아서 번제로 드리고 그 피를 우슬초에 찍어서 백성들 위에 뿌렸습니다. 그리고 백성들에게, **"이는 여호와께서 이 모든 말씀에 대하여 너희와 세우신 언약의 피니라"**(출 24:8)고 선포했습니다.

모세가 소를 잡아서 번제로 드리고 그 피를 백성들에게 뿌린 것은, 백성들이나 자기 자신이 결코 율법을 지킬 수 없는 존재라는 고백의 상징입니다. 즉, "너희들은 이 율법을 지키겠다고 약속했으나 우리는 절대로 율법을 지키지 못한다"는 말입니다. 그렇기 때문에 율법을 지키지 못해서 짓는 모든 죄에 대해서

대속(代贖)의 피를 뿌려서 사함을 얻어야 한다는 하나님의 뜻을 모세가 계시한 것입니다.

하나님께서 율법 안에 왜 **계명**과 **제사법**을 함께 주셨습니까? 하나님은 "~하라, ~하지 말라"는 계명들을 주셨는데, 그 계명들을 어기는 죄를 지었을 때에 그 죄를 사함 받는 **제사법**도 율법 안에 같이 주셨습니다. 하나님께서 선악의 절대적 기준으로 율법을 주셔서, 이 율법을 다 지켜 행하면 영생을 얻는다고 하셨지만, 우리 인간은 연약하기 때문에 그 율법의 계명들을 절대로 지킬 수가 없습니다. 그래서, **"만일 능히 살게 하는 율법을 주셨더면 의가 반드시 율법으로 말미암았으리라"**(갈 3:21)고 말씀하십니다. 이 말씀은 율법을 다 지켜서 구원받을 자는 절대로 없다는 뜻입니다.

아직도 첫 언약 아래 허덕이는 기독교인들

그러므로 "내가 율법을 지켜서 하나님께로부터 의롭다는 인정을 받겠다"라는 불굴의 의지로 신앙생활을 하는 사람들은 하나님의 뜻을 전혀 모르는 **"꼴통들"**입니다. 그런데 기독교인 중에는 그런 **꼴통들**이 많습니다. 그들은 폐지된 **옛 언약을 지켜서 구원을 받겠다**고 용을 쓰는 사람들이기 때문에, 지금까지도 흠 있는 옛 언약 아래서 허덕이고 있습니다. 그들도 입술로는, "우리는 예수 그리스도를 믿음으로 구원을 받는다"고 고백하지만, 그들의 마음에는 여전히 죄가 있기 때문에 옛 언약의 그늘을 벗어나지 못한 채 **더욱더 열심**을 내서 **율법의 행위로** 나아갑니다.

그래서 그들은 새벽 기도를 **열심히** 하고, 회개 기도를 **열심히**

하고, 전도를 **열심히** 하고, 선한 일을 **열심히** 해서 하나님의 인정을 받으려고 합니다. 즉 그들은 "일을 아니할찌라도 경건치 아니한 자를 의롭다 하시는 이를 **믿는 자에게는 그의 믿음을 의로 여기시나니**"(롬 4:5)라는 말씀대로, 하나님을 믿음으로 구원을 받으려는 것이 아니라 자기의 열심한 행위로 **의로운 일을 많이 해서** 구원을 받으려고 합니다. 이는 그들이 아직도 첫 언약 아래 있다는 증거입니다.

그래서 종교적 행위에 **열심한 교인**은 교회 안에서 인정을 받고 세상 사람들에게도 떳떳하게 **자기의 의**를 자랑합니다. 그러나 **열심을 보이지 못한 교인**은 늘 얼굴이 어둡고 교회 안에서도 인정을 받지 못합니다. 거듭나지 못한 기독교인들은 사실 아직까지 **첫 계명 아래 있는 자**들입니다.

기독교인들도 **입술로는** "예수님이 십자가에서 우리의 죄를 온전히 대속하셨기 때문에, 우리가 예수님을 믿으면 죄 사함을 받는다"고 고백합니다. 그러나 그들이 믿는 복음은 **원형의 복음**이 아니라 변질된 **다른 복음**(갈 1:6-7)이며 **반쪽 복음**입니다. **예수님의 세례를 빼버린 반쪽 복음**을 믿어서는 그들의 마음에 죄가 흰 눈처럼 씻어질 수 없습니다. 마음에 죄가 그대로 있는 자들은 하나님의 심판이 두렵기 때문에, 더욱더 **열심을 내서** 스스로 죄 문제를 해결하려고 발버둥 칠 수밖에 없으니, 어찌 보면 그렇게 하는 것이 당연합니다. "♪구주의 십자가 보혈로 **죄 씻음 받기를 원하네~♪**" 하는 찬송을 보십시오. 기독교인들이 회개 기도를 하고 나서 신명 나게 부르는 찬송입니다. 그런데 이 찬송은 "내 마음에는 아직 죄가 남아 있다"고 시인하는 찬송입니다. 그래서 제가 감히 "**대부분의 기독교인들은 아직도 첫 언약 아래**

있다"고 말씀드리는 것입니다.

　첫 언약은 "율법을 다 지켜 행하면 하나님 앞에서 의롭다 함을 얻는다"는 약속입니다. 그런데 당신은 율법을 다 지킬 수 있습니까? 정직하게 대답해 봅시다. 사람은 율법을 지키지 못하는 존재들입니다. 이쪽 절벽에서 건너편 절벽까지의 폭이 100m라고 칩시다. 그것을 사람이 뛰어서 건널 수 있겠습니까? 그 절벽을 뛰어서 건너겠다는 사람은 미쳤거나 죽음을 자초하는 자입니다. 당신은 613개 조항의 계명들을 항상 온전히 지킬 수 있습니까? 여러분은 "이 모든 계명들을 지키면 살리라"고 한 첫 언약을 지켜서 구원을 얻을 수 있겠습니까? "나는 할 수 있다"고 대답하는 사람은 자기의 다리 힘으로 100m 거리의 절벽을 뛰어 건너겠다는 무모한 사람과 같습니다.

　그래서 성경은, "**무릇 율법 행위에 속한 자들은 저주 아래 있나니 기록된바 누구든지 율법 책에 기록된 대로 온갖 일을 항상 행하지 아니하는 자는 저주 아래 있는 자라 하였음이라**"(갈 3:10)고 말씀합니다. 또 야고보서에는, "**누구든지 온 율법을 지키다가 그 하나에 거치면 모두 범한 자가 되나니**"(약 2:10)라고 말씀합니다. 율법의 613개 조항이 있는데 이것을 지켜서 완전해지고자 하는 사람이 612개 조항까지 잘 지키다가 마지막 한 계명을 깨뜨렸다면 그는 율법 전체를 범한 것이란 말입니다. 그 100m 거리의 절벽을 뛰어 건너겠다고 도전했는데, 어떤 이는 1m도 못 뛰었지만, 어떤 이는 놀랍게도 99m까지 뛰었다고 칩시다. 목표에서 딱 1m 부족하게 뛰었지만, 그 사람도 1m밖에 못 뛴 사람과 똑같이 수천 길 계곡 아래로 떨어져 죽기는 마찬가지입니다.

다른 예를 들어 보겠습니다. 자, 여기 큰 유리 어항이 있습니다. 겉으로 보기에는 흠이 없고 다 멀쩡합니다. 그런데 밑바닥에 실금이 갔고 아주 조그마하게 구멍이 났습니다. 자세히 보지 않으면 깨진 것도 모를 정도로 조그만 구멍입니다. 그렇다면 이 어항은 깨진 것입니까, 아닙니까? 깨진 것입니다. 조그만 구멍이 있어도 깨진 것이고, 많이 깨져서 폭삭 주저앉았어도 깨진 것입니다. 첫 언약의 계명을 눈곱만큼만 어긴 것도 죄이고 그 죄로 말미암아 반드시 지옥에 가야 합니다. 그래서 **첫 언약은 흠이 있는 언약**이고, 우리에게 완전한 구원을 주는 약속이 아니었기 때문에, 하나님께서 우리에게 **변역(變易)된 새 언약**을 주시고 옛 언약을 폐지하셨습니다.

첫 언약에 속한 제사법

하나님께서는 옛 언약인 **율법** 안에 **제사법**도 주셨습니다. 즉 율법의 계명을 통해서, "아! 내가 죄를 지었구나!" 하고 죄를 깨달았다면, 속죄의 제사를 드림으로 지은 죄를 사함 받는 길을 하나님께서 열어 주셨는데, 그것이 율법에 속한 제사법(祭祀法)입니다.

사람이 죄를 지을 당시에는 눈이 뒤집혀서 대개 그것이 죄인지도 모릅니다. 그래서 사람이 하나님의 계명 중에서 어떤 것 하나를 어겼을 순간에는, 보통 죄를 지은 줄도 모르고 지나갑니다. 그런데 "유다의 죄는 금강석 끝 철필로 기록되되 그들의 마음 판과 그들의 단 뿔에 새겨졌거늘"(렘 17:1) 하신 말씀대로, 사람이 죄를 지으면 그 죄는 반드시 각자의 마음 판과 하나님의 보좌 앞에 있는 심판책(행위록책)에 기록됩니다. 그래서 죄를 짓고 시간이 좀 지나면 율법과 양심이 "너는 죄를 지었다"고 참소를 합니다. 사람들은 그제서야 "아! 내가 죄를 지었구나! 하나님 앞에서 내가 악했구나!" 하고 인정을 합니다. 그렇게 사람이 어떤 죄를 깨닫는 것은 그의 **마음 판**에 그 **죄가 기록되었기 때문**입니다.

사람이 **죄를 깨달으면**, 흠 없는 소나 염소나 양으로 속죄의 희생 제사를 드려서 죄 사함을 받는 길을 하나님께서 열어 주셨습니다. 그것이 **속죄 제사**입니다. 죄를 깨달은 자는 **흠 없는 희생제물**을 성막으로 끌고 와서, 그 희생제물의 머리에 **안수**를 합니다. 안수(按手)는 사람의 죄를 희생제물에게로 넘기는 하나님의 법입니다. 그렇게 죄인이 제물의 머리에 안수해서 자기의 죄를 그 희생제물에게 넘긴 후에, 그 사람 자신이 제사장이 보는 앞에서 그 희생제물의 목을 따서 죽이고 그 **피**를 받습니다. 그리고 그 제물의 피를 제사장에게 주면 제사장은 그 **피**를 성막(聖幕) 뜰에 있는 **번제단 뿔에 바르고** 남은 피를 그 **바닥(땅)에 쏟고** 고기는 각을 떠서 번제단 위에 올려놓고 불태워서 하나님께 드립니다. 대속의 피를 번제단 뿔에 바르고 땅에 쏟는 것은 하나님의 심판책과 사람의 마음 판에서 그 죄가 도말(塗抹)되는 것을 계시합니다.

이 **제사법**이 말씀하는 바는 "**사람의 죄는 반드시 죽음으로 죗값을 치러야만 없어진다**"는 진리입니다. "**피 흘림이 없은 즉 사함이 없느니라**"(히 9:22)고 하신 말씀이 그 뜻입니다. 죄를 지은 우리가 자신이 지은 죄의 대가(代價)로 죽음, 즉 지옥의 심판을 받아야 마땅하지만, 하나님은 우리를 불쌍히 여기셔서, 안수(按手)의 방법으로 우리의 죄를 흠 없는 희생제물에게 전가(轉嫁)시켜서 그 희생제물이 대신 죽임을 당함으로써 우리와 같은 죄인들에게 죄 사함을 받는 길을 열어 주셨습니다. 이것이 바로 **대속(代贖)의 제사법**입니다.

이 **제사법**은 "장차 하나님께서 우리들을 이와 같이 구원하겠다"는 예고편이었습니다. 더 자세히 말하자면, 하나님께서 모세를 통해서 주신 첫 언약은 율법인데, **율법**은 **계명과 제사법**으로 이루어져 있습니다. 그러나 이 첫 언약에 속한 속죄 제사로는 사람이 그때그때 지은 죄만 사함을 받는 것이지 근본적으로 마음의 죄를 영원토록 씻을 수는 없었습니다. 사람이 죄를 깨닫고 속죄의 제사를 드리고 돌아가면 또 다시 죄인이 되었습니다. 그래서 다시 속죄의 제사를 드려 죄 사함을 받았어도 또 다시 죄를 지을 수밖에 없는 존재가 사람이기 때문에, 이러한 **속죄 제사는 우리를 온전히 죄에서 구원하기에는 흠이 있는 언약**이라는 말씀입니다.

인간은 하루에도 수십 번, 수백 번 죄를 짓습니다. 우리의 죄가 머리카락보다 더 많고, 빽빽한 구름이나 안개보다 더 조밀하다고 성경은 말씀합니다. 우리는 근본 마음속에서부터 시작해서 머리끝부터 발끝까지 다 죄로 오염된 자들이기 때문에, 우리는 그냥 죄 덩어리입니다. 그냥 앉았다가 일어난 자리마다 죄를 흘리고, 뛰어가면 뛰어가는 대로 걸어가면 걸어가는 대로, 눈구멍으로, 입 구멍으로, 귓구멍으로, 손으로, 발로 죄를 짓는 자들이 바로 우리들입니다. 그래서 하나님 앞에서 정직한 자는 자신이 첫 언약인 율법을 도저히 지킬 수 없는 자임을 시인합니다.

현대판 "첫 언약"인 성화교리

그런데도 기독교는 아직도 **첫 언약**을 좇고 있습니다. 현재 기독교인들이 믿고 추구하는 **점진적 성화론(漸進的 聖化論, Incremental Sanctification)**은 구약시대에 이스라엘 백성이 율법과 함께 육체의 죄를 씻는 예법으로 받았던 제사법처럼, 죄를 지으면 하나님께 회개 기도를 드려서 죄 씻음을 받고자 합니다. "하나님, 내가 이런 죄를 지었습니다. 나를 불쌍히 여겨 주십시오. 십자가의 보혈로 내 죄를 깨끗이 씻어 주옵소서"라고 기도하면 죄 사함을 받는다고 그들은 믿습니다. 구약시대에도 죄를 지으면 속죄 제사를 드려야만 죄를 사함 받았습니다. 그렇지만 구약의 이스라엘 백성들이 제사를 드리지 못해서 죄 사함을 받지 못한 죄는 마음에 쌓여갔습니다. 오늘날의 기독교인들도 그들의 마음에는 늘 죄가 쌓여 있기 때문에 회개 기도를 멈출 수가 없습니다. 그래서 오늘날의 기독교인은 아직도 첫 언약 아래 있다고 단언할 수 있습니다.

그런데 하나님께서 주신 첫 언약은 흠이 있었습니다. 이 언약으로는 완전하고도 영원한 죄 사함을 받을 수 없었기 때문에, 하나님께서 **새롭고 산 길인**(히 10:20) 둘째 언약을 우리에게 주셨습니다. **"전엣 계명"**(히 7:18) 또는 **"첫 언약"**(히 8:7)은 흠이 있고 무익했습니다. 그 첫 언약은 **새 언약으로 개혁할 때까지만** 허락하신 것입니다.

그러면 **새 언약**은 무엇입니까? "너희들은 그 첫 언약을 지켜서는 절대로 구원을 받을 수 없는 존재들이기 때문에, 하나님인 내가 내 편에서 너희 모든 인류의 죄를 단번에 영원토록 없애 주고, 나의 구원의 사역을 믿는 자마다 영원토록 의롭다 함을 얻게 해 주겠다"는 것이 새 언약이고 둘째 언약입니다. 사실 이 **"새 언약"**은 하나님께서 창세 이래로 계속해서 여러 모양과 여러 부분으로 계시해 주셨던 구원의 약속입니다. 창세기 1장 1절에 **"빛이 있으라"** 하신 말씀도 실은 **새 언약의 계시**입니다. 이 **빛**은 예수 그리스도를 지칭하는데(요 1:9), 예수님은 바로 이 새 언약의 중보시고 새 언약을 우리에게 완성시켜서 선물로 주신 주인공입니다.

아담이 범죄하고 무화과 나뭇잎으로 옷을 해 입었을 때에, 하나님께서는 그 나뭇잎 옷을 벗기시고 가죽옷을 지어 입혀 주셨습니다. 이 **나뭇잎 옷과 가죽옷도 첫 언약과 둘째 언약을 계시**하는 말씀입니다. 아담의 자식인 **가인과 아벨이 드렸던 제사**도 역시 율법 행위에 속한 의와 하나님의 의를 대비시킴으로 첫 언약과 둘째 언약을 계시하는 말씀입니다. 하나님은 첫 언약에 속해서 가인처럼 자기의 열심한 행위로 하나님 앞에 나아가는 자의 제사는 받지 아니하시고, 하나님께서는 오직 양의 첫 새끼이신 **예수 그리스도의 영원한 속죄의 제사를 믿음**으로 당신에게 나아오는 **아벨**과 그의 제사를 열납(悅納)하셨습니다.

율법을 주신 목적

하나님께서 우리에게 **첫 언약을 주신 목적**은 그 율법을 다 지켜서 구원을 받으라는 것이 아닙니다. 그러면 하나님께서는 **흠이 있는 첫 언약**을 왜 우리에게 주셨습니까? 하나님께서 우리에게 율법을 주신 목적은, 우리가 그 율법 앞에서 **"죄를 깨닫게 하기**

위함"(롬 3:20)이었고 "죄로 하여금 심히 죄 되게 하려 함"(롬 7:13)이었습니다. 첫 언약이 문자적으로는 "율법을 지키면 산다"고 말씀하셨지만, 주님이 이 율법을 주신 실제 목적은 사람들이 그 율법 앞에서 **자기가 지옥에 가야 할 죄 덩어리인 것을 깨닫고 하나님의 긍휼을 바라고 나오게** 하려는 것이었습니다. 마음이 정직한 사람은 율법 앞에서 자기가 "죄인 중에 괴수"(딤전 1:15)임을 깨닫고 자신을 불쌍히 여겨달라고 하나님께 기도합니다.

저희를 허물하여 일렀으되 주께서 가라사대 볼찌어다 날이 이르리니 내가 이스라엘 집과 유다 집으로 새 언약을 세우리라 또 주께서 가라사대 내가 저희 열조들의 손을 잡고 애굽 땅에서 인도하여 내던 날에 저희와 세운 언약과 같지 아니하도다 저희는 내 언약 안에 머물러 있지 아니하므로 내가 저희를 돌아보지 아니하였노라 또 주께서 가라사대 그날 후에 내가 이스라엘 집으로 세울 언약이 이것이니 내 법을 저희 생각에 두고 저희 마음에 이것을 기록하리라 나는 저희에게 하나님이 되고 저희는 내게 백성이 되리라 또 각각 자기 나라 사람과 각각 자기 형제를 가르쳐 이르기를 주를 알라 하지 아니할 것은 저희가 작은 자로부터 큰 자까지 다 나를 앎이니라 새 언약이라 말씀하셨으매 첫 것은 낡아지게 하신 것이니 낡아지고 쇠하는 것은 없어져가는 것이니라"(히 8:8-13)

이는 예레미야서 31장 31절 이하의 말씀을 인용해서 풀어 주신 말씀입니다. 예레미아 선지자는 주전(BC) 620년경에 하나님의 종으로 일했던 선지자인데, 하나님께서는 새 언약을 주시겠다는 약속의 말씀을 예레미야 선지자에게 대언(代言)하게 하셨습니다.

"옛 언약은 너희들을 구원할 수 없는 것이기에 이제 내가 너희를 불쌍히 여겨서 너희에게 새 언약을 주겠다. 이 새 언약은 내가 시내 산에서 모세를 통해서 너희 열조들에게 주었던 옛 언약과는 다른 것이다. 이 새 언약을 너희 생각에 두고 마음에 기록해 주겠다. 그러니 너희는 이 새 언약을 잊을 수도 없고 모를 수도 없다. 누구든지 새 언약을 이해할 수 있고 믿을 수 있기에, 너희가 큰 자부터 어린 자까지 이 새 언약으로 인하여 나 여호와가 어떤 하나님인지를 알게 되리라"는 말씀입니다.

새 언약, 물과 성령의 복음

새 언약은 하나님께서 예수 그리스도를 통해서 우리를 모든 죄에서 온전히 구원하신 **물과 성령의 복음을 믿으면 구원을 얻는다**는 약속입니다. 누구든지 이 **진리의 복음**을 믿으면 마음에 흰 눈같이 죄 사함을 받고 영생을 얻습니다. **물과 성령의 복음**이 얼마나 쉽습니까? 이 복음은 우리 머릿속에 다 기억할 수 있고 마음속에 다 새길 수 있는 것이기에 절대로 잊어버릴 수 없습니다. 이 새 언약의 복음은 신학을 공부해야 하거나 오랫동안 교리를 배워야 깨달을 수 있고 믿을 수 있는 것이 아닙니다. 이 복음은 어린아이들도 다 믿음으로 화답(和答)할 수 있는 단순한 진리입니다.

물과 성령의 복음을 어떤 어린이에게 전해 주고서 물어봅니다.

"자, 이제 네 마음에 죄가 있어, 없어?"

"없어요!"

"네가 조금 전에는 마음에 죄가 있다고 분명히 말했는데, 그 죄가 어떻게 없어졌니?"

"네, 예수님이 요단강에서 세례 요한에게 세례를 받으셔서 내 모든 죄를 다 넘겨받고 십자가에 못 박혀 돌아가심으로 내 모든 죄를 다 갚아 주셨어요. 그래서 이제는 내 마음에 죄가 없어요!" 이렇게 큰 확신을 가지고 대답합니다. 어린이들은 순수하기에 **새 언약의 말씀**인 물과 성령의 복음을 듣고 믿는 순간에 이미 진리가 마음과 생각에 기록되어서 아무 막힘이 없이 자기의 믿음을 간증합니다.

그러나 절대다수의 기독교인들은 아직까지 **첫 언약** 아래 있습니다. 기독교인 중에 새 언약의 은혜를 입은 자들은 아주 희귀합니다. **새 언약의 은혜를 입으려면**, 먼저 **자기가 얼마나 죄 덩어리인지를 시인해야** 합니다. 그러기 위해서는 먼저 첫째 언약인 율법 앞에 정직하게 서 보아야 합니다. 율법 앞에 정직하게 서 본 자만이 둘째 언약의 은혜를 입을 수 있습니다. 율법 앞에도 정직하게 서 보지 않은 사람은 새 언약의 은혜를 제대로 맛볼 수 없습니다. 율법 앞에서 자기가 지옥 갈 자인 것을 뼈저리게 시인하지 않은 자의 마음은 **자기의 의로 너무** 배부르기 때문에 **하나님의 의**를 맛볼 수 없습니다. 자기의 의에 충만한 마음에는 하나님의 의가 들어갈 곳이 없어서 흘러내리고 맙니다.

그래서 제가 자주 죄에 대해서 말씀드리는 것입니다. 마음으로 죄 사함을 받고 새 언약이 마음에 새겨지려면, 자기가 얼마나 끔찍한 **죄 덩어리**이고 하나님 앞에서 쓰레기보다 못한 자인지를 정직하게 시인해야 합니다. 사도 바울처럼 자신이 "**죄인 중에 괴수**"라고 시인한 자라야 몽학선생인 율법의 인도를 받아서 예수 그리스도께서 우리에게 완성시켜 주신 온전한 구원의 **새 언약**을 만나게 됩니다. 그리고 예수님으로 말미암아 **하나님의 의**로 지어진 은혜의 옷을 입습니다.

"**새 언약이라 말씀하셨으매 첫 것은 낡아지게 하신 것이니 낡아지고 쇠하는 것은 없어져가는 것이니라**"(히 8:13).

아직도 유대인들은 첫 언약 아래 있습니다. 그들은 예수 그리스도를 자기들의 구세주로 인정하지 않습니다. 그러면 유대교인들만 그렇습니까? 사실은 기독교인들도 여전히 **율법의 행위**에 묶여 있기 때문에 아직 첫 언약 아래 있는 셈입니다. 누구든지 율법의 행위로 구원을 받으려는 자는 저주 아래 있는 자들입니다(갈 3:10). 율법의 행위 아래 있는 자들은 여전히 자기의 죄가 마음에 남아 있을 수밖에 없습니다. "십자가의 피로 예수님이 우리를 모든 죄에서 구원했다"고 그들은 선언하지만, **십자가의 피만의 복음**은 **반쪽 복음**이고 온전한 진리가 아닙니다. 그런 얼치기 복음으로는 절대로 마음의 죄가 씻어지지 않습니다. 그런 믿음으로는 "**그리스도 예수 안에 있는 생명의 성령의 법**"(롬 8:2)이 마음에 기록되지 않습니다.

그렇기 때문에 기독교인들이 입술로는 자기들이 예수님을 믿어서 구원을 받았다고 기뻐하며, "나 구원받았네~ 너 구원받았네~ 우리 구원받았네~♬"하고 박수를 치며 찬양을 하지만, **마음에는 늘 죄가 있습니다**. 여러분도 이 찬양을 아시죠? 저도 예전에 이 찬양을 많이 불렀습니다. 그런데 제가 그때 구원을 받았습니까? 그때는 제 마음에 죄가 그대로 있었습니다. 구원이라는 것은 하나님의 은혜로 말미암아 마음의 죄가 흰 눈처럼 깨끗이 씻어져서 **죄가 전혀 없는 의인이 된 상태**를 말합니다. 그리고 의인으로 거듭난 자라야 하나님의 자녀가 되어 하나님의 나라에 들어갑니다. 마음에 죄가 눈곱만큼이라도 있으면 구원을 받은 것이 아닙니다.

그런데 자기가 구원받았다고 말하는 **오늘날의 기독교인들은 마음에 죄가 있습니다.** 첫 단추를 둘째 구멍에 잘못 끼워 놓으면, 나머지 단추들은 아무리 잘 맞추려고 해도 짝이 맞지 않습니다. 첫 단추는 그대로 놓아두고 나머지 단추들을 아무리 여러 번 빼었다가 끼워도 늘 단추 구멍 하나가 모자랍니다. 그래서 나중에는 칼로 단추 구멍을 하나 더 만들고 남는 단추를 끼워 넣어 버립니다. 그리고는 "아휴~ 이제야 맞네" 하고 안도의 한숨을 쉽니다.

이와 같이 억지로 꿰어 맞춘 교리가 **칭의교리(稱義敎理)**입니다. 무언가 성경과 맞지 않는 부분을 해결하기 위해서 인간의 생각으로 날조한 것들 중에서 대표적인 것이 바로 **칭의교리(稱義敎理)**입니다. 칭의교리란 "예수님을 믿는 자의 마음에 비록 죄가 있지만 예수님의 보혈의 공로로 인해 하나님께서 예수 믿는 자를 의롭다고 불러 준다"는 주장입니다. 칭의(稱義)라는 말에서 칭(稱)자는 부를 "칭"자입니다. 실제로 마음에 죄가 있지만 예수님을 믿는다고 하니 그냥 "의롭다고 불러 준다"는 교리가 바로 칭의교리입니다.

그런 칭의교리를 믿는 자의 마음에는 죄가 있기 때문에 로마서 3장10절에 "**의인은 없나니 하나도 없으며**"라고 하신 말씀에 그들의 눈은 번쩍하고 꽂힙니다. 그들은 "여기 좀 봐라! 성경에 의인이 없다고 하지 않았냐? 의인이 어디 있느냐?"고 강변합니다. 그리고 자기들의 마음에 죄가 있는 것을 당연시합니다.

그러나 성경에는 **의인**이 굉장히 많이 등장합니다. "**노아는**

의인이요 당세에 완전한 자라"(창 6:9)고 하셨고, "아브라함이 하나님을 믿으매 이것을 그에게 의로 정하셨다"(갈 3:6)고 말씀하셨습니다. 아브라함은 의인이었다는 말씀입니다. 잠언서나 시편에도 "의인"이라는 단어가 수없이 언급되어 있습니다.

사람은 자기가 거룩하고 흠 없이 살아서, 즉 율법을 한 점 한 획도 어기지 않아서 **의인**이 될 수 없습니다. 우리는 모두 죄 덩어리인데 하나님이 우리를 불쌍히 여겨서 **새 언약**으로 우리를 죄에서 온전히 구원해 주셨다는 사실을 **믿음으로만 의인이 될 수 있습니다**. 우리는 도저히 구원받을 수 없는 자들인데 하나님께서 우리를 사랑하시고 불쌍히 여기셔서 당신의 외아들 예수 그리스도를 이 땅에 보내 주셨고, 예수님께서는 자기의 몸을 제물로 삼아서 **영원한 속죄의 제사**를 드려 주셨습니다.

하나님이신 예수님께서는 육신을 입고 이 땅에 오셔서 요단강에서 인류의 대표자 세례 요한에게 **안수의 형식으로 세례**를 받으셨습니다. "우리가 이와 같이 하여 모든 의를 이루는 것이 합당하니라"(마 3:15)고 선포하신 이 세례로 인류의 모든 죄를, 태어나서 죽을 때까지 짓는 나의 모든 죄를 단번 만에 주님께서 다 넘겨받으셨습니다. 주님은 그 모든 죄를 짊어지고 십자가에 오르셔서 "다 이루었다"(요 19:30)고 하기까지 피를 흘리셔서 인류의 죗값을 다 치러 주셨습니다. 이것이 주님이 우리를 위해서 드려 주신 **영원하고 완전한 속죄 제사**입니다. 그 새 언약의 제사를 믿음으로 마음에 받아들인 자는 하나님의 능력으로 마음의 죄가 흰 눈같이 씻어집니다. 그 많던 죄를 단번에 날려 버린 하나님의 능력을 믿음으로 모든 죄가 깨끗이 없어진 은혜를 입은 자가 바로 **의인**이며, **거듭난 자**이고, 하나님의 생명록(生命錄) 책에 이름이 기록된 자입니다.

율법 앞에서 정직한 자만이
죄 사함을 받고 거듭납니다

그런데 대부분의 기독교인들은 아직도 **첫째 언약**, 즉 율법 아래 있습니다. 그들은 자기들도 **새 언약** 아래 있다고 생각하지만 천만의 말씀입니다. 예수님께서는 그런 자들에게, "너희가 소경 **되었더면 죄가 없으려니와 본다고 하니 너희 죄가 그저 있느니라**"(요 9:41)고 책망하십니다. 마음에 죄가 있으면서도 거듭났다고 강변하는 자, 즉 정직하지 못한 자는 절대로 **죄 사함으로 말미암는 구원**(눅 1:77)을 받지 못합니다. 이런 교훈의 말씀을 듣고서, "아, 알고 보니 내가 지금까지도 흠 있는 첫 언약 아래 있었구나! 지금 죽으면 나는 지옥에 가겠구나! 새 언약이 내 안에 속히 이루어져야 하겠구나!" 하고 시인하는 자라야 하나님의 은혜를 입을 수 있습니다.

그러나 주님은 "**내가 저희 불의를 긍휼히 여기고 저희 죄를 다시 기억하지 아니하리라 하셨느니라**"(히 8:12)고 말씀하십니다. 연약한 육신을 입고 있는 우리는 죄를 지을 수밖에 없는 존재인 것을 주님은 잘 아시고 우리를 불쌍히 여겨 주셨습니다. 그래서 당신 편에서 일방적으로 우리의 죄를 깨끗이 없애 주셨습니다. 흠 없는 어린양으로 오신 **예수님께서 받으신 세례와 십자가의 피로** 이 세상의 죄를 실제로 다 없애 주셨기 때문에, 하나님 아버지도 우리에게서 죄를 발견할 수 없게 해 주셨습니다. 그래서 "**내가 저희 불의를 긍휼히 여기고 저희 죄를 다시 기억하지 아니하리라**

하셨느니라"(히 8:12)고 말씀하신 것입니다. 이제 사람들이 지옥에 가는 유일한 이유는 하나님께서 완성해 주신 **새 언약의 복음을 믿지 않는 죄** 때문입니다.

주님은 **물과 성령의 복음**을 믿는 자들에게 "내가 너희들의 죄를 완벽하게 영원히 없애 주었기 때문에, 그리고 너희들이 그 사실을 믿음으로 죄 사함을 받았기 때문에 너희에게는 실제로 죄가 없다. 너희는 **완전한 의인**들이다"라고 말씀하십니다. 칭의교리에서 **"의롭다고 불러 주는 것"**과 새 언약을 믿음으로 **"실제로 의로워진 것"**은 전혀 다른 것입니다.

우리는 TV 뉴스에서 중국산 "짝퉁" 명품들을 판매한 일당을 적발했다는 소식을 가끔 듣습니다. 그들이 명품 핸드백과 거의 똑같게 "짝퉁"을 만들고 라벨까지 똑같이 도용해서 붙였지만, **짝퉁은 짝퉁이고 진품은 진품**입니다. 짝퉁 핸드백을 들고 다니며 뻐기는 사람들은 그것이 가짜라는 것이 지인들에게 드러날까 싶어서 늘 두렵습니다.

그와 마찬가지로 **칭의교리**에 근거해서 "내 마음에는 죄가 있지만 하나님께서 나를 의롭다고 인정하실 것이다"라고 믿는 **"짝퉁 의인"**들은 하나님 앞에서 늘 얼굴을 제대로 들지 못합니다. 왜 그렇습니까? 거룩한 척하면서 사람들은 속일 수 있지만 불꽃 같은 눈으로 살피시는 하나님 앞에서는 자기 마음의 죄를 숨길 수 없기 때문입니다. 그래서 그런 자들은 더욱더 율법의 행위에 열심을 내고 인간의 의를 내세웁니다. 그것이 바로 **성화교리(聖化敎理)**입니다. **칭의론과 성화교리는 오늘날의 기독교를 떠받치고 있는 두 기둥**입니다. 그래서 기독교라는 지붕 아래서 신앙생활을 하고 있는 대부분의 기독교인들은 아직도 율법의 행위 아래서 허덕일 수밖에 없습니다.

그러나 주님은 **"무릇 율법 행위에 속한 자들은 저주 아래 있다"**(갈 3:10)고 선포하십니다. 그런 자는 하나님 말씀 앞에 정직히 서서, 자기가 아직도 첫 언약 아래 있다는 사실을 시인하고 돌이켜서 죄 사함 받기를 바랍니다. 아직도 마음에 죄가 있는 분은 **물과 성령의 복음**을 믿어서 마음에 죄 사함을 받고, 새 언약 아래서 하나님의 은혜와 사랑을 맛보아 아는 자들이 되기를 바랍니다. 여러분의 삶이 늘 하나님의 은혜와 사랑 안에 충만하고, 그 은혜와 사랑을 늘 맛보는 삶이 되시기를 바랍니다.

말씀을 마쳤습니다.

(2014년 5월 4일 주일예배 말씀)

히브리서 강해설교집
복음의 원형과 영원한 속죄 I

2017년 2월 28일 초판 인쇄

Copyright © 2017 by Uijedang Press
All rights reserved. No part of this publication may be reproduced, distributed, or transmitted in any form or by any means, without the prior written permission of the publisher.

발행처　도서출판 의제당
주소　제주특별자치도 제주시 계명길 10 (외도 1 동) 2 층

홈페이지　www.born-again.co.kr
　　　　의제당.kr
블로그　pilgrim1952.blog.me
문의　uijedang@naver.com

Author　Samuel J. Kim
Editor　Tim J. Kim
Cover Art / Illustrator　Leah J. Kim

ISBN　979-11-87235-16-3　03230
ISBN　979-11-87235-15-6 (세트)

가격　10,000 원